# Geschäftsmodelle in die Zukunft denken

**EBOOK INSIDE**

Die Zugangsinformationen zum eBook inside finden Sie am Ende des Buchs.

Stefan Tewes · Benjamin Niestroj
Carolin Tewes
Hrsg.

# Geschäftsmodelle in die Zukunft denken

Erfolgsfaktoren für Branchen, Unternehmen und Veränderer

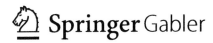

*Hrsg.*
Stefan Tewes
FOM Hochschule für Oekonomie &
Management
Essen, Deutschland

Benjamin Niestroj
FOM Hochschule für Oekonomie &
Management
Essen, Deutschland

Carolin Tewes
FOM Hochschule für Oekonomie &
Management
Essen, Deutschland

ISBN 978-3-658-27213-5     ISBN 978-3-658-27214-2 (eBook)
https://doi.org/10.1007/978-3-658-27214-2

Die Deutsche Nationalbibliothek verzeichnet diese Publikation in der Deutschen Nationalbibliografie; detaillierte bibliografische Daten sind im Internet über http://dnb.d-nb.de abrufbar.

Springer Gabler
© Springer Fachmedien Wiesbaden GmbH, ein Teil von Springer Nature 2020
Das Werk einschließlich aller seiner Teile ist urheberrechtlich geschützt. Jede Verwertung, die nicht ausdrücklich vom Urheberrechtsgesetz zugelassen ist, bedarf der vorherigen Zustimmung des Verlags. Das gilt insbesondere für Vervielfältigungen, Bearbeitungen, Übersetzungen, Mikroverfilmungen und die Einspeicherung und Verarbeitung in elektronischen Systemen.
Die Wiedergabe von allgemein beschreibenden Bezeichnungen, Marken, Unternehmensnamen etc. in diesem Werk bedeutet nicht, dass diese frei durch jedermann benutzt werden dürfen. Die Berechtigung zur Benutzung unterliegt, auch ohne gesonderten Hinweis hierzu, den Regeln des Markenrechts. Die Rechte des jeweiligen Zeicheninhabers sind zu beachten.
Der Verlag, die Autoren und die Herausgeber gehen davon aus, dass die Angaben und Informationen in diesem Werk zum Zeitpunkt der Veröffentlichung vollständig und korrekt sind. Weder der Verlag, noch die Autoren oder die Herausgeber übernehmen, ausdrücklich oder implizit, Gewähr für den Inhalt des Werkes, etwaige Fehler oder Äußerungen. Der Verlag bleibt im Hinblick auf geografische Zuordnungen und Gebietsbezeichnungen in veröffentlichten Karten und Institutionsadressen neutral.

Springer Gabler ist ein Imprint der eingetragenen Gesellschaft Springer Fachmedien Wiesbaden GmbH und ist ein Teil von Springer Nature.
Die Anschrift der Gesellschaft ist: Abraham-Lincoln-Str. 46, 65189 Wiesbaden, Germany

# Vorwort

Trotz der schwerwiegenden ökonomischen Krisen des vergangenen Jahrzehnts befinden sich viele deutsche Unternehmen gegenwärtig auf einem soliden und andauernden Erfolgskurs. Dies manifestierte sich bisher in neuen Rekorden bei Umsätzen, Gewinnen, Beschäftigungszahlen und gesamtwirtschaftlichen Außenhandelsüberschüssen. Insgesamt profitiert derzeit eine Vielzahl an Branchen von einer nach wie vor positiven gesamtwirtschaftlichen Entwicklung in Deutschland und in der Welt. Dessen ungeachtet ist zu berücksichtigen, dass sich die Lage schnell ändern kann bzw. aktuell viele Trends und Einflussfaktoren bereits eine spürbare Veränderung eingeleitet haben. So ist auf der außenpolitischen Ebene schon gegenwärtig eine Eintrübung der weltpolitischen Großwetterlage durch Handelskonflikte und einen ungeordneten Brexit ersichtlich (Stand: Juni 2019).

Zudem sieht sich eine zunehmende Zahl an Unternehmen mit der Problematik konfrontiert, dass bis dato erfolgreiche Geschäftsmodelle einem steigenden Anpassungsdruck ausgesetzt sind. Insbesondere lassen Trends in der technologischen Entwicklung (z. B. Künstliche Intelligenz und 3D-Druck) tief greifende Änderungen bei Herstellungsprozessen von Produkten und Dienstleistungen absehbar bzw. akut werden. Auch wirken Trends im sozialen Miteinander (z. B. neue Medien und soziale Netzwerke) sowohl auf die Entwicklung von Kundenbedürfnissen und Vertriebswegen als auch auf die Organisationsformen des Arbeitslebens. Dabei erweisen sich insbesondere Unternehmen aus den USA und aus China sowohl als Treiber als auch als erfolgreiche Adaptoren dieser Entwicklungen und Trends. Darüber hinaus sind alle Entwicklungen von diversen Megatrends – wie Individualisierung, Nachhaltigkeit und Konnektivität – geprägt.

Ziel dieses Buches ist es aufzuzeigen, wie Unternehmen diesen Trends begegnen und diese nutzen können, um Geschäftsmodelle – insbesondere in Europa – zukunftsfähig zu machen. Ein zentraler Beitrag dieses Buches soll dabei in der Reduktion von Komplexität für Entscheider und in der Formulierung klarer Handlungsempfehlungen liegen. Insbesondere sollen folgende Fragen beantwortet werden:

- Was sind die relevanten Trends für die Branche?
- Wie beeinflussen die Trends die Geschäftsmodelle der Branche?
- Was sind die Erfolgsfaktoren, um die Geschäftsmodelle zukunftsfähig zu machen?

Ausgewählte Autorinnen und Autoren mit Expertise in den Branchen Einzelhandel, Bildung, Gesundheit, Telekommunikation, Steuern, Luft- und Raumfahrt, Finanzen, Wirtschaftspolitik, Logistik und Kommunikation nehmen in dezidierten Einzelbeiträgen Stellung zu diesen Fragen. Basierend auf den Expertenbeiträgen erfolgen die Verallgemeinerung der Erfolgsfaktoren sowie die Darstellung einer Roadmap zur erfolgreichen Unternehmenstransformation für Branchen, Unternehmen und Veränderer.

Insgesamt gliedert sich dieses Buch in drei Teile:

**Teil I: Geschäftsmodelle unter Druck**
Der erste Teil des Buches bietet eine umfassende Einführung in die Problemstellung. Dazu erfolgt in Kap. 1 eine dezidierte Beschreibung der zentralen Herausforderungen für die Unternehmen in Deutschland und Europa. In Kap. 2 wird auf Basis der wesentlichen Bausteine von Geschäftsmodellen ein ganzheitlicher und zukunftsgerichteter Ansatz zur Analyse von Geschäftsmodellen (Business Model System) vorgestellt. Kap. 3 befasst sich mit den wichtigsten digitalen und gesellschaftlichen Trends, welche für Unternehmen weltweit von hoher Relevanz sind.

**Teil II: Branchenexpertise für Veränderer**
Im zweiten Teil geben die Autorinnen und Autoren ihre Branchenexpertise preis. Die Kombination aus theoretischer Fundierung und praktischem Know-how führt zu detaillierten Einblicken in die zehn ausgewählten Branchen. Anhand der oben genannten drei zentralen Fragestellungen fokussieren sich die Expertinnen und Experten auf folgende inhaltliche Schwerpunkte:

**Einzelhandel**
Die Digitalisierung beeinflusst den Einzelhandel drastisch. Wie muss sich der klassische oder stationäre Handel insbesondere aus Kundensicht neu erfinden?

**Bildung**
Digitale Lehre vs. Präsenzlehre – oder doch eine Kombination? Wie können Hochschulen die Zufriedenheit der Studierenden, die Qualität der Lehre und die Servicequalität fördern?

**Gesundheit**
Das Gesundheitswesen entdeckt die Relevanz von Geschäftsmodellen in Zeiten eines sich ankündigenden Wandels des Gesundheitssystems. Welche Veränderungen beeinflussen den Gesundheitsmarkt der Zukunft?

**Telekommunikation**
Die Disruption des Mobilfunkbereichs steht bevor – Standardlösungen gehören zur Vergangenheit. Wie kann ein Continuous Engagement den Unternehmenserfolg fördern?

**Steuern**
Der Steuerberatungsmarkt wird durch gesellschaftliche und technologische Trends stark verändert. Welche Dienstleistungsangebote und Innovationen fordern die Kunden in Zukunft?

**Luft- und Raumfahrt**
Der technologische Wandel verändert die Luft- und Raumfahrtindustrie fundamental. Welche Konzepte und Ideen bestimmen in den kommenden Jahren die Geschäftsmodelle der Branche?

**Finanzen**
Die Bank wird zum Plattformanbieter, Anbieter von Speziallösungen, Technologie-Anbieter und ‚Trusted Advisor'. Welche Wettbewerbsvorteile existieren in der Bankbranche?

**Wirtschaftspolitik**
Politische und gesellschaftliche Veränderungen verschieben die Grundpfeiler des deutschen Wachstumsmodells. Wie kann Deutschland dauerhaft im internationalen Wettbewerb bestehen?

**Logistik**
Die Veränderung der Logistikbranche durch technologische und digitale Elemente verändert die alten Geschäftsmodelle. Welche Erfolgsfaktoren sind zukunftsweisend?

**Kommunikation**
Die Schnelligkeit der digital getriebenen Veränderung beeinflusst die Agenturbranche enorm. Welche Geschäftsmodelle können Kreativ- und Mediaagenturen erfolgreich machen?

**Teil III: Trends in Erfolg umwandeln**
Der letzte Teil zeigt Wege auf, wie die benannten Trends in Erfolg umgewandelt werden können. Zu diesem Zweck werden in Kap. 14 Handlungsempfehlungen für die Zukunft auf Basis der Expertenbeiträge aus Teil II abgeleitet. Dies geschieht unter Verwendung des in Kap. 2 entwickelten Analyse- und Handlungsrahmens für Geschäftsmodelle. Abschließend bietet Kap. 15 einen Roadmap-Ansatz zur Unternehmenstransformation am Beispiel der Künstlichen Intelligenz.

Essen, Deutschland, im Juli 2019
Stefan Tewes
Benjamin Niestroj
Carolin Tewes

# Inhaltsverzeichnis

**Teil I  Geschäftsmodelle unter Druck**

1 **Problemstellung Zukunft** .................................... 3
   Benjamin Niestroj

2 **Geschäftsmodelle neu denken** ................................ 9
   Stefan Tewes

3 **Megatrends und digitaler Einfluss** ............................ 21
   Carolin Tewes und Stefan Tewes

**Teil II  Branchenexpertise für Veränderer**

4 **Die neue Kundenorientierung – Geschäftsmodelle und Geschäftssysteme der Zukunft im Einzelhandel** .................................... 35
   Gerrit Heinemann

5 **Education 4.0 – Die Zukunft der Hochschulen in Deutschland** .......... 51
   Clemens Jäger

6 **Digitale Geschäftsmodelle und Entwicklungsperspektiven im Gesundheitswesen** ............................................ 69
   David Matusiewicz, Benjamin Niestroj und Bart de Witte

7 **Wie die Digitalisierung die Telekommunikationsbranche verändert** ...... 89
   Michael Reinartz und Christian Nopper

8 **Schöne neue Steuerberatung** .................................. 105
   Mischa Müller und Nicolai Müller

9 **Wie die Luft- und Raumfahrtindustrie von digitalen Geschäftsmodellen und Megatrends profitiert** ...................................... 119
   Torsten Welte, Frank Klipphahn und Katharina Schäfer

| | | |
|---|---|---|
| 10 | **Die Zukunft der Banken – Wie neue Geschäftsmodelle Banken grundlegend verändern** .......................................... | 131 |
| | Georg Knöpfle, Fedi El Arbi, Dirk Stein und Eric Frère | |
| 11 | **Herausforderungen für den Standort Deutschland**................ | 149 |
| | Stefan Bielmeier und Michael Holstein | |
| 12 | **Logistik 4.0 – Grundvoraussetzungen für zukunftsfähige Geschäftsmodelle in der Logistik** .............................. | 165 |
| | Julian Schneider und Thomas Hanke | |
| 13 | **Kommunikationsagenturen im Wandel – Neue Erfolgsfaktoren für die Zukunft** ..................................................... | 177 |
| | Oliver Weimann und Carolin Tewes | |

**Teil III   Trends in Erfolg umwandeln**

| | | |
|---|---|---|
| 14 | **Handlungsempfehlungen für die Zukunft** ....................... | 193 |
| | Stefan Tewes, Benjamin Niestroj und Carolin Tewes | |
| 15 | **Roadmap zur Unternehmenstransformation durch den Einsatz künstlicher Intelligenz** ........................................ | 203 |
| | Philipp Gerbert, Jan-Hinnerk Mohr, Michael Spira und Benjamin Niestroj | |

# Herausgeber- und Autorenverzeichnis

## Über die Herausgeber

**Prof. Dr. Stefan Tewes** ist Professor für digitale Transformation und Innovation an der FOM University of Applied Science. Er ist Leiter der Vertiefungsrichtungen ‚Process & Digital Change' (MBA) sowie ‚Digitale Transformation' (B.A.). Zudem leitet er deutschlandweit diverse Module in den Bereichen Business Model Innovation, Business Transformation, Digital Management und Entrepreneurship. Seit 2018 ist er zum Leiter der Berufungskommissionen für Betriebswirtschaftslehre sowie zum stellvertretenden Vorsitzenden des Fachclusters Wirtschaft & Management und Wirtschaft & Recht der FOM University of Applied Science ernannt worden. Als CEO von REALYZE berät er auf Basis digitaler und gesellschaftlicher Trends bei der Entwicklung und Transformation von Geschäftsmodellen. Im Rahmen seiner Forschungstätigkeiten beschäftigt er sich primär mit Business Model Innovation, organisationale Transformation, Business Model Systems, Future Thinking und Future Skills.

**Prof. Dr. Benjamin Niestroj** ist Professor an der FOM Hochschule für Oekonomie & Management. Seine Forschungsschwerpunkte sind Digitale Ökonomie, Geschäftsmodellinnovation und Future Skills. Zudem leitet er deutschlandweit verschiedene Module in den Bereichen Strategische Geschäftsmodellentwicklung, Entrepreneurship und Innovationsmanagement. Zuvor war er für renommierte Strategie- und Managementberatungsunternehmen tätig.

**Prof. Dr. Carolin Tewes** ist Professorin für Marketing und digitale Medien an der FOM Hochschule für Oekonomie & Management in Essen. Sie leitet deutschlandweit die Module Marketing & e-Business sowie Web & Social Media Analytics. Nach ihrem Studium der Wirtschaftswissenschaften an der Universität Duisburg-Essen mit dem Schwerpunkt Marketing war sie Beraterin in diversen Kommunikationsagenturen in Hamburg, Oberhausen und Essen und leitete die Forschungsstelle für allgemeine und textile Marktwirtschaft an der Westfälischen Wilhelms-Universität Münster. Seit 2018 ist sie ebenfalls Partnerin und CMO bei REALYZE und berät Unternehmen auf Basis von digitalen und gesellschaftlichen Trends bei der Entwicklung des Geschäftsmodells.

## Über die Autoren

**Stefan Bielmeier**  DZ BANK AG, Frankfurt, Deutschland

**Bart de Witte**  HIPPO AI/Digital Health Academy GbR, Berlin, Deutschland

**Dr. Fedi El Arbi**  KPMG AG Wirtschaftsprüfungsgesellschaft, München, Deutschland

**Prof. Dr. Dr. habil. Eric Frère**  FOM Hochschule für Oekonomie & Management, Essen, Deutschland

**Philipp Gerbert**  UnternehmerTUM, München, Deutschland

**Prof. Dr. Thomas Hanke**  FOM Hochschule für Oekonomie & Management, Essen, Deutschland

**Prof. Dr. Gerrit Heinemann**  Hochschule Niederrhein – University of Applied Sciences, Mönchengladbach, Deutschland

**Michael Holstein**  DZ BANK AG, Frankfurt, Deutschland

**Prof. Dr. Dr. habil. Clemens Jäger**  FOM Hochschule für Oekonomie & Management, Essen, Deutschland

**Frank Klipphahn**  SAP SE, Walldorf, Deutschland

**Georg Knöpfle**  KPMG AG Wirtschaftsprüfungsgesellschaft, München, Deutschland

**Prof. Dr. David Matusiewicz**  FOM Hochschule für Oekonomie & Management, Essen, Deutschland

**Jan-Hinnerk Mohr**  Boston Consulting Group, Berlin, Deutschland

**Dr. Mischa Müller**  Dr. Müller, Hufschmidt Steuerberatungsgesellschaft mbH, Straelen, Deutschland

**Nicolai Müller**  Dr. Müller, Hufschmidt Steuerberatungsgesellschaft mbH, Straelen, Deutschland

**Prof. Dr. Benjamin Niestroj**  FOM Hochschule für Oekonomie & Management, Essen, Deutschland

**Christian Nopper**  Vodafone, Düsseldorf, Deutschland

**Michael Reinartz**  Vodafone, Düsseldorf, Deutschland

**Dr. Katharina Schäfer**  SAP SE, Walldorf, Deutschland

**Julian Schneider**  Bohnen Logistik GmbH & Co. KG, Niederkrüchten, Deutschland

**Michael Spira**  Boston Consulting Group, München, Deutschland

**Prof. Dr. Dirk Stein**  FOM Hochschule für Oekonomie & Management, Essen, Deutschland

**Prof. Dr. Carolin Tewes**  FOM Hochschule für Oekonomie & Management, Essen, Deutschland

**Prof. Dr. Stefan Tewes**  FOM Hochschule für Oekonomie & Management, Essen, Deutschland

**Oliver Weimann**  ruhr:HUB GmbH, Essen, Deutschland

**Torsten Welte**  SAP SE, Seattle, USA

# Teil I
# Geschäftsmodelle unter Druck

# Problemstellung Zukunft

Benjamin Niestroj

**Zusammenfassung**

Die Geschwindigkeit und das Ausmaß technologischer Neuerungen führen in zunehmendem Maße zu einer fundamentalen Transformation von Wirtschaft, Wissenschaft und Politik sowie dem sozialen Miteinander von Individuen und Gruppen. Aufgrund dieser sich ändernden Rahmenbedingungen stehen die Unternehmen in Deutschland vor der Herausforderung, ihre Wettbewerbsvorteile mittel- bis langfristig zu behaupten. Zu diesem Zweck bedarf es einer ganzheitlichen Betrachtung und Anpassung von Strategien und Geschäftsmodellen sowie von Organisationen, Prozessen und Infrastrukturen. Auch ist die Politik in Deutschland gefragt, Strategien und Konzepte zu entwickeln, um die Wettbewerbsfähigkeit des Standorts zu sichern.

Aufgrund des tief greifenden Charakters der gegenwärtigen technologischen und gesellschaftlichen Trends hat sich bereits der Begriff der ‚Vierten Industriellen Revolution' etabliert (WEF 2019).[1] So wie ihre Vorgänger lässt sich die vierte industrielle Revolution am besten mit ihren führenden Technologien beschreiben: künstliche Intelligenz (KI), Robotik, Internet der Dinge (IoT), autonome Fahrzeuge, 3D-Druck, Nanotechnologie, Biotechnologie – um nur einige zu nennen (Schwab 2016). Diese Technologien werden in den

---

[1] Im Jahre 2016 wurde das jährlich in Davos stattfindende World Economic Forum primär dem Thema ‚Vierte Industrielle Revolution' gewidmet. Unter der ersten industriellen Revolution ist dieser Logik folgend, die Nutzung von dampfbetriebenen Maschinen, unter der zweiten die Nutzung der Elektrizität und unter der dritten die IT-gestützte Automatisierung der Produktion zu verstehen.

---

B. Niestroj (✉)
FOM Hochschule für Oekonomie & Management, Essen, Deutschland
E-Mail: benjamin.niestroj@fom.de

© Springer Fachmedien Wiesbaden GmbH, ein Teil von Springer Nature 2020
S. Tewes et al. (Hrsg.), *Geschäftsmodelle in die Zukunft denken*,
https://doi.org/10.1007/978-3-658-27214-2_1

kommenden Jahrzehnten in vielen Branchen zur Entwicklung neuer Geschäftsmodelle sowie zur Disruption etablierter Unternehmen führen.

Diese Erwartungshaltung beruht zu einem nicht unerheblichen Teil darauf, dass binnen des letzten Jahrzehnts global agierende Technologiekonzerne die Top 10 der weltweit wertvollsten Unternehmen erobern konnten. Einige von diesen mehrheitlich recht jungen Konzernen konnten bereits temporär eine Marktbewertung von mehr als einer Billion US-Dollar überschreiten, was bisher kaum einem Unternehmen gelungen ist.[2] Getrieben wurde diese Entwicklung durch die Verbindung innovativer digitaler Technologien mit plattformbasierten Geschäftsmodellen. Zunehmend ermöglicht die Innovations- und Finanzkraft dieser Tech-Superstars – zusammen mit effizienten Organisations- und Prozessstrukturen – eine Expansion in Branchen, welche nicht zu den originären Geschäftsbereichen gehören. Allerdings setzen nicht nur die Aktivitäten der großen Technologiekonzerne etablierte und bis dato erfolgreiche Unternehmen zunehmend unter Druck, sondern auch neue Marktteilnehmer bzw. Start-ups, die finanzkräftige Investoren mit innovativen Technologien und Geschäftsmodellen überzeugen können.[3]

Ebenfalls verändert der technologische Fortschritt zunehmend den Prozess der Globalisierung. Neben den klassischen Treibern der Globalisierung, den internationalen Handelsund Kapitalströmen, wächst die Bedeutung von Daten- und Informationsflüssen. So schätzt eine Studie des McKinsey Global Institute (2016), dass bereits im Jahre 2014 die Wertschöpfung durch internationale Daten- und Informationsflüsse einen höheren Einfluss auf das weltweite BIP-Wachstum ausübte als der klassische Warenhandel. Somit verringert sich zwar die Bedeutung von Produktion und Austausch physischer Güter, allerdings bedeutet dies keine Verlangsamung, oder gar einen Rückschritt der Globalisierung. Vielmehr ist diese Entwicklung ein deutliches Anzeichen einer immer engeren Vernetzung und Interdependenz der globalen Ökonomie. Zudem lässt die mit der digitalen Transformation einhergehende Verringerung von Transaktions- und Kommunikationskosten zusehends den Skalenvorteil großer und etablierter Unternehmen erodieren. Dies ermöglicht es zunehmend kleineren Unternehmen und Start-ups aus unterschiedlichen Regionen der Welt, an der globalen Ökonomie zu partizipieren und rasch zur Konkurrenz für die etablierten Unternehmen zu werden.

Unter diesen Rahmenbedingungen besteht für Unternehmen vieler Branchen die zentrale Problematik, dauerhaft Wettbewerbsvorteile zu erhalten bzw. auszubauen. Dem klassischen ökonomischen Verständnis folgend, erlangen Unternehmen Wettbewerbsvorteile zum einen dadurch, Kundenpräferenzen zu erkennen und zu bedienen und zum anderen

---

[2] Derzeit befinden sich die folgenden Technologiekonzerne unter den Top 10 der weltweit wertvollsten Unternehmen (Stand: 30. April 2019): (1) Microsoft, (2) Amazon, (3) Apple, (4) Alphabet, (5) Facebook, (7) Alibaba Group, (8) Tencent. Die folgenden Unternehmen wurden bisher mit mehr als einer Billion US-Dollar bewertet: Apple, Amazon und Microsoft. (Quelle: https://ycharts.com/).

[3] Als Beispiele für diese Entwicklung seien Amazons erfolgreiche Expansion zum fünftgrößten Luftfrachttransporteur (Wirtschaftswoche 2018), die erwartete Expansion großer Technologiekonzerne in die klassischen Geschäftsfelder der Finanzindustrie (FSB 2019) sowie der Eintritt Teslas in den Automobilmarkt zu nennen.

durch Kostenminimierung. Während in den vergangenen Jahrzehnten für die Mehrheit der Unternehmen das Paradigma der Kostensenkung galt, verlagern sich die entscheidenden Wettbewerbsvorteile in der globalen Ökonomie hin zur Fähigkeit zur Innovation (Schwab 2019). Somit wird es für Unternehmen relevant, technologische und soziale Trends zu erkennen und diese zur Entwicklung von Produkten und Dienstleistungen sowie zur Prozess- und Organisationsoptimierung zu nutzen.

Dabei ist zu beachten, dass hohe Investitionen in Forschung und Entwicklung sowie in die technischen Fähigkeiten der Belegschaft keine Garantie mehr für einen Wettbewerbsvorteil darstellen. Insbesondere führen die beschleunigte technologische Entwicklung sowie neue Kundenwünsche zu steigenden Produktentwicklungskosten sowie zu einer Verkürzung von Produktlebenszyklen, wodurch sich die Dauer der wirtschaftlichen Verwertbarkeit verringert. Um nachhaltige Wettbewerbsvorteile für Unternehmen zu sichern, bedarf es daher in der modernen Ökonomie einer ganzheitlichen Betrachtung und Weiterentwicklung von Strategien, Produkten und Dienstleistungen, Prozessen, Organisationen und Technologien – folglich einer Transformation gesamter Geschäftsmodelle (Chesbrough 2007; Rogers 2016). Somit wird es zunehmend erfolgskritisch für Unternehmen, auf technologischen Fortschritt und Veränderungen von Kundenpräferenzen mit zeitnahen Anpassungen von Geschäftsmodellen reagieren zu können. Ebenso wird die Fähigkeit erfolgskritisch, Innovationszyklen oder neue Technologien zu nutzen, um in kurzer Zeit marktreife Produkte zu entwickeln. Die Probleme mit denen sich Unternehmen bei dieser transformativen Entwicklung konfrontiert sehen, sind mannigfaltig.

Unternehmen sehen sich bereits heute mit stark wachsenden Anforderungen in ihren etablierten Geschäftsfeldern konfrontiert, da der technologische Fortschritt Kundenanforderungen, Produktstrukturen sowie Wertschöpfungsketten verändert. Parallel muss die Fähigkeit aufgebaut werden, neue Technologien und Trends effektiv zur Entwicklung von Produkt- und Dienstleistungsangeboten sowie zur Produktivitätssteigerung zu nutzen. Somit besteht die zentrale Herausforderung darin, entsprechende physische, organisatorische und digitale Infrastrukturen im Unternehmen zu schaffen. Dies erfordert mitunter eine weitreichende Digitalisierung oder Automatisierung von Geschäftsprozessen sowie den Aufbau effizienter und skalierbarer IT- und Dateninfrastrukturen. Zudem ist es bereits heute eine zentrale Anforderung an IT- und Dateninfrastrukturen, Echtzeitanalysen großer Datenmengen und die Nutzung künstlicher Intelligenz zu ermöglichen. Die Kernproblematik besteht hierbei für viele Unternehmen darin, die neuen Prozesse und Systeme in die bestehenden IT-Landschaften zu integrieren. Der Grund dafür ist, dass die bestehenden Prozesse und IT-Systeme häufig an ihre Grenzen stoßen, wenn es darum geht, die neuen Anforderungen umzusetzen. Um diese Herausforderungen zu meistern, sind hohe Investitionsvolumina sowie strategische Grundsatzentscheidungen notwendig, deren Erfolgschancen oftmals schwer abzusehen sind. Zudem werden komplexe und erfolgskritische rechtliche und sicherheitsrelevante Fragestellungen aufgeworfen, die es zu lösen gilt.

Eine weitere zentrale Herausforderung für die Unternehmen ist es, die notwendigen Mitarbeiterkompetenzen für eine erfolgreiche Umsetzung der transformativen Aufgaben sicherzustellen. Insbesondere wird diese Entwicklung neue Qualifikationsanforderungen und Rollenprofile für die Belegschaft erfordern, wobei bereits heute deutliche Engpässe bei modernen technischen Fähigkeiten bestehen. Insgesamt ist zu erwarten, dass der technologische Fortschritt mittelfristig nicht nur zur Substitution, sondern auch zur Ergänzung der menschlichen Arbeitskraft durch beispielsweise Roboter und KI führen wird (Osborne und Frey 2013; WEF 2018). Dadurch werden die Anforderungen an das Wissen und die Kompetenzen der Belegschaft weiter steigen. Gleichzeitig sorgt der demografische Wandel insbesondere in Deutschland und Europa dafür, dass die sich die Anzahl der Arbeitnehmerschaft verringert und im Durchschnitt signifikant altert. Dies wird zu einer weiteren Verschärfung der Knappheit an Arbeitskräften mit gefragten Kompetenzprofilen führen. Hieraus ergeben sich neue Anforderungen an die strategische Personalplanung sowie an Personalauswahlprozesse. Insbesondere wird diese Problematik durch gezielte Weiterbildungsmaßnahmen der Belegschaft zu lösen sein. Die Herausforderung hierbei ist allerdings, dass diese Maßnahmen nicht die operative Leistungsfähigkeit der Belegschaft im Beruf belasten dürfen. An dieser Stelle ist der Bildungssektor gefragt, entsprechend flexible Angebote in Zusammenarbeit mit den Unternehmen zu entwickeln. Auch besteht die Notwendigkeit des vermehrten Zuzugs sowie der Integration von Fachkräften aus dem Ausland. Zudem muss die Aktivierung und vollständige Gleichstellung von Frauen in allen fachlichen und hierarchischen Ebenen erfolgen.

Im Weitern müssen sich Unternehmen darauf einstellen, dass die digitale Transformation der Wirtschaft die Arbeitswelt fundamental verändern wird. Digitale Endgeräte ermöglichen zunehmend neue Formen der Zusammenarbeit, welche unabhängig von der räumlichen Verteilung der Belegschaft sind. Damit einher geht die zunehmende Popularität flexibler, selbstbestimmter und autonomer Formen der Arbeit sowie einer besseren Work-Life-Balance. Zudem muss Arbeit vereinbar mit der Familie sein. Auch wird es zunehmend populär, dass Arbeit einen gesellschaftlich oder ökologisch relevanten Sinn haben muss. Diese Entwicklungen manifestieren sich insbesondere bei den Arbeitnehmern, welche die derzeit gefragten Kompetenzprofile besitzen (Fuller et al. 2019). Unternehmen stehen somit vor der Herausforderung, ihre Organisationsformen nicht nur an komplexere Prozesse und Infrastrukturen anzupassen, sondern auch zunehmend an die Bedürfnisse ihrer Belegschaft.

Nicht nur Unternehmen, sondern auch Politik und Wissenschaft, sind auf der Suche nach Konzepten und Strategien zum Umgang mit den tief greifenden Entwicklungen der vierten industriellen Revolution. Bei der Betrachtung der Geschichte der vorausgegangenen industriellen Revolutionen, lässt sich erkennen, dass deren Profiteure ungeahntes ökonomisches und politisches Potenzial entfalten konnten. Die Schattenseiten dieser Entwicklungen brachten massive negative soziale und ökologische Auswirkungen mit sich. Vor diesem Hintergrund ist es umso wichtiger, alle gesellschaftlich relevanten Stakeholder in die Entwicklung einer Strategie zum Umgang mit den Potenzialen und Gefahren der vierten industriellen Revolution einzubringen.

Als besonders ambitioniert sind in diesem Zusammenhang die Pläne Chinas einzuordnen, welche anders als in Deutschland und Europa durch eine die gesamte Ökonomie und Gesellschaft umfassende Digital-Strategie gestützt werden. Initiativen wie z. B. die ‚Digitale

Seidenstraße' und ‚Made in China 2025' verbinden makroökonomische sowie außen-, industrie- und technologiepolitische Zielsetzungen und Planungen. Diese zielen auf die Steigerung des Wirtschaftswachstums, wirksame soziale Steuerung und Kontrolle sowie den Ausbau der globalen Machtbasis mithilfe eines rasanten technologischen Fortschritts ab. Insbesondere besteht die Absicht, die Technologieführerschaft bei Schlüsseltechnologien einzunehmen, um globale Standards setzen zu können. Dabei findet der gesamte Prozess von Strategiefindung bis hin zur Umsetzung in einem engen Zusammenwirken von Partei, Staatsführung und der Technologiekonzerne statt. Neben der klaren politischen Agenda besteht ein weiterer struktureller Vorteil Chinas darin, dass massive finanzielle Ressourcen zur Entwicklung von Schlüsseltechnologien, zur Ausbildung der Arbeitskräfte sowie zum Ausbau der digitalen Infrastruktur bereitgestellt werden. Gleichzeitig fördert ein vergleichsweise laxes regulatorisches Umfeld Unternehmen dabei, technologische Innovationen rasant in marktreife Produkte umzusetzen. China hat somit ein nahezu autarkes Ökosystem mit innovativen Start-ups, Technologieentwicklern und Finanzierern aus sich selbst heraus geschaffen. Rund ein Drittel aller Einhörner bzw. Unicorns – Start-up-Unternehmen mit einer Marktbewertung vor Börsengang von über einer Milliarde US-Dollar – stammen derzeit aus China. Dieses Umfeld sowie eine aktive Abschirmungspolitik gegenüber ausländischer Konkurrenz hat den chinesischen Tech-Champions Baidu, Alibaba und Tencent (auch bekannt als ‚BAT') ideale Entwicklungsmöglichkeiten geboten (MERICS 2019). Das Beispiel Chinas soll und kann nicht als Vorbild für Deutschland und Europa gelten. Dennoch ist es wichtig zu verstehen, mit welchen strukturellen Wettbewerbsvorteilen mögliche Konkurrenzunternehmen ausgestattet sein werden.

Auf der politischen Ebene wird der zunehmend wahrgenommene Verlust an Wettbewerbsfähigkeit für Deutschland in den Zukunftsbranchen zu einem dringenden Anliegen (BMWi 2019). Ein wichtiger Aspekt dieser Diskussion fokussiert sich derzeit auf den schleppenden Ausbau der für die Transformation der Wirtschaft zentralen digitalen Infrastruktur (DB Research 2018). In diesem Zusammenhang verwundert es nicht, dass der Erfolg und die Reichweite chinesischer Technologiekonzerne beim Ausbau der globalen digitalen Infrastruktur mit wachsender Besorgnis bezüglich möglicher Sicherheitsrisiken gesehen werden. Dies zeigte sich insbesondere zu Beginn des Jahres 2019 in der Debatte darum, ob chinesische Technologiekonzerne Deutschland mit dem 5G-Mobilfunknetzausbau versorgen sollen.

Auch stellen eine Eskalation der handelspolitischen Differenzen zwischen den USA und China ein erhebliches Risiko dar. Die damit verbundenen negativen ökonomischen Auswirkungen würden die Unternehmen in Deutschland und Europa neben dem akuten Bestreben, ihre Wettbewerbsfähigkeit zu erhalten, zusätzlich belasten. Politik, Unternehmen und Gesellschaft müssen gemeinsam Antworten auf diese strukturellen Herausforderungen finden, damit Deutschland nicht zum Schlusslicht der vierten industriellen Revolution wird.

Zusammenfassend lässt sich feststellen, dass die Herausforderungen für Unternehmen in Deutschland und Europa mannigfaltig sind. Es besteht für nahezu jedes Unternehmen die Notwendigkeit, auf diese Entwicklungen zu reagieren, um nachhaltig Wettbewerbsvorteile sichern zu können. Insbesondere bedarf es einer eingehenden Analyse und Weiterentwicklung von bestehenden Geschäftsmodellen. In diesem Zusammenhang ist auch eine

Transparenzschaffung bezüglich der Herausforderungen und Chancen durch neue technologische und gesellschaftliche Trends notwendig. Auch muss die Politik in Wege finden, um die Attraktivität und Wettbewerbsfähigkeit des Standorts zu sichern und auszubauen.

## Literatur

BMWi. (2019). *Bundesregierung beschließt Nationales Reformprogramm 2019*. Pressemitteilung vom 10. Apr 2019. https://www.bmwi.de/Redaktion/DE/Pressemitteilungen/2019/20190410-altmaier-muessen-jetzt-unsere-wettbewerbsfaehigkeit-verbessern.html. Zugegriffen am 31.05.2019.

Chesbrough, H. (2007). Business model innovation: It's not just about technology anymore. *Strategy & Leadership, 35*(6), 12–17.

DB Research. (2018). *EU-Monitor. Digitale Ökonomie und struktureller Wandel*. Frankfurt: DB Research Management. https://www.dbresearch.de/PROD/RPS_DE-PROD/PROD0000000000468838.pdf. Zugegriffen am 31.05.2019.

FSB – Financial Stabiliy Board. (2019). *FinTech and market structure in financial services: Market developments and potential financial stability implications*. https://www.fsb.org/wp-content/uploads/P140219.pdf. Zugegriffen am 31.05.2019.

Fuller, J., Wallenstein, J., Raman, M., & de Chalendar, A. (2019). Your workforce is more adaptable than you think. *Harvard Business Review, 97*, 118–126.

McKinsey Global Institute. (2016). *Digital globalization: The new era of global flows*. McKinsey & Company. https://www.mckinsey.com/~/media/McKinsey/Business%20Functions/McKinsey%20Digital/Our%20Insights/Digital%20globalization%20The%20new%20era%20of%20global%20flows/MGI-Digital-globalization-Full-report.ashx. Zugegriffen am 31.05.2019.

MERICS – Mercator Institute for China Studies. (2019). *China's digital rise – Challenges for Europe*. Berlin: Mercator Institute for China Studies.

Osborne, M., & Frey, C. (2013). *The future of employment: How susceptible are jobs to computerization?* Oxford: Oxford Martin School.

Rogers, D. (2016). *The digital transformation playbook: Rethink your business for the digital age*. New York: Columbia Press.

Schwab, K. (2016). *Die Vierte Industrielle Revolution*. München: Pantheon.

Schwab, K. (2019). *Globalization 4.0 – A new a new architecture for the fourth industrial revolution*. Council on Foreign Relations Inc. Foreign Affairs.

WEF – World Economic Forum. (2018). *The future of jobs report 2018*. http://www3.weforum.org/docs/WEF_Future_of_Jobs_2018.pdf. Zugegriffen am 31.05.2019.

WEF – World Economic Forum. (2019). *Globalization 4.0 – Shaping a new global architecture in the age of the fourth industrial revolution*. http://www3.weforum.org/docs/WEF_Globalization_4.0_Call_for_Engagement.pdf. Zugegriffen am 31.05.2019.

Wirtschaftswoche. (2018). *Amazons heimlicher Aufstieg zum Airline-Riesen*. 16.10.2018. https://www.wiwo.de/unternehmen/dienstleister/expansion-in-den-himmel-amazons-heimlicher-aufstieg-zum-airline-riesen/23191794.html. Zugegriffen am 31.05.2019.

**Prof. Dr. Benjamin Niestroj** ist Professor an der FOM Hochschule für Oekonomie & Management. Seine Forschungsschwerpunkte sind Digitale Ökonomie, Geschäftsmodellinnovation und Future Skills. Neben seiner akademischen Tätigkeit ist er als Berater und Lecturer für Unternehmen aktiv. Zudem ist Autor, Herausgeber und Speaker und unterstützt Start-ups als Business Angel. Zuvor war er für renommierte Strategie- und Managementberatungsunternehmen tätig.

# Geschäftsmodelle neu denken

Stefan Tewes

**Zusammenfassung**

Digitale und gesellschaftliche Einflüsse verändern Geschäftsmodelle schneller und radikaler als je zuvor. Die statische Betrachtung zu einem bestimmten Zeitpunkt wandelt sich zu einer andauernden, dynamischen Optimierung. Kundenprobleme und Bedürfnisse sowie das dazu zugehörige Wertangebot rücken in den Fokus. Zu klären ist, welche Bausteine für erfolgreiche Geschäftsmodelle in der Zukunft handlungsleitend sind und wie ein Geschäftsmodell aufgebaut sein muss, welches sich fortwährend weiterentwickelt. Dazu wird ein systemischer Geschäftsmodellansatz (Business Model System) abgeleitet, welcher auf Basis von drei Subsystemen (Einfluss-, Kanal- und Operating System) einen dauerhaften Veränderungserfolg des Geschäftsmodells gewährleisten kann.

## 2.1 Grundlagen von Geschäftsmodellen

Die aktuellen digitalen und gesellschaftlichen Veränderungen beeinflussen Unternehmen schneller und radikaler als in früheren wirtschaftlichen Transformationsprozessen. Zunehmend wird der künftige Unternehmenserfolg dabei an die Funktionsfähigkeit des gesamten Geschäftsmodells gekoppelt (Tewes et al. 2018). Ein Geschäftsmodell beschreibt grundsätzlich, wie Kundenwerte in einer Organisation geschaffen und erhalten werden. Es setzt sich aus einer Reihe von Bausteinen zusammen, die auf Kunden, Wertangebot, Organisationsarchitektur und ökonomische Ebene abzielen (Fielt 2013). Der wirtschaftliche Erfolg wird durch die Verknüpfung der unterschiedlichen Bausteine erzielt. Ein einheitliches Rahmenwerk be-

S. Tewes (✉)
FOM Hochschule für Oekonomie & Management, Essen, Deutschland
E-Mail: stefan.tewes@fom.de

züglich der exakten Ausgestaltung von Geschäftsmodellen existiert nicht (Al-Debei und Avison 2010; Burkhart et al. 2011; Fielt 2013). Dennoch können die relevanten Bausteine eines Geschäftsmodells für den Unternehmenserfolg benannt werden. Auf Basis einer inhalts- und frequenzanalytischen Untersuchung der 50 geläufigsten Definitionen von Geschäftsmodellen (Tewes 2018) können folgende Bausteine in drei Relevanzebenen identifiziert werden.

Auf der höchsten Relevanzebene für das Geschäftsmodell werden die Bausteine (1) **Wertangebot** sowie (2) **Kunden** eingeordnet. Das Wertangebot beschreibt die Kombination von Produkten, Dienstleistungen und Informationen, die für einen Kunden ein Problem löst oder ein Bedürfnis befriedigt (Osterwalder und Pigneur 2010; Kollmann 2016). Der Einbezug des Wettbewerbsfaktors ‚Information' als Teil des Wertangebots führt zur Beendigung der aktuellen Diskussion um digitale Geschäftsmodelle: Die Trennung in digitale und analoge Geschäftsmodellen ist nicht zukunftsträchtig. Die zunehmende Auflösung der Grenzen zwischen On- und Offline-Welt sowie die Verschmelzung von virtuellen und analogen Komponenten lässt eine Separierung zwischen digitalem und analogem Geschäftsmodell nicht zu. Das Wertangebot muss ganzheitlich gedacht werden und fokussiert stets eine ganzheitliche Problemlösung oder Bedürfnisbefriedigung – digital und analog verschmelzen hierbei. Der Baustein ‚Kunden' bezieht sich auf drei Schwerpunkte: Kundensegmentierung, -beziehung und -integration. Wie können die Kunden spezifisch angesprochen werden? Wie muss die Beziehung zu den einzelnen Kundensegmenten gestaltet sein? Wie lassen sich die Kunden in den Wertschöpfungsprozess sinnvoll einbinden? Die hervorstechende Bedeutung des Kunden wird auch in der aktuellen wissenschaftlichen Debatte in den Vordergrund gestellt (Wirtz und Daiser 2018).

Die mittlere Relevanzebene beinhaltet die Bausteine (3) **Einnahmen**, (4) **Prozesse und Aktivitäten** sowie (5) **Wertschöpfungspartner** und (6) **Ressourcenbedarf**. Die Einnahmengenerierung zielt auf die Ertragsmechanik des Geschäftsmodells ab (Granig et al. 2016; Rappa 2006). Innerhalb der organisationalen Prozesse und Aktivitäten ist einerseits die Effizienz von Organisationsprozessen relevant, andererseits ist die erfolgreiche Umsetzung von Maßnahmen für das Geschäftsmodell erfolgskritisch (Hawkins 2002; Pateli und Giaglis 2004; Watson 2005). Auch Maßnahmen hinsichtlich der Weiterentwicklung von Fähigkeiten und Kompetenzen der Mitarbeitenden kommt hierbei ein großer Stellenwert zu. Zudem gehören zur mittleren Ebene die Beziehungsgestaltung zu Partnern innerhalb der Wertschöpfungskette (Osterwalder und Pigneur 2010) sowie die Gewährleistung des notwendigen Ressourcenzugriffs. Beispiele hierfür sind physische (Fahrzeuge, Maschinen etc.), organisatorische (Informations-, Qualitätssysteme etc.), technologische (Marken, Lizenzen, Daten etc.), humane (Freelancer, Fachkräfte etc.) und finanzielle Ressourcen (Liquidität, Cashflow etc.).

Zuletzt können auf der unteren Relevanzebene weitere Bausteine von Geschäftsmodellen zugeordnet werden. Die (7) **Distribution** und der **Vertrieb** des Wertangebots (Chesbrough und Rosenbloom 2002; Slávik und Bednár 2014) werden zu dieser Ebene ebenso wie die (8) **Kommunikation** respektive das **Marketing** (Osterwalder 2004) verortet. Darüber hinaus sind die (9) **Kostenstruktur** (Chesbrough und Rosenbloom 2002; Magretta 2002) und die **Profitgenerierung** (Johnson et al. 2008; Teece 2010) wichtig. Zuletzt wird, wenn auch selten, eine externe Perspektive dem Geschäftsmodell zugeordnet. Diese umfasst zum einen die (10) **Einflüsse des Marktes** und des **Wettbewerbs** (Morris et al. 2005;

Wirtz 2016), bezieht sich jedoch auch auf die Ausgestaltung des (11) **Netzwerks** außerhalb der klassischen Wertschöpfungskette (Zott und Amit 2010; Shafer et al. 2005).

> **Basiselemente von Geschäftsmodellen**
> - Relevanzebene 1
>   – Wertangebot
>   – Kunden
> - Relevanzebene 2
>   – Einnahmen
>   – Prozesse und Aktivitäten
>   – Partner
>   – Ressourcen
> - Relevanzebene 3
>   – Distribution und Vertrieb
>   – Kommunikation und Marketing
>   – Kosten und Profit
>   – Markt- und Wettbewerbseinflüsse
>   – Netzwerk

Die starke Status-Quo-Orientierung der Geschäftsmodellansätze (Wie sieht das Geschäftsmodell zum Zeitpunkt $t_0$ aus?) führt zu einer gewissen Statik in der Debatte. Um künftig funktionsfähige Geschäftsmodelle zu entwickeln, muss zum einen der Fokus verstärkt auf der Integration der Innovation in das Gesamtkonzept liegen. Zum anderen bedarf es der Einbettung von Trend- und Zukunftsanalysen in die Geschäftsmodellkonzeption, um aufwendige Transformationen des Geschäftsmodells zu vermeiden (von $t_0$ zu $t_1$) und diese stattdessen als integralen Bestandteil der kontinuierlichen Weiterentwicklung zu betrachten: Sozusagen muss jedes Geschäftsmodell ein Modell des lebenslangen Lernens und Weiterentwickelns sein. Die Ausgestaltung heutiger Geschäftsmodelle ist folglich eher fluide und progressiv, als starr und fixiert (Tewes et al. 2018).

## 2.2 Future Business Models

Geschäftsmodellansätze werden heutzutage von einer Vielzahl verschiedener Bausteine, digitaler Trends, gesellschaftlicher Veränderungen und Umfeldeinflüssen beeinflusst. Neue Unternehmen treten beispielsweise in den Markt ein, überdenken das Wertangebot und bieten dem Kunden einen besseren Nutzen, mit dem das traditionelle Wertangebot nicht konkurrieren kann. In den meisten Fällen wird diese Disruption nicht durch grundlegende technologische Innovationen verursacht, sondern durch eine neue innovative Zusammensetzung der verschiedenen Bausteine des Geschäftsmodells (Tewes et al. 2018). Welche Bausteine sind nun für die zukünftige Entwicklung eines Geschäftsmodells ele-

**Abb. 2.1** Handlungsrahmen künftiger Geschäftsmodelle. (Quelle: Tewes 2018)

mentar? Subsummierend aus den bereits vorgestellten Basiselementen lassen sich neun Kernbausteine für die zukünftig erfolgreiche Entwicklung von Geschäftsmodellen (Future Business Models) ableiten (Tewes 2018) (s. Abb. 2.1).

Das Herzstück bildet auch in der Zukunft die Ausgestaltung des **Wertangebots** (Kernbaustein eins). Vier von fünf der gängigen Geschäftsmodellansätze integrieren dieses als relevanten wesentlichen Baustein. Ein Wertangebot löst ein Kundenproblem oder befriedigt ein Kundenbedürfnis (Lindgardt et al. 2009). Ansätze für die Ausgestaltung des Wertangebots sind beispielsweise Neuheit, Individualisierung, Arbeitserleichterung, Anwenderfreundlichkeit etc. (Osterwalder et al. 2015). Aufgrund der schnellen und andauernden Veränderung von Trends und Umfeldeinflüssen in Richtung des Wertangebots ist der zweite Kernbaustein der **Einfluss**. Dieser beinhaltet sowohl technologische als auch gesellschaftliche Trends. Zudem werden nachhaltige (ökologische, soziale, ökonomische), politische und gesetzliche Einflüsse integriert. Der betrachtete Zeitraum umfasst hierbei kurzfristige (ein – drei Jahre) bis langfristige gesellschaftliche Veränderungen (Megatrends). Als dritter Kernbaustein von künftigen Geschäftsmodellen wird der **Kunde** betrachtet. Hierbei gilt es, eine neue Form der Kundensegmentierung vorzunehmen. Klassische sozio-demografische Kriterien sind nicht mehr ausreichend, um der hohen Individualität gerecht zu werden. Eine Kombination verschiedener Ansätze (z. B. Buyer Persona, Lebensstilsegmentierung) ist für eine zielgenaue Kundensegmentierung sinnvoll.

Ein elementarer Erfolgsfaktor in der Verbindung von Wertangebot und Kunden ist die Integration des Kunden in die Entwicklung des Wertangebots. Der Nachfrager bestimmt in Zukunft das Angebot: Aufgrund des zunehmenden Individualisierungsbedürfnisses von Produkten, Dienstleistungen und Informationen ist die Kundenintegration unerlässlich.

Den vierten und fünften Kernbaustein bilden **Partner** und **Netzwerk** – beide dienen der Bildung von Allianzen. Partner sind der klassischen Wertschöpfungskette zuzuordnen (Rappa 2004). Zu diesem Baustein gehören Joint Ventures, strategische Allianzen, Lieferanten etc. Klassische Zielsetzungen von Partnerschaften sind beispielsweise die Risikominimierung oder die Ressourcenakquise (Osterwalder und Pigneur 2010). Heutzutage liegt der Hauptfokus auf der Ergänzung von Fähigkeiten (z. B. Automobilhersteller kooperiert mit Tech-Unternehmen). „Netzwerkpartner [hingegen] sind nicht direkt in der Wertschöpfung, sondern im Nukleus des Geschäftsmodells hilfreich. Eine interessante Entwicklung liegt in der losen Kopplung von kleinen, bedarfsbezogenen Netzwerken." (Tewes 2019, S. 110). Diese lose Kopplung von Netzwerken ist relevant, da gegenwärtig zunehmend immer weniger starre Allianzen existieren. So sind gemeinsame Lernumgebungen oder der Austausch von Daten und Informationen nicht direkt an eine feste Zusammenarbeit innerhalb der Wertschöpfungskette gekoppelt. Auch die Vernetzung in den sozialen Medien dient der Pflege des peripheren Netzwerks und ist eher fluide als starr.

Den sechsten Kernbaustein bilden die **Kanäle**. Diese differenzieren sich in Kommunikation, Vertrieb und Distribution (Osterwalder und Pigneur 2010). Innerhalb der Kommunikationskanäle gilt es, einen ganzheitlichen und verzahnten Ansatz für die On- und Offlinekommunikation (Omnichannel-Strategie) zu gewährleisten. Die Auswahl passender Medien ist hierbei genauso relevant, wie die Entwicklung individualisierter Inhalte. Unterstützend bedarf es geeigneter Vertriebskanäle. Auch hier ist die sinnvolle Verknüpfung von Online und Offline notwendig. Die steigende Relevanz von Plattformen, die Gefahr der Disintermediation und das Problem der letzten Meile sind ständige Herausforderungen in der digitalen Transformation. Die Distribution der Produkte, Dienstleistungen und Informationen entscheiden über die Kundenzufriedenheit und das -erlebnis. Der Kunde fordert einen nahtlosen, unterbrechungsfreien Handel, welcher hinsichtlich Intuitivität, Einfachheit und Bequemlichkeit zu perfektionieren ist (Kotler et al. 2017).

Zur organisationalen Ebene gehören die Kernbausteine sieben und acht. Die **Fähigkeiten & Aktivitäten** eines Unternehmens bilden sowohl die ständige Anpassung und Weiterentwicklung der Kompetenzen im Unternehmen, als auch die umzusetzenden Maßnahmen in einem permanent wandelnden Unternehmensumfeld ab. Zunehmende Relevanz bekommt der Umgang mit fortdauernder Transformationen (Transformation Management), die Wandlung des lebenslangen Lernens vom Buzzword zur realen Umsetzung und die Nutzung der Potenziale der Datenanalyse (Tewes et al. 2018). Ebenfalls zugehörig zur organisationalen Ebene ist der Kernbaustein **Ressourcen**. Hierzu gehören personelle (Spezialisten, Führungskräfte, Fachkräfte etc.) und technologische (Markennamen, Patenten, Lizenzen, Daten etc.) sowie physische (Fahrzeugen, Maschinen, Gebäuden etc.) und organisatorische Ressourcen (Informationssysteme, Qualitätsstandards etc.). Der letzte Kernbaustein umfasst die **Finanzen**. Im Fokus stehen hier neue Formen der Einnahmegenerierung (Abo-, Servicemodelle etc.) und die Reduzierung der Kostenstruktur.

**Future Business Model: Kernbausteine**
- **Wertangebot**: Welches Kundenproblem wird gelöst? Welches Kundenbedürfnis wird befriedigt?
- **Einfluss**: Wie wirken digitale Trends, Megatrends und Umfeldeinflüsse auf die Bausteine des Geschäftsmodells?
- **Kunden**: Wie können Kunden segmentiert und integriert werden? Welche Beziehung existiert zu den Kunden?
- **Partner**: Welche Partner können Allianzen innerhalb der Wertschöpfungskette bilden?
- **Netzwerk**: Wie kann das Netzwerk zu Allianzen außerhalb der Wertschöpfungskette ausgebaut werden?
- **Kanäle**: Wie kann eine Verzahnung aus Kommunikation, Vertrieb und Distribution zu einem Kundenerlebnis führen?
- **Fähigkeiten & Aktivitäten**: Welche Kompetenzen müssen weiterentwickelt werden? Welche Maßnahmen unterstützen die Entwicklung des Geschäftsmodells?
- **Ressourcen**: Durch welche personellen, technologischen, physischen und organisatorischen Ressourcen wird die Funktionsfähigkeit des Geschäftsmodells gewährleistet?
- **Finanzen**: Welche Potenziale zur Einnahmegenerierung und Kostenreduzierung können umgesetzt werden?

## 2.3 Business Model System

Die wachsende gesellschaftliche und wirtschaftliche Komplexität verbunden mit einer zunehmenden internen und externen organisationalen Vernetzung führt zu begrenzten Wahrnehmungs- und Steuerungsmöglichkeiten unternehmerischer Entscheidungen (Schöneborn 2004). Zumeist resultiert aus der räumlichen und zeitlichen Trennung von Ursache und Wirkung ein unerwartetes Verhalten; d. h. aufgrund der vorhandenen Dynamik führen initiierte Maßnahmen selten zu den gewünschten Ergebnissen (kontraintuitives Verhalten).

Aus diesem Grund wird die Betrachtung von isolierten Elementen (z. B. von einzelnen Abteilungen anstelle eines Gesamtzusammenhangs) zunehmend zu Fehlern in der Entscheidungsfindung führen (Tewes 2014). Die hohe Zahl an Rückkopplungen zwischen den Elementen (Meadows 2009) sowie existierende Zeitverzögerungen des Auswirkens von Entscheidungen (Milling 2008) zeigen die begrenzte Wirksamkeit statischer Geschäftsmodellansätze. Demzufolge ist eine getrennte Betrachtung von Bausteinen der Geschäftsmodelle lediglich für die Erhebung des Status quo (Wie sieht das Geschäftsmodell zum Zeitpunkt $t_0$ aus?) nützlich. Eine ganzheitliche, systemische Begutachtung könnte indes eine fragmentarische Erfassung, eine ungeeignete Schwerpunktbildung sowie die Übersteuerung von Maßnahmen aus der Geschäftsmodellanalyse vermeiden (Vester 1991; Schöneborn 2004).

## 2 Geschäftsmodelle neu denken

Erste Ansätze zur systemischen Betrachtung von Geschäftsmodellen auf Basis der Allgemeinen Systemtheorie (von Bertalanffy 1972, 1973) existieren bereits (Jensen 2013; Berglund und Sandström 2013). Diese systemische Betrachtung von Geschäftsmodellen (im Folgenden ‚**Business Model System**' genannt) erfolgt im Kontext sozialer Systeme. Soziale Systeme sind determiniert durch zweckgerichtete Individuen (Ackoff und Emery 1972) und die Integration des Subsystems in ein größeres System (Ackoff 1994). So sind Unternehmen als Subsysteme des Wirtschaftssystems einzuordnen. Gegensätzlich zu mechanischen oder biologischen Systemen operieren soziale Systeme darüber hinaus mit einem Sinn (Luhmann 1984).

Um sich einem Business Model System anzunähern, bedarf es zunächst der Betrachtung des Systembegriffs. Ein System wird durch folgende Charakteristika determiniert (Tewes 2014):

1. Systeme bestehen aus Systemelementen, die Wechselbeziehungen aufweisen.
2. Die Systemelemente wirken als Ganzes (‚Das Ganze ist mehr als die Summe seiner Teile').
3. Systeme besitzen eine eigene Struktur, die bei Zerteilung (Herausnahme und/oder Hinzufügung von Elementen) zerstört wird.
4. Die Systemgrenze (zur Systemumwelt) stellt die Systemidentität sicher.
5. Systeme verfolgen einen bestimmten Zweck.
6. Systeme verhalten sich dynamisch.

Die benannten Charakteristika eines Systems lassen sich, wie in Abb. 2.2 dargestellt, grafisch in Beziehung setzen.

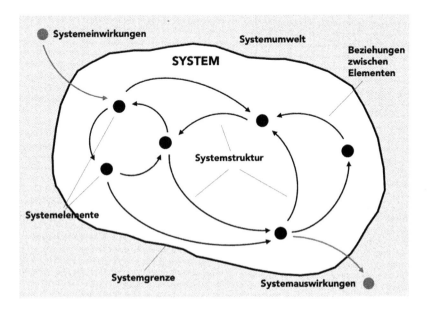

**Abb. 2.2** Das System. (Quelle: In Anlehnung an Flood und Jackson 1991; Bossel 2004; Tewes 2014)

Ausgehend von den Charakteristika eines Systems kann das **Business Model System** – also die systemische Betrachtung von Geschäftsmodellen – entwickelt werden. Dieser ganzheitliche Geschäftsmodellansatz ermöglicht durch die Betrachtung verschiedener Subsysteme das Erkennen von neuen bzw. komplexeren Eigenschaften (Emergenz), als in den einzelnen Systemelementen (Bausteine von Geschäftsmodellen) ersichtlich sind (Riedl 2000). Wie können nun die einzelnen Bausteine und Subsysteme zu einem ganzheitlichen Business Model System ausgearbeitet werden? Generell werden drei Subsysteme, welche die Entwicklung eines Wertangebots determinieren, identifiziert: Einfluss-, Kanal- und Operating System.

Als erstes Subsystem muss das **Einflusssystem** betrachtet werden. Dieses dient zur Integration von Unternehmenseinflüssen in das Geschäftsmodell und ist insbesondere in der heutigen Zeit ständiger Veränderung ein unerlässlicher Treiber. Hierbei sind vor allem drei Elemente bedeutsam: digitale, Umfeld- und Megatrends. **Digitale Trends** richten sich auf die digitale Nutzung von Technologien (z. B. Big Data, KI). Zu den **Umfeldtrends** gehört die Untersuchung von nachhaltigen (sozialen, ökologischen, und ökonomischen), technologischen (z. B. 3D-Druck, Robotik), politischen (z. B. Brexit-Debatte) und gesetzlichen Trends (z. B. EU-DSGVO). Zuletzt müssen langfristige Veränderungen mit einer hohen Wirkung integriert werden, die sogenannten **Megatrends** (Naisbitt und Naisbitt 2018).

Das zweite Subsystem ist das **Operating System**. Dieses wird durch die Elemente Kunden, Allianzen und Organisation definiert. In dem Bereich der **Kunden** sind die Kundensegmentierung, die Ausgestaltung der Kundenbeziehungen sowie die Integration der Kunden in die Entwicklung des Wertangebots entscheidend. **Allianzen** werden bestimmt durch die Partner innerhalb der Wertschöpfungskette sowie das Netzwerk außerhalb der Wertschöpfungskette. Die Grenzen zwischen Wertschöpfungspartner und peripherer Unterstützung (z. B. im Kontext des Lernens) sind hierbei fließend. Zuletzt muss die **Organisation** einbezogen werden. Hierunter fallen Fähigkeiten und Aktivitäten sowie Ressourcen. Die Weiterentwicklung der Mitarbeiterkompetenzen ist in diesem Zusammenhang genauso entscheidend, wie die Umsetzung organisationaler Maßnahmen zur Entwicklung des Wertangebots. Zuletzt sind die dafür notwendigen personellen, technologischen, physischen und organisatorischen Ressourcen hinzuzurechnen.

Das dritte Subsystem ist das **Kanalsystem**, welches aus den Bausteinen Kommunikation, Vertrieb und Distribution besteht. Gegensätzlich zu bisherigen Ansätzen erfolgt jedoch keine singuläre Betrachtung (z. B. Vertriebsstrategie), sondern eine Gesamtbetrachtung des Kanalsystems (im Sinne einer ganzheitlichen Kanalstrategie). Dies ist für die Kopplung der verschiedenen Kanäle notwendig. Zur **Kommunikation** sind Unternehmenskommunikation, Werbung und Marketing sowie PR und Krisenkommunikation zugehörig. Der **Vertrieb** umfasst die Betrachtung der Customer Journey, die Umwandlung von Leads in Kunden (Sales Funnel) sowie die Absatzförderung. Zudem ist die Kundenbindung und Beziehungsgestaltung relevant. Die **Distribution** umfasst die physische und immaterielle Distribution der Produkte, Dienstleistungen und Informationen. Relevant bei allen Kanälen ist die Verschmelzung von On- und Offline sowie die ganzheitliche Betrachtung des Kanalsystems. Die Problematik der Zerteilung des Kanalsystems und eine ausschließliche Untersuchung einzelner Elemente (Wie sieht die Performance der Marketingabteilung aus? Warum bindet der Vertrieb die Kunden nicht?) führt zu falschen Analyseergebnissen und zu einer fehlerhaften Maßnahmenbildung.

Von höchster Wichtigkeit bei der Betrachtung der drei Subsysteme (Einfluss-, Kanal- und Operating System) ist die **Kopplung der Elemente und Subsysteme**. Folglich existieren sowohl in den einzelnen Subsystemen starke Verknüpfungen der Elemente (z. B. zwischen Marketing, Vertrieb und Distribution im Kanalsystem) als auch zwischen den drei Subsystemen (Einfluss-, Kanal- und Operating System).

Eine Besonderheit bei der Betrachtung des Business Model Systems liegt in der Existenz eines Systemzwecks. So ist der Systemzweck sozialer Systeme die **Vermittlung von Sinn** (von Schlippe und Schweitzer 1998; Luhmann 1984). Folglich ist die Ordnungsform des Geschäftsmodellsystems der Sinn. Diese Betrachtungsweise führt zur Erkenntnis, dass Geschäftsmodelle per se nur funktionieren, wenn der Systemzweck dem der zweckgerichteten Individuen entspricht. Eine reine Gewinnmaximierung erfüllt beispielsweise nicht der Sinnvorstellung der beteiligten Individuen und wird langfristig zum Zusammenbruch des Systems führen. Daher ist eine partizipative Ausrichtung des Business Model Systems heutzutage unerlässlich – insbesondere unter Betrachtung der knappen Humanressourcen. Business Model Systems handeln operational geschlossen. Operationale Geschlossenheit bedeutet, dass die Systemelemente sowie die Systemgrenze durch das System zur Selbsterzeugung (Autopoiesis) unter der Gegebenheit kontinuierlicher Störungen und der Kompensation von Störungen selber produziert werden (Maturana und Varela 1980). Als Kommunikationsmedien für diesen Prozess dienen innerhalb des Business Model Systems das **Geld** und die **Sprache** (Luhmann 1994).

Subsumierend lässt sich festhalten, dass Geschäftsmodelle stets durch die **Funktionsfähigkeit der finanziellen Determinante** (Einnahmengenerierung und Kostenreduzierung) sowie die **Kommunikation der normativen Determinante** (Vision, Mission, Werte) geprägt sind. Die in Abb. 2.3 dargestellte Visualisierung des Business Model Systems zeigt die drei Subsysteme Einfluss-, Kanal- und Operating System sowie deren Systemelemente und Wechselbeziehungen. Darüber hinaus erfolgt eine grafische Einordnung zur Ordnungsform und Erhaltung des Business Model Systems.

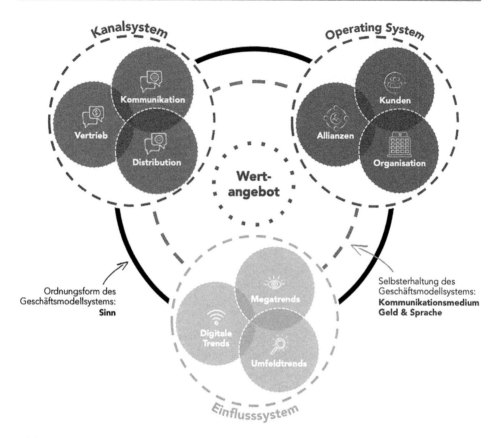

**Abb. 2.3** Business Model System. (Quelle: eigene Darstellung)

## Literatur

Ackoff, R. L. (1994). Systems thinking and thinking systems. *System Dynamics Review, 10*(2–3), 175–188.
Ackoff, R. L., & Emery, F. E. (1972). *On purposeful systems*. Chicago: Aldine-Atherton.
Al-Debei, M. M., & Avison, D. (2010). Developing a unified framework of the business model concept. *European Journal of Information Systems, 19*, 359–376.
Berglund, H., & Sandström, C. (2013). Business model innovation from an open systems perspective: Structural challenges and managerial solutions. *International Journal of Product Development, 18*(3–4), 274–285.
von Bertalanffy, L. (1972). Vorläufer und Begründer der Systemtheorie. In R. Kurzrock (Hrsg.), *Systemtheorie, Forschung und Information* (Bd. 12, S. 17–28). Berlin: Colloquium.
von Bertalanffy, L. (1973). *General system theory – Foundations, development, application* (Revised. Aufl.). New York: George Braziller.
Bossel, H. (2004). *Systeme, Dynamik, Simulation – Modellbildung, Analyse und Simulation komplexer Systeme*. Norderstedt: Books on Demand.

Burkhart, T., Wirth, D., Krumeich, J., & Loos, P. (2011). *Analyzing the business model concept: A comprehensive classification of literature*. Thirty Second International Conference on Information Systems, Shanghai.

Chesbrough, H., & Rosenbloom, R. (2002). The role of the business model in capturing value from innovation: Evidence from Xerox Corporation's technology spin-off companies. *Industrial and Corporate Change, 11*(3), 529–555.

Fielt, E. (2013). Conceptualising business models: Definitions, frameworks and classifications. *Journal of Business Models, 1*(1), 85–105.

Flood, R. L., & Jackson, M. C. (1991). *Creative problem solving – Total system intervention*. Chichester: Wiley.

Granig, P., Hartlieb, E., & Lingenhel, D. (2016). *Geschäftsmodellinnovationen – Vom Trend zum Geschäftsmodell*. Wiesbaden: Springer Gabler.

Hawkins, R. (2002). The phantom of the marketplace: Searching for new E-commerce business models. *Communication & Strategies, 46*(2), 297–329.

Jensen, A. B. (2013). Do we need one business model definition? *Journal of Business Models, 1*(1), 61–84.

Johnson, M., Christensen, C., & Kagermann, H. (2008). Reinventing your business model. *Harvard Business Review, 12/08*, 50–59.

Kollmann, T. (2016). *E-Entrepreneurship: Grundlagen der Unternehmensgründung in der Digitalen Wirtschaft*. Wiesbaden: Springer Gabler.

Kotler, P., Kartajaya, H., & Setiawan, I. (2017). *Marketing 4.0: Moving from traditional to digital*. Hoboken: Wiley.

Lindgardt, Z., Reeves, M., Stalk, G., & Deimler, M. (2009). *Business model innovation: When the game gets tough, change the game*. https://www.bcg.com/documents/file36456.pdf. Zugegriffen am 03.03.2019.

Luhmann, N. (1984). *Soziale Systeme – Grundriß einer allgemeinen Theorie*. Frankfurt a. M.: Suhrkamp.

Luhmann, N. (1994). *Die Wirtschaft der Gesellschaft*. Frankfurt a. M.: Suhrkamp.

Magretta, J. (2002). Why business models matter. *Harvard Business Review, 80*(5), 3–8.

Maturana, H. R., & Varela, F. J. (1980). *Autopoiesis and cognition – The realization of the living*. Dordrecht/Boston/London: Reidel.

Meadows, D. H. (2009). *Thinking in systems – A primer*. London: Earthscan.

Milling, P. (2008). Verzögerungsstrukturen in System-Dynamics-Modellen. In J. Strohhecker & J. Sehnert (Hrsg.), *System Dynamics für die Finanzindustrie – Simulieren und Analysieren dynamisch-komplexer Probleme* (S. 209–229). Frankfurt a. M.: Frankfurt School.

Morris, M., Schindehutteb, M., & Allen, J. (2005). The entrepreneur's business model: Toward a unified perspective. *Journal of Business Research, 58*, 726–735.

Naisbitt, D., & Naisbitt, J. (2018). *Mastering megatrends: Understanding & leveraging the evolving new world*. Singapore: WSPC.

Osterwalder, A. (2004). *The business model ontology: A proposition in a design science approach*. Dissertation, Universität Lausanne.

Osterwalder, A., & Pigneur, Y. (2010). *Business model generation – A handbook for visionaries, game changers and challengers*. Hoboken: Wiley.

Osterwalder, A., Pigneur, Y., Bernarda, G., Smith, A., & Papadakos, T. (2015). *Value Proposition Design: Entwickeln Sie Produkte und Services, die Ihre Kunden wirklich wollen*. Frankfurt/New York: Campus.

Pateli, A. G., & Giaglis, G. M. (2004). A research framework for analysing eBusiness models. *European Journal of Information Systems, 13*(4), 302–314.

Rappa, M. (2004). The utility business model and the future of computing services. *IBM Systems Journal, 43*(1), 32–42.

Rappa, M. (2006). *Business models on the web.* http://home.ku.edu.tr/~daksen/mgis410/materials/Business_Models_on_the_Web.pdf. Zugegriffen am 09.03.2019.

Riedl, R. (2000). *Strukturen der Komplexität – Eine Morphologie des Erkennens und Erklärens.* Berlin/Heidelberg: Springer.

von Schlippe, A., & Schweitzer, J. (1998). *Lehrbuch der systemischen Therapie und Beratung.* Göttingen: Vandenhoeck & Ruprecht.

Schöneborn, F. (2004). *Strategisches Controlling mit System Dynamics.* Heidelberg: Physica.

Shafer, S. M., Smith, H. J., & Linder, J. C. (2005). The power of business models. *Business Horizons, 48*(3), 199–207.

Slávik, S., & Bednár, R. (2014). Analysis of business models. *Journal of Competitiveness, 6*(4), 19–40.

Teece, D. J. (2010). Business models, business strategy and innovation. *Long Range Planning, 43*(2–3), 172–194.

Tewes, S. (2014). *Die Systemdynamische Kodiermethode – Entwicklung einer Forschungsmethode zur Exploration komplexer Modelle.* Dissertation, Universität Duisburg-Essen.

Tewes, S. (2018). *Geschäftsmodelle entdecken – Die Bausteine des Erfolgs.* Oberhausen: ZL.

Tewes, S. (2019). Geschäftsmodelle der Zukunft entwickeln: Eine komprimierte Perspektive. *OrganisationsEntwicklung.* 1/2019, 108–111.

Tewes, S., Tewes, C., & Jäger, C. (2018). The 9×9 of future business models. *International Journal of Innovation and Economic Development, 4*(5), 39–48.

Vester, F. (1991). *Neuland des Denkens – Vom technokratischen zum kybernetischen Zeitalter.* München: DTV.

Watson, D. (2005). *Business models.* Petersfield: Harriman House.

Wirtz, B. W. (2016). Business model management: design process instruments. http://alt.berndwirtz.com/downloads/BM_Extract.pdf. Zugegriffen am 11.03.2019.

Wirtz, B. W., & Daiser, P. (2018). Business model development: A customer-oriented perspective. *Journal of Business Models, 6*(3), 24–44.

Zott, C., & Amit, R. (2010). Business model design: An activity system perspective. *Long Range Planning, 43*(2–3), 216–226.

**Prof. Dr. Stefan Tewes** ist Professor für digitale Transformation und Innovation an der FOM University of Applied Science. Er ist Leiter der Vertiefungsrichtungen ‚Process & Digital Change' (MBA) sowie ‚Digitale Transformation' (B.A.). Zudem leitet er deutschlandweit diverse Module in den Bereichen Business Model Innovation, Business Transformation, Digital Management und Entrepreneurship. Seit 2018 ist er zum Leiter der Berufungskommissionen für Betriebswirtschaftslehre sowie zum stellvertretenden Vorsitzenden des Fachclusters Wirtschaft & Management und Wirtschaft & Recht der FOM University of Applied Science ernannt worden. Als CEO von REALYZE berät er auf Basis digitaler und gesellschaftlicher Trends bei der Entwicklung und Transformation von Geschäftsmodellen. Im Rahmen seiner Forschungstätigkeiten beschäftigt er sich primär mit Business Model Innovation, organisationale Transformation, Business Model Systems, Future Thinking und Future Skills.

# Megatrends und digitaler Einfluss

## Carolin Tewes und Stefan Tewes

> **Zusammenfassung**
>
> Die digitale Transformation stellt Unternehmen vor neue Herausforderungen. Notwendig ist ein radikales Umdenken, das sich mit Störungen, Veränderungen und ständiger Neuorientierung auseinandersetzen muss. Unternehmen müssen ihr Geschäftsmodell, ihre Dienstleistungen oder ihre Produkte stets neu überdenken. Die Transformation bietet aber auch die Möglichkeit, neue Geschäftsfelder und dadurch neue Kunden zu generieren. Hierzu müssen die neuesten Trends und Entwicklungen und deren Auswirkungen auf die Bausteine von Geschäftsmodellen bekannt sein.

Innerhalb des Kap. 2 werden drei Subsysteme – **Einflusssystem**, **Kanalsystem**, **Operating System** – identifiziert, welche die Entwicklung des Wertangebotes eines Geschäftsmodells maßgeblich beeinflussen. In Zeiten der Disruption und Transformation müssen die relevanten Trends und Entwicklungen eingeordnet werden, um abzuschätzen, welche Auswirkungen diese auf die Subsysteme nehmen und welche somit für zukünftige Geschäftsmodelle von Bedeutung sind.

Bei der Annäherung an den Begriff ‚Trend' ist erkennbar, dass keine eindeutige Definition dieses Begriffs existiert. Das Zukunftsinstitut verdeutlicht die Komplexität, indem es aufzeigt, dass in den letzten 25 Jahren etwa 1000 verschiedene Trendbegriffe von Bedeutung waren. Trends sind beobachtete Bewegungen, eine komplexe Struktur zusammenhängender Einzelelemente, die in Kombination zu tief greifenden und vielfältigen Verän-

---

C. Tewes (✉) · S. Tewes
FOM Hochschule für Oekonomie & Management, Essen, Deutschland
E-Mail: carolin.tewes@fom.de; stefan.tewes@fom.de

derungen führen (Zukunftsinstitut 2019a). Unterschieden werden kann zwischen folgenden Trends (Zukunftsinstitut 2019b):

- **Metatrends**: Sind insbesondere in der Natur auffindbare Phänomene in Jahrmillionen-Abständen.
- **Megatrends**: Weisen langfristige Veränderungsprozesse in allen Bereichen der Gesellschaft und Wirtschaft auf. Megatrends haben eine Halbwertszeit von 25 bis 30 Jahren, können allen Lebensbereichen zugewiesen werden (Konsum, Politik etc.) und sind global auffindbar, jedoch nicht mit identischem Impact.
- **Soziokulturelle Trends**: Mittelfristige soziale oder technische Veränderungen (ca. zehn Jahre), welche auf den Lebensgefühlen der Menschen beruhen.
- **Konsum- und Zeitgeisttrends**: Mittel- bis kurzfristige Phänomene (ca. fünf bis acht Jahre), die im Konsumbereich zu finden sind.
- **Produkt- und Modetrends**: Kurzfristige und oberflächliche Erscheinungen, welche häufig dem Marketing zugeordnet werden können.

Diverse Autoren, Zukunftsforscher und Unternehmen fokussieren sich auf die Formulierung von zukunftsweisenden Megatrends. Schallmo et al. (2017) benennen die drei Trends ‚Konzentration auf Menschen, intelligente Maschinen und Enabler-Technologien', welche dem Gartner Hype Cycle zugrunde liegen (Gartner 2016). Der Hype Cycle aus dem Jahre 2018 zeigt Trends wie selbstheilende Systemtechnologien, Quantencomputer, Biochips und virtuelle Assistenten auf (Gartner 2018). Trends wie Transhumanismus, virtuelle Erlebnisse, New Work oder Industrie 4.0 werden von Trendone (2018) formuliert. Relevanz weisen die Trends dann auf, wenn sie eine Transformation von Wirtschaft, Gesellschaft, Kultur, Politik etc. bewirken (Naisbitt und Naisbitt 2018).

Aufgrund der Komplexität der Einflüsse und Schnelligkeit der Veränderungen haben Unternehmen zumeist Probleme, Trends und Einwirkungen in das tägliche Geschäft sowie in das Geschäftsmodell kontinuierlich zu implementieren. Es stellt sich die Frage, in welchen Bereichen und in welcher Intensität die digitale Transformation vorangetrieben werden soll. Trends müssen langfristig in Erfolg umgewandelt werden. Hierfür ist es von Bedeutung, die Elemente des Business Model Systems mit den neuesten Trends und Auswirkungen zu vereinen (Tewes et al. 2018).

**I. Einflusssystem**
Das Einflusssystem dient der Integration von Trends und Umfeldeinwirkungen in das Geschäftsmodell. Es besteht aus den Subsystemen **digitale**, **Umfeld-** und **Megatrends**. In Bezug auf diese Einflüsse können Megatrends sowie digitale Trends benannt werden, welche sich auf das zukünftige Wertangebot auswirken. Darüber hinaus sind neben politischen, gesetzlichen, nachhaltigen (ökologischen, sozialen, ökonomischen) und technologischen Einflüssen weitere Trendeinflüsse erdenklich.

Im Folgenden konzentriert sich die Trendformulierung auf zehn identifizierte **Megatrends**, welche auf zukünftige Geschäftsmodelle starken Einfluss nehmen werden (Tewes et al. 2018; Zukunftsinstitut 2015; Trendone 2018).

1. **Konnektivität**: Konnektivität ist der aktuell wirkungsstärkste Megatrend. Die digitalen Kommunikationstechnologien führen hierbei zu einem sozialen Wandel. Unternehmen und Individuen müssen über Netzwerkkompetenzen verfügen und den digitalen Wandel ganzheitlich verstehen.
2. **Individualisierung**: Dieser Megatrend ist eng verbunden mit der Konnektivität sowie der Geschlechterverschiebung und bildet den Drang nach Selbstverwirklichung und einem individuellen Lebensstil ab. Er hat weitreichende Einflüsse, insbesondere bei der personalisierten Entwicklung von Wertangeboten.
3. **Geschlechterverschiebung**: Rollenmuster verändern sich, Frauen und deren Fähigkeiten bestimmen zunehmend die Wirtschaft. Sie werden künftig weitaus mehr Einfluss und Gewicht bei wichtigen wirtschaftlichen und gesellschaftlichen Entscheidungen besitzen.
4. **Gesundheit**: Eine personalisierte, optimierte Medizin und Ernährung bilden ebenso wie datenbasierte Behandlungsmethoden eine neue Basis im Gesundheitssektor. Gesundheitsfördernde Lebenswelten werden als notwendig erachtet und bestimmen den Alltag der Menschen.
5. **Verantwortung und Nachhaltigkeit**: Nachhaltige Produkte und ein bewusstes Handeln stehen sowohl beim Conscious Consumer als auch bei den Unternehmen im Fokus. Hierzu gehören beispielsweise der Einsatz von sauberer Energie, die Vermeidung von Plastikmüll und der verantwortungsbewusste Umgang mit Ressourcen.
6. **Urbanisierung**: Intelligente Städte bestimmen die Stadtplanung und leiten Güter- und Verkehrsströme aus den Innenstädten. Neue Megastädte entstehen und befriedigen die individuellen Lebensbedürfnisse der Menschen.
7. **Neue Weltordnung**: China, Indien und auch Afrika stehen für eine neue Weltordnung. Es werden Verteilungskämpfe um Macht und Ressourcen durchgeführt. Der Westen und insbesondere Europa werden eine neue Position in der Welt finden müssen.
8. **Soziales Ungleichgewicht**: Die Schere zwischen Arm und Reich wird größer – der steigende Wohlstand und die steigende Arbeitslosigkeit fördern eine Verteilungsgerechtigkeit sowie neue soziale Konzepte. Neue gesellschaftliche Konzepte sind notwendig, um eine gesellschaftliche Balance beizubehalten.
9. **Mobilität**: Der Besitz von Autos wird zunehmend in den Hintergrund rücken. End-to-End-Lösungen und autonomes Fahren werden die Zukunft bestimmen – ‚Mobility as a Service' ersetzt den Besitz. Darüber hinaus wird das autonome Fahren neue Möglichkeiten für Freizeit und Arbeit generieren.
10. **Bildung**: Neue Bildungskonzepte fördern und fordern Menschen. Inhalte und Methoden müssen für Kindergarten bis zur Universität neu entwickelt werden. Wer sich in einer sich dauerhaft verändernden Welt nicht weiterbildet, wird den Anschluss nicht mehr halten können.

Neben diesen Megatrends existieren weitere **Digital- und Technologietrends**, welche im Rahmen zukünftiger Geschäftsmodelle von immenser Bedeutung sind (Gartner 2018; CB Insights 2017; Tewes et al. 2018). Hierzu gehören unter anderem Künstliche Intelligenz (Machine Learning und Deep Learning), Big Data, Immersive Medien (das Eintauchen in virtuelle Welten mithilfe von AR, VR und die Verschmelzung von On- und Offline), Internet of Things, Sprachassistenten und Robotik. Aber auch die Gestaltung und Implementierung von Schnittstellen (Mensch-Maschine-Interaktion) oder die Blockchain-Technologie (CB Insights 2018) sind von großer Bedeutung. Zuletzt ist der 3D/4D-Druck zu nennen, welcher ganze Produktionsabläufe und -prozesse radikal vereinfachen wird.

**II. Kanalsystem**

Das Kanalsystem setzt sich aus den Subsystemen **Kommunikation**, **Vertrieb** und **Distribution** zusammen. Innerhalb einer ganzheitlichen Kanalstrategie steht der Kunde im Fokus. Auf Basis der hohen und ständig wachsenden Anzahl an generierten Daten sowie der verbesserten Analysemethoden können Kunden noch individueller und automatisierter angesprochen werden (Kitchens et al. 2018; Grewal et al. 2017).

Die Anzahl der relevanten Technologien in den Bereichen Vertrieb, Kommunikation und Distribution ist hoch. Standortbezogene Dienstleistungen wie Proximity Marketing oder Location Based Mobile Marketing sind ebenso relevant wie personalisierte Stories, bei denen der Kunde Teil der Unternehmensentwicklung sein kann. Automatisierungstools bieten eine individuelle und gleichzeitig mechanisierte Kundenansprache (Kotler et al. 2017). Chatbots sind in der Kommunikation und im Vertrieb ebenso Pflicht wie Gesten- oder Spracherkennung (Trendone 2018).

Der auszubauende Bereich der Multisensorik verbindet die digitale mit der analogen Welt. Augmented Reality mit vielfältigen Anwendungsmöglichkeiten integriert sich in die Geschäftsmodelle. Digitale Interaktionsflächen (z. B. Displays in selbstfahrenden Autos) bestimmen in Zukunft unser Arbeiten und Leben. Omnichannel und der nahtlose Handel ohne Unterbrechung müssen Teil des Geschäftsmodells werden (Kotler et al. 2017). Die letzte Meile entwickelt sich dabei als Herausforderung – insbesondere für den B2C-E-Commerce. Roboter und Drohnen sind innovative Lösungen, welche eine effizientere Zustellung gewährleisten können (Campillo-Lundbeck 2016).

**III. Operating System**

Das Operating System umfasst die drei Subsysteme **Kunden**, **Allianzen** und **Organisation**.

**a. Kundensystem**

Kunden werden vermehrt mobil und kanalunabhängig. Sie bewegen sich konstant von einem Kanal zum nächsten, von Online zu Offline und vice versa und erwarten eine nahtlose und konsistente Erfahrung – ohne erkennbaren Bruch, aber mit einer hohen Erlebnisorientierung. Die Customer Journey ist nicht mehr nur kausal und einfach, sondern ebenso spiralförmig und iterativ. Unternehmen müssen die Kunden somit durch physische und digitale Kanäle leiten und auf allen Touchpoints der Kundensegmente verfügbar sein (Kotler et al. 2017). Kunden fordern dabei stets eine intuitive Bedienbarkeit und Benutzerfreundlichkeit (FutureManagementGroup 2017).

Unternehmen müssen ihren Schwerpunkt hin zum Kunden und zu den Märkten verlagern. Das Produkt steht nicht mehr im Mittelpunkt. Diese Nachfrageorientierung wird einen zentralen Einfluss auf die Kundentreue nehmen und muss in die Planung von neuen Produkten integriert werden (Dawar 2014). Nach Inkrafttreten der EU-DSGVO sind Kunden sensibilisiert für das Thema Sicherheit. Die Forderung nach selbiger wird stets existent sein, hingegen scheuen die Menschen nicht davor, weiterhin als Content-Produzenten ihr Leben öffentlich zugänglich zu machen (Trendone 2018). In Bezug auf die Sicherheit muss ebenfalls der Aspekt der Transparenz von Unternehmen genannt werden. Der Konsument fordert zunehmend die Offenlegung der Lieferkette und bevorzugt regionale oder nachhaltige Produkte, dessen Herkunft bekannt ist (Alicke et al. 2016; Kraft et al. 2018; Lehtinen 2017).

Die Convenience (Bequemlichkeit) der Konsumenten ist dabei ein relevanter Faktor und muss in die Konzepte Nachhaltigkeit und Herkunft integriert werden. Zuletzt wird hervorgehoben, dass eine Kundensegmentierung nach soziodemografischen Merkmalen nicht mehr zeitgemäß ist, um der Komplexität gerecht zu werden – vielmehr ist eine Segmentierung nach Lebensstilen, Problemclustern und Bedürfnissen notwendig.

**b. Allianzensystem**

Im Bereich der Partner ist die Öffnung der Unternehmenssilos beispielsweise innerhalb offener Formate (Open Source, Innovation etc.) handlungsleitend. Um gegen die mächtige, globale Konkurrenz zu bestehen, arbeiten Unternehmen zusammen und lassen dadurch radikale Kollaborationen entstehen (Impact Hub Zürich 2017). Innerhalb dieser Kooperationen ist es von Bedeutung, eine funktionierende, gemeinsame Infrastruktur aufzubauen, welche einen gemeinschaftlichen Zugang zu Ressourcen und Dienstleistungen ermöglicht. Die Partnerschaft wird durch den Wegfall der Intermediäre effizienter gestaltet (Wang et al. 2017).

Zusätzlich integriert werden dagegen virtuelle Assistenten, welche den Geschäftsalltag erleichtern (Tractica 2016). Die komplette Smart Factory hingegen stellt eine Produktionsumgebung dar, welche automatisiert und selbstorganisierend ist. Der digitale Zwilling schafft lediglich ein virtuelles Abbild von Produkten oder Prozessen und kann die Realität simulieren (Deloitte 2017). In der stärker werdenden Beziehung zwischen Kunde und Lieferant wird zum Beispiel mithilfe von Crowdsourcing der Kunde Teil der Herstellung des Wertangebots (Allen et al. 2018).

In Bezug auf die Netzwerke werden innerhalb der sozialen Medien das Liken und Sharen immer mehr zur digitalen Währung. Business Social Networks wie Slack werden in den Unternehmensalltag integriert und fördern zunehmend die Zusammenarbeit. Probleme können dabei mithilfe der Schwarmintelligenz – einer kollektiven Intelligenz – gelöst werden. Vertrauen ist dabei eine wesentliche Komponente für den Erfolg dieser Netzwerke sowie von Plattformen als digitale Infrastruktur für den Austausch (vom Brocke et al. 2018; Hackl et al. 2017). Dieses ist auch für lose Kopplungen kleiner Netzwerke wie beispielsweise firmenübergreifende Teams von großer Bedeutung. Traditionelle Strukturen können so zukünftig aufgebrochen werden, da der Wissensaustausch auch öffentlich und kooperativ stattfinden kann. Lebenslanges Lernen wird zum relevanten Erfolgsfaktor der Zukunft, der die Menschen antreiben wird. Dies setzt sich in der Bildung von Alumninetzwerken fort (North und Kumta 2018; McKinsey Quarterly 2017; Tucker 2018).

**c. Organisationssystem**

Der Erfolg des Geschäftsmodells ist ebenfalls abhängig von der Funktionsfähigkeit des Organisationssystems. Der zweckmäßige Aufbau der IT-Infrastruktur sowie von Prozess-Tools sind kritische Faktoren, ohne die ein Geschäftsmodell nicht mehr handlungsfähig ist.

Die sinnvolle Implementierung von Sensoren und Aktoren bestimmen den Erfolg der Automatisierung von Fabriken (Trendone 2018). Die Nutzung einer Cloud-Lösung ist immanent (Apitz und Karlstetter 2018) – insbesondere für die gesammelten Kundendaten – und ermöglicht eine schnelle Skalierbarkeit. Verlässliche Marken und innovative Patente schaffen bei den Kunden die Bildung von Vertrauen (Kitchens et al. 2018). Erfolgreiche Unternehmen kämpfen um Mitarbeitende, welche über das relevante digitale Fachwissen verfügen. Eine problemlösende Denkweise ist erfolgskritisch (Brush et al. 2001; de Villiers Scheepers et al. 2018). Liquidität und Investoren werden als finanzielle Ressourcen grundlegend benötigt, um zukünftige Innovationen und Veränderungen zu finanzieren (Keuper et al. 2018).

Im Bereich der Fähigkeiten und Aktivitäten muss eine Kundenzentrierung (Problemlösung und Bedürfnisbefriedigung) im Fokus stehen. Hierfür ist ein kreatives und kundenzentriertes Denken der Mitarbeitenden von besonderer Bedeutung. In Bezug zum **Business Model System** ist es ebenso von Relevanz, dass die Mitarbeitenden ein systemübergreifendes Denken entwickeln und zukünftige Chancen integrieren. Digitale Buzzwords müssen übertragen werden in ein digitales Denken, welches kontinuierlich optimiert wird. So bedarf das Wissen über Netzwerke und Social Media einer ständigen Transformation des Wissensstandes.

Gleichzeitig müssen Unternehmen aufgrund von individuellen Arbeitsstilen in flexible Arbeitsplätze sowie in individuelle Formen des Lernens (Gamification-Ansätze, virtuelle Welten und intuitives Lernen etc.) investieren (Schmidt und Tewes 2018). Die Gestaltung von Arbeitsbereichen und die Arbeit selbst (z. B. das kollaborative Arbeiten) werden zu einem weiteren wichtigen Faktor des Unternehmens. Der Begriff Agilität bleibt ebenfalls wesentlich, insbesondere in Bezug auf die zunehmende Unabhängigkeit der Mitarbeitenden. Infolge dessen kommt es zu einer steigenden Verschmelzung von Beruf und Privatleben (Work-Life-Blending). Die Arbeitsweise wird verstärkt von Plattformen bestimmt. Das Plattformdenken wird dabei zu einer elementaren Fähigkeit der Mitarbeitenden – auch im B2B-Sektor (Hackl et al. 2017).

### IV. Kommunikationsmedium (Geld und Sprache)

Das Kommunikationsmedium zur Selbsterhaltung des Geschäftsmodellsystems respektive zur Kopplung aller Subsysteme miteinander ist **Geld** und **Sprache**. Die Legitimierung von Maßnahmen innerhalb des Geschäftsmodells findet über das **Finanzmodell (Geld)** statt – ohne ein solches funktionsfähiges Medium kann ein Unternehmen nicht mehr im Wirtschaftssystem existieren. Entsprechend müssen jegliche Maßnahmen eines Unternehmens monetär belegt werden (z. B. Innovations- oder Weiterbildungsmaßnahmen).

Innerhalb des Finanzbereichs existieren diverse Trends, die auf das Finanzsystem wirken. Die bereits genannte Forderung der Kunden nach Transparenz überträgt sich auf die Preisgestaltung des Wertangebots. Das Dynamic Pricing als kundenorientierte und datenbasierte Preisgestaltung gewinnt in vielen Branchen – und auch im B2B-Markt sowie in der Offline-Welt – an Bedeutung (Trendone 2019; Seim et al. 2017; Kumar et al. 2017). Neue Angebots- und Pricingmöglichkeiten wie Sharing Economy und Swapping (Tauschen) verändern den Markt (Schor und Fitzmaurice 2015) und somit die Funktionalität des Geschäftsmodells.

Kunden bevorzugen die reine Verwendung von Produkten – ohne diese zu besitzen. Mobiles Bezahlen ist unabdingbar, digitale Währungen (z. B. Bitcoins) rücken in den Vordergrund (Braunschweig und Pichler 2018). Diese Faktoren sind elementare Bestandteile der Ausgestaltung zukünftiger Geschäftsmodellansätze. Auch das Crowdfunding kann für viele Unternehmen essenziell werden, um ihr Wertangebot zu innovieren oder zu entwickeln (Gomber et al. 2017; Baur et al. 2015; Blohm et al. 2015; Moritz und Block 2014; Assenova et al. 2016).

Im **Kommunikationsmedium Sprache** ist es von Bedeutung, miteinander in den (engen) Austausch zu gehen und die normative Passung des Geschäftsmodells zu reflektieren. Die Umsetzung der Kommunikation kann dabei sowohl digital als auch zwischenmenschlich erfolgen. Im digitalen Bereich sind Kanäle wie soziale Netzwerke, Messenger-Apps oder Chatbots zukunftsweisend (Bitkom 2018). Im zwischenmenschlichen Bereich werden agile Manifeste implementiert, wie Mitarbeitende miteinander respektvoll kommunizieren und agieren – eine hierarchische Top-Down-Kommunikation und Führung ist nicht mehr zeitgemäß. Zu den Programmen gehören unter anderem die zwölf agilen Prinzipien nach Beck et al. (2001). Abstimmungen und Partizipation vollziehen sich in kurzen, iterativen Zeitspannen, die Zusammenarbeit erfolgt kollaborativ, Gespräche finden von Angesicht zu Angesicht statt und es erfolgen stetige Reflexion und Verhaltensanpassungen – Spielchen und Positionsdenken sind in engen Netzwerken hinderlich und werden sukzessive bedeutungslos. In diesem Zusammenhang werden folgenden Faktoren besondere Aufmerksamkeit gewidmet: Individuen und Interaktionen, funktionierende Lösungen, Zusammenarbeit mit den Kunden sowie das Reagieren auf Veränderung. Geschwindigkeit, Anpassungsfähigkeit, Kundenzentriertheit und ein agiles Mindset bilden somit vier Kernelemente der kommunikativen Zusammenarbeit (Haufe 2017).

**V. Ordnungsform (Sinn)**
Eine weitere Besonderheit des Business Modell Systems liegt in der Relevanz des Systemzwecks eines Geschäftsmodells. Dabei muss der **Sinn der Individuen** eine Passung zum **Corporate Purpose** haben. Ohne diese Passung ist der Erfolg von Geschäftsmodellen zunehmend schwierig zu realisieren. Im Kontext dieser Sinnstiftung hat sich der Antrieb des Arbeitens vom einstmals reinen Geldverdienen hin zur Selbstverwirklichung verschoben. Wurde früher die Passung von individueller und unternehmerischer Vision (Senge 2008) als erfolgversprechend angesehen, muss heute die Purpose-Diskussion weitaus tiefer geführt werden.

Mitarbeitende streben eine berufliche Flexibilität sowie ein lebenslanges Lernen an. Die Verschmelzung von Arbeits- und Privatleben ist höchst relevant – sinnstiftende Arbeit wird zum Lebensinhalt. Die neuen Generationen bringen neue Verhaltensmuster mit, welche einer besonderen Aufmerksamkeit und Integration benötigen (Schroth 2019). Unternehmen und deren Mitarbeitende widmen sich der Reduzierung des sozialen Ungleichgewichts sowie der Erzielung eines ökologischen Bewusstseins. Generell ist der Zweck sinngetriebener Unternehmen, gesellschaftliche Probleme zu lösen. Darüber hinaus gibt es auch sinnstiftende Moonshots: Space X beispielsweise möchte den Menschen zur interplanetaren Spezies aufbauen – die Mission ist die Besiedlung des Mars in den nächsten 20 Jahren (Zukunftsinstitut 2016).

## Literatur

Alicke, K., Rexhausen, D., & Seyfert, A. (2016). *Supply Chain 4.0 in consumer goods.* http://ksinternational.me/Reading/10.pdf. Zugegriffen am 09.03.2019.

Allen, B. J., Chandrasekaran, D., & Basuroy, S. (2018). Design crowdsourcing: The impact on new product performance of sourcing design solutions from the ‚Crowd'. *Journal of Marketing, 82,* 106–123.

Apitz, M., & Karlstetter, F. (2018). *Cloud Computing ermöglicht die Industrie 4.0.* https://www.cloudcomputing-insider.de/cloud-computing-ermoeglicht-die-industrie-40-a-556143/. Zugegriffen am 09.06.2019.

Assenova, V., Best, J., Cagney, M., Ellenoff, D., Karas, K., Moon, J., Neiss, S., Suber, R., & Sorenson, O. (2016). The present and future of crowdfunding. *California Management Review, 58*(2), 125–135.

Baur, A. W., Bühler, J., Bick, M., & Bonorden, C. S. (2015). Cryptocurrencies as a disruption? Empirical findings on user adoption and future potential of Bitcoin and Co. In M. Janssen, M. Mäntymäki, J. Hidders, B. Klievink, W. Lamersdorf, B. van Loenen & A. Zuiderwijk (Hrsg.), *Open and big data management and innovation* (I3E, Lecture notes in computer science, 9373, 63–80).

Beck, K., Beedle, M., van Bennekum, A., Cockburn, A., Cunningham, W., Fowler, M., Grenning, J., Highsmith, J., Hunt, A., Jeffries, R., Kern, J., Marick, B., Martin. R. C., Mellor, S., Schwaber, K., Sutherland, J. & Thomas, D. (2001). *Manifest für Agile Softwareentwicklung.* https://agilemanifesto.org/iso/de/manifesto.html . Zugegriffen am 09.06.2019.

Bitkom. (2018). *Tschüss Fax? Unternehmen setzen auf digitale Kommunikation.* https://www.bitkom.org/Presse/Presseinformation/Tschuess-Fax-Unternehmen-setzen-auf-digitale-Kommunikation.html. Zugegriffen am 09.06.2019.

Blohm, I., Sieber, E., Schulz, M., Haas, P., Leimeister, J., Wenzlaff, K., & Gebert, M. (2015). *Crowdfunding 2020.* Norderstedt: Books on Demand.

Braunschweig, C., & Pichler, B. (2018). Kryptogeld als Zukunftsmodell? In C. Braunschweig & B. Pichler (Hrsg.), *Die Kreditgeldwirtschaft – Hintergründe und Irrtümer von Geld- und Finanzwirtschaft* (S. 143–148). Wiesbaden: Springer Gabler.

Brush, C. G., Greene, P. G., Hart, M. M., & Haller, H. S. (2001). From initial idea to unique advantage: The entrepreneurial challenge of constructing a resource base [and executive commentary]. *The Academy of Management Executive, 15*(1), 64–80.

Campillo-Lundbeck, S. (2016). Roboter für die letzte Meile. *Horizont Zeitung für Marketing, Werbung und Medien, 40*(1), 10.

CB Insights. (2017). *Innovation Summit: (N + 1) Trends - The technology trends that will shape business and society.* https://www.cbinsights.com/research/future-tech-trends. Zugegriffen am 09.06.2019.

CB Insights. (2018). *8 trends shaping the future of blockchain technology.* https://www.cbinsights.com/research/blockchain-future-trends. Zugegriffen am 09.03.2019.

Dawar, N. (2014). Wenn Marketing zur Strategie wird. *Harvard Business Manager, 2,* 52–63.

De Villiers Scheepers, M. J., Barnes, R., Clements, M., & Stubbs, A. J. (2018). Preparing future-ready graduates through experiential entrepreneurship. *Education + Training, 60*(4), 303–317.

Deloitte. (2017). *Industry 4.0 and the digital twin – Manufacturing meets its match.* https://www2.deloitte.com/insights/us/en/focus/industry-4-0/digital-twin-technology-smart-factory.html. Zugegriffen am 09.03.2019.

FutureManagementGroup. (2017). *Spielräume der Zukunft – Wie wir unsere Freizeit verbringen werden.* https://www.futuremanagementgroup.com/wp-content/uploads/2017/06/MF_Spielräume-der-Zukunft.pdf. Zugegriffen am 09.03.2019.

Gartner. (2016). *Gartner's 2016 hype cycle for emerging technologies identifies three key trends that organizations must track to gain competitive advantage.* https://www.gartner.com/newsroom/id/3412017. Zugegriffen am 09.03.2019.

Gartner. (2018). *5 trends emerge in the gartner hype cycle for emerging technologies.* https://www.gartner.com/smarterwithgartner/5-trends-emerge-in-gartner-hype-cycle-for-emerging-technologies-2018. Zugegriffen am 09.03.2019.

Gomber, P., Koch, J. A., & Siering, M. (2017). Digital Finance and FinTech: Current research and future research directions. *Journal of Business Economics, 87*(5), 537–580.

Grewal, D., Roggeveen, A. L., & Nordfält, J. (2017). The future of retailing. *Journal of Retailing, 93*(1), 1–6.

Hackl, B., Wagner, M., Attmer, L., & Baumann, D. (2017). *New Work: Auf dem Weg zur neuen Arbeitswelt.* Wiesbaden: Springer Gabler.

Haufe. (2017). *Was ist Agilität und welche Vorteile bringt eine agile Organisation?* https://www.haufe.de/personal/hr-management/agilitaet-definition-und-verstaendnis-in-der-praxis_80_405804.html. Zugegriffen am 09.03.2019.

Impact Hub Zürich. (2017). *Radikale Kollaboration statt Wettbewerb – ein Interview mit Impact Hub.* https://neustarter.com/magazine/radikale-kollaboration-statt-wettbewerb-ein-interview-mit-impact-hub. Zugegriffen am 09.03.2019.

Keuper, F., Schomann, M., Sikora, L. I., & Wassef, R. (Hrsg.). (2018). *Disruption und Transformation Management: Digital Leadership – Digitales Mindset – Digitale Strategie.* Wiesbaden: Springer Gabler.

Kitchens, B., Dobokyi, D., Jingjing, L., & Abbasi, A. (2018). Advanced customer analytics: Strategic value through integration of relationship-oriented big data. *Journal of Management Information Systems, 35*(2), 540–574.

Kotler, P., Kartajaya, H., & Setiawan, I. (2017). *Marketing 4.0: Moving from traditional to digital.* Hoboken: Wiley.

Kraft, T., Valdés, L., & Zheng, Y. (2018). Supply chain visibility and social responsibility: Investigating consumers' behaviors and motives. *Manufacturing & Service Operations Management, 20*(4), 617–636.

Kumar, V., Anand, A., & Song, H. (2017). Future of retailer profitability: An organizing framework. *Journal of Retailing, 93*(1), 96–119.

Lehtinen, U. (2017). Sustainable supply chain management in agri-food chains: A competitive factor for food exporters. In R. Bhat (Hrsg.), *Sustainability challenges in the agrofood sector* (S. 150–174). Hoboken: Wiley.

McKinsey Quarterly (2017). Getting ready for the future of work. *McKinsey Quarterly, 4*, 62–68.

Moritz, A., & Block, J. (2014). Crowdfunding und Crowdinvesting: State of the Art der wirtschaftswissenschaftlichen Literatur. *ZfKE – Zeitschrift für KMU und Entrepreneurship, 62*(1), 57–89.

Naisbitt, D., & Naisbitt, J. (2018). *Mastering megatrends: Understanding & leveraging the evolving new world.* Singapore: WSPC.

North, K., & Kumta, G. (2018). *Knowledge management – Value creation through organizational learning.* Berlin: Springer.

Schallmo, D., Rusnjak, A., Anzengruber, J., Werani, T., & Jünger, M. (2017). *Digitale Transformation von Geschäftsmodellen – Grundlagen, Instrumente und Best Practice*. Wiesbaden: Springer Gabler.

Schmidt, M., & Tewes, S. (2018). Die Ritter der Schwafelrunde – Effizientes Arbeiten in komplexen und transformativen Zeiten. *Lebensmittel Zeitung, 28*, 40.

Schor, J. B., & Fitzmaurice, C. J. (2015). Collaborating and connecting: The emergence of the sharing economy. In L. A. Reisch & J. Thogersen (Hrsg.), *Handbook of research on sustainable consumption* (S. 410–425). Cheltenham: Edward Elgar Publishing Limited.

Schroth, H. (2019). Are you ready for Gen Z in the workplace? *California Management Review, 61*(3), 5–18.

Seim, K., Vitorino, M. A., & Muir, D. M. (2017). Do consumers value price transparency? *Quantitative Marketing and Economics, 15*(4), 305–339.

Senge, P. (2008). *Die fünfte Disziplin: Kunst und Praxis der lernenden Organisation*. Stuttgart: Klett-Cotta.

Tewes, S., Tewes, C., & Jäger, C. (2018). The 9×9 of future business models. *International Journal of Innovation and Economic Development, 4*(5), 39–48.

Tractica. (2016). *The virtual digital assistant market will reach $15.8 billion worldwide by 2021*. https://www.tractica.com/newsroom/press-releases/the-virtual-digital-assistant-market-will-reach-15-8-billion-worldwide-by-2021. Zugegriffen am 09.03.2019.

Trendone. (2018). *TrendBook 2021 – Das Zukunftslexikon der wichtigsten Trendbegriffe*. Hamburg: Trendone.

Trendone. (2019). *Dynamic pricing – Macro trend*. https://www.trendone.com/trends/macro-trends/macro-trend-detail/dynamic-pricing.html. Zugegriffen am 09.03.2019.

Tucker, G. (2018). The Alumni Advantage: HR leaders are finding many reasons to welcome ex-employees back into the fold. *HRMagazine, 3*, 28–37.

Vom Brocke, J., Maaß, W., Buxmann, P., Maedche, A., Leimeister, J. M., & Pecht, G. (2018). Future work and enterprise systems. *Business & Information Systems Engineering, 60*(4), 357–336.

Wang, Y., Ma, H. S., Yang, J. H., & Wang, K.-S. (2017). Industry 4.0: A way from mass customization to mass personalization production. *Advances in Manufacturing, 5*(4), 311–320.

Zukunftsinstitut. (2015). *Megatrend-Dokumentation*. Frankfurt a. M.: Zukunftsinstitut.

Zukunftsinstitut. (2016). *Driven by Purpose: Eine neue Ära*. https://www.zukunftsinstitut.de/artikel/driven-by-purpose-eine-neue-aera/. Zugegriffen am 09.03.2019.

Zukunftsinstitut. (2019a). *Im Dschungel der Trends*. https://www.zukunftsinstitut.de/artikel/im-dschungel-der-trends/. Zugegriffen am 09.03.2019.

Zukunftsinstitut. (2019b). *Trends – Grundlagenwissen*. https://www.zukunftsinstitut.de/artikel/trends-grundlagenwissen. Zugegriffen am 09.03.2019.

**Prof. Dr. Carolin Tewes** ist Professorin für Marketing und digitale Medien an der FOM Hochschule für Oekonomie & Management in Essen. Sie leitet deutschlandweit die Module Marketing & e-Business sowie Web & Social Media Analytics. Nach ihrem Studium der Wirtschaftswissenschaften an der Universität Duisburg-Essen mit dem Schwerpunkt Marketing war sie Beraterin in diversen Kommunikationsagenturen in Hamburg, Oberhausen und Essen und leitete die Forschungsstelle für allgemeine und textile Marktwirtschaft an der Westfälischen Wilhelms-Universität Münster. Seit 2018 ist sie ebenfalls Partnerin und CMO bei REALYZE und berät Unternehmen auf Basis von digitalen und gesellschaftlichen Trends bei der Entwicklung des Geschäftsmodells.

**Prof. Dr. Stefan Tewes** ist Professor für digitale Transformation und Innovation an der FOM University of Applied Science. Er ist Leiter der Vertiefungsrichtungen ‚Process & Digital Change' (MBA) sowie ‚Digitale Transformation' (B.A.). Zudem leitet er deutschlandweit diverse Module in den Bereichen Business Model Innovation, Business Transformation, Digital Management und Entrepreneurship. Seit 2018 ist er zum Leiter der Berufungskommissionen für Betriebswirtschaftslehre sowie zum stellvertretenden Vorsitzenden des Fachclusters Wirtschaft & Management und Wirtschaft & Recht der FOM University of Applied Science ernannt worden. Als CEO von REALYZE berät er auf Basis digitaler und gesellschaftlicher Trends bei der Entwicklung und Transformation von Geschäftsmodellen. Im Rahmen seiner Forschungstätigkeiten beschäftigt er sich primär mit Business Model Innovation, organisationale Transformation, Business Model Systems, Future Thinking und Future Skills.

# Teil II
# Branchenexpertise für Veränderer

# Die neue Kundenorientierung – Geschäftsmodelle und Geschäftssysteme der Zukunft im Einzelhandel

## 4

Gerrit Heinemann

> **Zusammenfassung**
>
> Kaum eine Branche ist derzeit größeren Herausforderungen ausgesetzt als der Einzelhandel. In den letzten Jahren finden Entwicklungen statt, welche die Rolle des klassischen oder stationären Handels dramatisch verändern und seine Daseinsberechtigung infrage stellen. Vor allem aus Kundensicht müssen sich die Händler digitalbasiert neu erfinden.

## 4.1 Der Einzelhandel im Wandel – stationärer Handel unter Druck

Der direkte Kontakt zu den Endkunden bringt mit sich, dass die Handelsbetriebe als erste Kontaktstelle unmittelbar von den Änderungen des Kaufverhaltens, das durch die zunehmende Internetnutzung induziert wird, betroffen sind. Allerdings nicht stets in gleichem Ausmaß, weswegen eine Differenzierung nach Kontaktprinzip, Format sowie Warengruppe erforderlich ist (Heinemann 2019). Vor allem Food und Non-Food entwickelt sich recht unterschiedlich und bedarf deswegen einer differenzierten Betrachtung. In jedem Fall führt aber die Digitalisierung zu einer Neuausrichtung der Wertschöpfungsstufen sowie einer Neuordnung der Wettbewerbsregeln, die bisher vor allem die Internetgiganten aus den USA (GAFAs – Google, Amazon, Facebook, Apple) sowie aus China (TAB – Tencent, Alibaba, Baidu) begünstigt haben. Der Handel der Zukunft gestaltet sich dabei vielfältig und ermöglicht ‚Mehrwert'-Schöpfung bereits in neuen Märkten und mit einer inno-

---

G. Heinemann (✉)
Hochschule Niederrhein – University of Applied Sciences, Mönchengladbach, Deutschland
E-Mail: gerrit.heinemann@hs-niederrhein.de

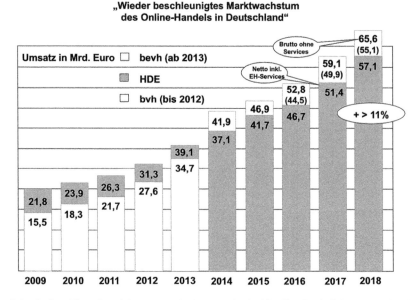

**Abb. 4.1** Online-Einzelhandelsumsätze in Deutschland. (Quelle: In Anlehnung an bevh 2019; Heinemann 2019; HDE 2019)

vativen Geschäftsidee, wie aktuelle Best Practices (z. B. About You oder Wish) zeigen. Auch die Gestaltung von Geschäftsmodell und Geschäftssystem eröffnen im Zuge der digitalen Revolution neue Möglichkeiten der Wertschöpfung, vor allem für stationäre Händler und damit für Innenstädte bzw. Shopping Center. Sie setzt aber den stationären Handel unter Druck. Nachdem in den letzten Jahren immer wieder das Ende des Online-Wachstums heraufbeschworen wurde, legt dieses auch in 2018 wieder stärker denn je zu (bevh 2019), obwohl dieses durch das Desaster in der Zustellbranche sogar erheblich eingebremst wurde (vgl. Abb. 4.1). Während weiterhin die Umsätze im Onlinehandel rasant ansteigen, gerät der stationäre Handel schleichend und zunehmend unter Druck. Dies gilt vor allem für den Non-Food-Sektor, der überproportional von dieser Entwicklung betroffen ist. Die Auswirkungen auf die Innenstädte sind größtenteils verheerend, variieren allerdings stark je nach Größe und Attraktivität der Stadt. Shoppingcenter verfügen eindeutig über bessere Voraussetzungen als Städte, müssen sich allerdings auch selbst neu erfinden. Die Schlüsselfrage ist, wie Barrieren bei den Entscheidungsträgern abgebaut und eine digitale Transformation forciert werden können. Fast verzweifelt sucht der stationäre Handel nach Möglichkeiten, für Kunden wieder attraktiver zu werden. So werden Multichannel-Funktionen wie Verfügbarkeitsabfrage, Artikelreservierung oder Click & Collect verfolgt, um sich von reinen Onlineshops abzuheben – der Onlineshop wird häufig jedoch völlig vernachlässigt. Aktuelle Studien wie die sechste Zeitreihenanalyse von Bonial/kaufDA zeigen eine bedenkliche Tendenz: Demnach haben die Kunden in den letzten Jahren sehr wohlwollend die digitalen Aktivitäten der stationären Fashion-Händler unterstützt, erleben diesbezüglich aber oft große Frustration, da viele Multichannel-Services schlicht und ergreifend nicht funktionieren und die meisten Onlineshops der Multichannel-Händler immer noch Rumpfsortimente führen. Darüber hinaus geben die stationären Kunden an, inzwischen mehrheitlich besser informiert zu sein als das Ladenpersonal und dass zudem die im Internet gefundenen Informationen glaubwürdiger sind (Heinemann 2019).

## 4.2 Die neue Kundenorientierung – Kunden ernst nehmen

Offensichtlich nehmen viele Traditionshändler die Erwartungen ihrer Kunden immer noch nicht ernst oder verstehen die Digitalisierung immer noch nicht richtig (Heinemann und Handt 2018). Die Mehrzahl der Händler ist immer noch nicht dort, wo die Kunden sind – vor allem im mobilen Internet. Das ist ein Alarmsignal, denn die Kunden bekunden, sich jetzt wieder verstärkt dem Onlinehandel zuwenden zu wollen. Eines ist sicher: Die Digitalisierung wird ganz klar vom Kunden getrieben. Bereits über 85 Prozent aller erwachsenen Deutschen über 14 Jahren nutzen das mobile Internet, das besagt die neueste sechste Zeitreihen-Studie von kaufDA (vgl. Abb. 4.2). Sie nutzen Technik und Mobiles zur Kaufvorbereitung und schon die herausragende Rolle des Smartphones als Zubringer für die anderen Verkaufskanäle beantwortet bereits die Frage, ob sich Online und Mobile lohnt, vor allem unter dem Aspekt der Marketingwirkung. Dass sich dennoch viele stationäre Händler ihre eigene Welt schönreden, wird ihnen nicht weiterhelfen. Dass die angeblichen Vorteile der Branche gegenüber den Onlinern wie insbesondere ‚Beratung' und ‚schöne

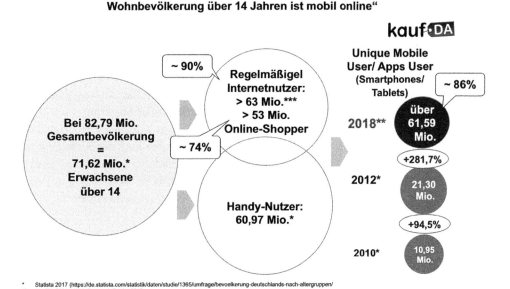

**Abb. 4.2** Kunden als Veränderungstreiber. (Quelle: In Anlehnung an kaufDA 2018; Heinemann 2018b)

Läden' Mythen sind, zeigt der rapide zunehmende Restrukturierungsbedarf von ‚Noch-Marktführern' wie u. a. Mediamarkt-Saturn oder Douglas. Immer deutlicher wird: Händler haben nur eine Zukunft, wenn es ihnen gelingt, die Chancen der Digitalisierung zu nutzen. Jeder Händler versteht Digitalisierung jedoch anders und deswegen entstehen derzeit schon wieder neue Mythen. Zum Beispiel meinen viele Traditionshändler, ihre Geschäfte jetzt durch passende digitale Innovationen zu einem Ort des Erlebnisses machen zu können. Ergebnis ist nicht selten eine digitale Kirmes, auf der die Ladenflächen mit Bling-Bling vollgestopft werden. Nicht stellen sich technologische Investitionen allerdings als digitaler Killefit heraus und folgen dem Selbstzweck (eTailment 2018). Schönreden aber hilft nicht: Um einen exzellenten Onlineshop nach den Regeln des App- und Smartphone-Commerce zu entwickeln, der den erfolgreichen Pure-Plays das Wasser reichen kann, führt aus Kundensicht kein Weg vorbei. Auch nicht an glaubhaften Konzepten für die stationären Formate mit echtem Mehrwert, um gegen die brutale Online-Konkurrenz zu bestehen. Allerdings wird das nicht mit digitalen Insellösungen und Bling-Bling, gehen, sondern nur mit einem schlüssigen Gesamtkonzept, das in der höchsten Ausbaustufe auch die sinnvolle Verknüpfung mit dem stationären Geschäft in Form von Multichannel-Services vorsieht. Dazu bedarf es allerdings einer performanten IT inklusive moderner Warenwirtschaft, an der es in der Regel im deutschen Handel hakt. Dennoch fehlt es bei den meisten Herstellern und Traditionshändlern immer noch am Bewusstsein für die Notwendigkeit der digitalen Transformation, vor allem aber fehlt es an Risikobereitschaft. Der Grund liegt auf der Hand: Ein Handelskonzern hat viel Geld zu investieren, wenn das Management beschließt, die Digitalisierung mit Vollgas voranzutreiben. Auch müssen Komfortzonen abgebaut werden, sowohl bei den Führungskräften selbst als auch bei den Mitarbeitenden. Die schnellen Online-Pure-Plays machen vor, dass ausgeprägte Statussymbole und Hierarchien eher hinderlich sind bei der Digitalisierung. Um von ihnen zu lernen, können sich Traditionshändler sicherlich in der Frühphase an Start-ups beteiligen und so ein intelligentes digitales Portfolio aufbauen. Beispiele gibt es mittlerweile genug: Otto oder Tengelmann, Axel Springer oder Burda, Metro oder Rewe. Selbst der Stahlhändler Klöckner & Co. lässt sich bereits als Start-up-Schmiede feiern. Eine konsequente digitale Transformation gleicht allerdings vielmehr einem umfassenden Sanierungsprojekt als dem Gebaren von Finanzinvestoren: Das Vorgehen mutet eher radikal an und vielleicht trifft deswegen der Begriff ‚disruptive Transformation' mehr den Kern der Sache. Vor allem in Hinblick auf den Anspruch, im Leistungsvermögen mindestens mit den disruptiven Pure Plays gleichziehen zu wollen. Denn wer bei diesem Thema zu vorsichtig agiert, wird auf Dauer keine Schnitte gegen Amazon und Co. holen können (Heinemann 2017).

## 4.3 Die notwendige Erneuerung der bestehenden Geschäftsmodelle und Geschäftssysteme

Der Handel der Zukunft gestaltet sich vielfältig und ermöglicht die ‚Schöpfung von Mehrwert' in neuen Märkten – und zwar mit dem Besetzen von bisher verborgenen Marktnischen und/oder mit einer innovativen Geschäftsidee (Heinemann et al. 2019). Auch die

Ausgestaltung des Geschäftsmodells und Geschäftsystems eröffnet im Zuge der digitalen Revolution neue Möglichkeiten der Wertschöpfung. Dieses gilt vor allem für stationäre Händler und damit Shopping Center bzw. Innenstädte, die sich zusätzlich auf der Logistikseite (‚Urban Logistics') und bei der Frequenzschaffung (‚Location based oder Urban Marketing') neu erfinden müssen. Im Vergleich zum Onlinehandel ist allerdings nicht zu leugnen, dass die Zeiten für den Offline-Handel schwieriger geworden sind. So kämpft der stationäre Handel immer häufiger mit rückläufigen Kundenfrequenzen und stagnierenden Umsätzen, während der Onlinehandel weiterhin zulegt und sich zum Wachstumstreiber für die gesamte Einzelhandelsbranche entwickelt. Das ‚Ausnahmejahr 2017', in dem der Einzelhandel aufgrund der exzellenten Konjunkturlage sogar preisbereinigt um rund drei Prozent wachsen konnte, darf jedoch nicht die Augen davor verschließen, dass sich sein Wettbewerbsumfeld dramatisch verändert. Vor allem der traditionelle Fachhandel hat durch die zunehmende Vertikalisierung stark an Bedeutung verloren. Dieses führt zu immer mehr ‚Mono-Label-Stores', die die klassischen ‚Multi-Label-Retailer' ersetzen. Darüber hinaus konnte sich der Onlinehandel inklusive Mobile Commerce fest etablieren und gewinnt weiterhin unentwegt Marktanteile dazu. Die Digitalisierung verändert nicht nur das Informations- und Einkaufsverhalten der Kunden, sondern schafft auch neue Produkte mit Servicemehrwert, die immer und überall nur einen oder sogar keinen Click entfernt sind – Stichwort Internet of Things (IoT) oder Auto-Replenishment. Sie befeuert ebenfalls neue Wettbewerbsformen mit Mehrwert für die Konsumenten. Darüber hinaus übernehmen zunehmend neue Marktteilnehmer klassische Handelsfunktionen. Zu ihnen gehören Hersteller, neuartige Informationsintermediäre wie z. B. Suchmaschinen oder soziale Netzwerke sowie innovative Onlineanbieter und digitale Absatzmittler. Die ‚Konsumerisation von B2B' verdeutlicht, dass sich dabei auch die Grenzen zwischen B2C und B2B immer mehr verwischen. Für den digitalen Wandel muss allerdings die bestehende Organisation radikal geöffnet und erneuert werden, um die Impulse aus dem digitalen Portfolio im bisherigen Kern umsetzen zu können. Entscheidend ist die Frage, wie sich der traditionelle Handel im Zuge der digitalen Transformation quasi neu erfinden und digitales Wissen ins Haus holen kann. ‚Digital Insider' gehen davon aus, dass mittel- bis langfristig keine Branche von dem disruptiven, digitalen Wandel verschont bleibt. Jedes attraktive Marktsegment wird von Investoren so lange befeuert, bis sich ein digitaler Player durchsetzt. Wer auch in Zukunft erfolgreich ein Geschäft betreiben will, braucht darauf eine Antwort, und zwar am besten mit zukunftsfähigen Geschäftsideen (Heinemann et al. 2019). Auf Basis umfassender Marktanalysen können die Geschäftsideen genauer beschrieben werden. Allerdings sollte es sich bei ihnen nicht bloß um Kopien oder Nachahmungen, sondern echte Neuerungen handeln, die einen potenziellen Mehrwert für ihre Nutzer bieten (Heinemann 2018a). Es ist besser, nicht besetzte Marktnischen anzupeilen, als auf übersetzte Marktfelder zu gehen. Aus Unternehmenssicht geht es in Bezug auf digitale Zeitvorteile auch um die schnelle Erzielung von ‚First Mover'-Vorteilen. Für dieselben und bereits erfolgreich getesteten innovativen Geschäftsideen in einem Markt – und das sind in der Regel die aus den USA oder China – gibt es durchaus in anderen Märkten immer noch First-Mover-Gelegenheiten. Auch hier geht es um Schnelligkeit. ‚Ramp-ups', also beschleunigte Auslandsexpansionen, wie sie zum Beispiel die Unternehmen Zalando, Delivery Hero oder Zooplus verfolgt haben (Haug und Hildebrand 2010; Heinemann 2018a). Sie stellen als Copycats Beispiele dar, wie typische Follower in noch nicht besetzten Märkten zu ‚First Movern' werden (Forbes 2014).

**Neue Geschäftsideen im Einzelhandel**
Die Umsetzung innovativer Geschäftsideen erfordert erfahrungsgemäß hohe Systeminvestitionen sowie eine totale Kundenzentrierung, also eine konsequente Ausrichtung auf den Kunden. Diesbezüglich ist zunehmend vom ‚digitalen Kundenmehrwert' die Rede, den Unternehmen realisieren müssen, um erfolgreich zu sein. Diesbezüglich zeichnen sich derzeit fünf Trends ab, die alle auch mit mehr Interaktivität zu tun haben, nämlich ‚Curated Shopping', ‚Personalized Commerce', ‚Interaktive Shopping Portale', ‚Conversational und Voice Commerce', ‚Inspiration und Influencer Commerce' sowie ‚Content und Video Commerce' (Heinemann 2019):

**Curated Shopping und Personalized Commerce**
Immer mehr Onlineanbieter setzen mit der Idee des ‚Curated Shopping' auch im Internet auf einen Beratungsservice (Heinemann 2018a). Neben Neueinsteigern wie Modomoto, 8Select oder Outfittery bieten bereits etablierte Marken wie etwa Zalando diesen Service an. Dabei geben Kunden vorab Auskunft über ihre Konfektionsgrößen, bevorzugten Farben, Preisvorstellungen sowie Lieblingskleidungsmarken. Ein entsprechend programmierter Algorithmus ermittelt daraus Vorschläge für Kleidungsstücke oder ganze Outfits, die zu den Vorlieben passen könnten. Auf Basis dieser Informationen werden Lieferungen mit individuellen Outfits zusammengestellt und verschickt. Kunden bezahlen nur, was ihnen gefällt. Der Rest wird zurückgeschickt. Das ‚Curated Shopping' greift zunehmend auf künstliche Intelligenz bzw. AI (‚Artificial Intelligence') zurück und entwickelt sich damit vom deskriptiven hin zum prädiktiven Kuratieren. Dieses steigert den Bedarf nach hyperpersonalisierten Webshops, die im Fachjargon Applied AI Webdesign genannt werden und auf Algorithmen bzw. Nutzerdaten zurückgreifen (Stein 2017), um eine Webseite auf Basis von simplen Elementen wie zum Beispiel Bildern oder Texten zusammenzubauen. Zugleich ist eine dynamische Anpassung wie zum Beispiel Layout-Änderungen (u. a. Anordnung von Elementen, Menüs, Banner) vollautomatisch und erfolgt in Echtzeit (Stein 2017).

**Interaktive Shopping Portale – Onlineshops mit Marktplatz**
Derzeit kommen immer mehr Händler auf die Idee, auch selbst eigene Marktplätze zu gründen und sich damit in Kombination mit dem Onlineshop zu einem Shopping-Portal zu entwickeln (Heinemann 2018a). Ob Intersport oder Rewe, Real oder Edeka, Otto oder Galeria Karstadt Kaufhof und jetzt sogar Facebook, sie alle träumen den Traum vom eigenen Online-Marktplatz (Neuhandeln 2017). Bestehende Traffic-Leistung ermöglicht Händlern erfahrungsgemäß einen attraktiven Zusatzumsatz, erfordert aber auch einen gewissen Zusatzaufwand. So muss der Handelspartner in der Regel die Produktdaten in ausreichender Qualität und Quantität für das jeweilige Portal aufbereiten, was neben dem Tagesgeschäft zusätzliche Ressourcen verschlingt. Der Marktplatzverkauf sollte sich lohnen, weshalb neue Marktplätze massiv in Werbung investieren müssen, um schnell eine relevante Reichweite aufzubauen. Den Kunden sollte zudem ein ausreichend großes Sortiment angeboten

werden, damit der Anreiz für einen Besuch des Portals gegeben ist (Heinemann 2018a). Ungeachtet der Voraussetzungen und Anfangsinvestitionen ist von weiteren Marktplatzgründungen auszugehen, da die Verlockungen dafür einfach zu groß sind.

**Conversational- und Voice Commerce**

Amazon ist der erste Onlineanbieter, der sich von der weitverbreiteten Fixierung auf Screens gelöst hat und mit den Dash Buttons und dem Echo seine Spielräume für alternative Shopping-Möglichkeiten auslotet (Krisch 2017a). Im Zusammenhang mit dem Echo wird verstärkt der Begriff des Voice Shopping oder auch Conversational Commerce diskutiert (Heinemann 2018a). Mittlerweile kann sich jeder Kunde für einen überschaubaren Preis zwischen 59 und 129 Euro den Amazon Echo besorgen und die Alexa-Assistenz nutzen (Amazon 2017). Ein einfacher Sprachbefehl löst den Einkauf mit Echo aus, allerdings muss der gewünschte Artikel schon einmal bestellt worden oder ein ‚Prime'-Artikel sein. Um Fehlkäufe zu vermeiden, können Kunden die Kauffunktion zusätzlich durch einen Pin-Code sichern (Ziegelmayer 2017) und Bestellvorgänge automatisieren. Sofern die User vor dem Kauf per Echo schon auf der Website recherchiert haben, unterliegt das Voice Shopping der Cross-Device-Nutzung. *Dabei* kann auch Contextual Commerce zum Tragen kommen, und zwar durch die Platzierung von Buy Buttons in Umgebungen außerhalb von Onlineshops. Über sie lassen sich Produkte direkt dort kaufen, wo sie der Verbraucher online entdeckt hat. Damit können auch *Impuls-Käufe initiiert werden.* Kauf-Buttons können den Shopping-Prozess verkürzen oder beiläufiges Online-Shopping ‚on-the-go' ermöglichen (iBusiness Contextual 2017). Auch mit Contextual Commerce löst sich der Onlinehandel vom eigentlichen Onlineshop und kann zum universalen Begleiter im Alltag werden (iBusiness Zentrale Trends 2016). Dazu bietet sich an, dass dem Kunden der beste Preis garantiert und das für ihn passende Produkt kuratiert wird. Denn sonst dürfte die fehlende Preistransparenz, Vergleichbarkeit sowie Auswahlmöglichkeit die Entwicklung hemmen (iBusiness Zentrale Trends 2016).

**Inspiration- und Influencer Commerce**

Modeanbieter bemühen sich verstärkt darum, die Besucher ihrer Websites mit stimmungsvollen Lifestyle-Bildern, Musik und hochwertig produzierten Lookbooks zum Kauf zu inspirieren. Fashion-Labels wie Carhartt, Bench oder Urban Streetwear bieten dabei auch eine direkte Kaufmöglichkeit an und heben damit die künstliche Trennung zwischen Inspiration und Vertrieb auf. Damit können Produkte jetzt sogar direkt in der Social-Media-Plattform gekauft werden, womit der Übergang zum Contextual Commerce fließend ist. Diesbezüglich werden Inspirationen zunehmend in Richtung Influencer Commerce erweitert (iBusiness Contextual 2017; t3n Spark 2017). Dieses nutzt auch About You, die Kunden immer stärker mit Influencern in Kontakt bringt. Dabei kann es sich um bekannte Blogger, Foto-Models oder TV-Sternchen handeln, die dann nicht selten auf About You auch ihre eigenen Modestyles präsentieren. Influencer werden zusätzlich auch für Kampagnen genutzt oder auf Markenbildungsevents prominent in Szene gesetzt. Insgesamt versucht der Influencer-Commerce, über das Einkaufserlebnis gegenüber den Wettbewerbern zu punkten (iBusiness Contextual 2017).

**Content- und Video Commerce**

Nicht zuletzt befeuern die Instagram Stories den Trend zu Content- und Video Commerce. Dabei findet die Kommunikation in der Regel dort statt, wo der Kunde sich aufhält (iBusiness Trends Online-Marketing 2016; Internetworld Trends 2017) und strebt auch immer eine Verbindung von redaktionellem Content und Verkaufsstrategie an. Dabei geht es primär um *Conversion und Relevanz, also die Performance eines Contents* und weniger um *Awareness und Reichweite*. Beispiel für erfolgreichen Content Commerce ist der BVB Fanshop von Borussia Dortmund, der auf der K5 am 22. Juni 2017 in Berlin als bester ‚Markenshop' ausgezeichnet und von der Kommerz digitale Marken & Einkaufserlebnisse GmbH entworfen wurde. Auch mit und *durch Videos* werden die Entwicklungen im Bewegtbildsegment vorangetrieben, ob mit Live-Streaming, VoD, Smart TV, Digital out of Home, *360-Grad-Videos oder Vertical Videos*. Youtube und Facebook setzen bereits derartige Videos ein, wodurch auch das Thema Video-Advertising relevanter wird (iBusiness Trends Online-Marketing 2016). Wichtig ist es allerdings, den Videocontent *auf die Nutzung von sozialen Netzwerken und mobilen Endgeräten zu optimieren, da Bewegtbild* durch neue Formate auch in verschiedenen sozialen Netzwerken immer relevanter wird (iBusiness Trends Online-Marketing 2016). So sind derzeit Snapchat-inspirierte Video-Shopping-Apps der letzte Schrei im Mobile Commerce. Hierzulande ist offensichtlich Yeay (‚Sell it with a video') gut unterwegs (Krisch 2017b).

**Modernisierte Geschäftsmodelle im Einzelhandel**

Bei der Festlegung des Geschäftsmodells können auch die relevanten Schlüsseltrends helfen. Diesbezüglich lasen sich ‚Mobile Only', ‚Cross Device und Mixed Conversion', ‚Agiles Marketing und Marketingeffizienz', ‚Re-Pricing mit Pricing Software' sowie ‚Consumerization im B2B-Business' identifizieren (Heinemann 2019):

**Mobile Only**

Mittlerweile findet der größte Teil der Internetnutzung über das mobile Internet statt. Dieses hat deswegen in den letzten Jahren eine Vormachtstellung eingenommen (Heinemann 2018b). Statt ‚Mobile First' gilt deswegen nunmehr die Erfolgsformel ‚Mobile Only' (Internetworld Mobile-Tipps 2017; kaufDa 2017). Deswegen sollten Händler ihre Informations-Architektur überdenken. Denn ausgehend vom Kontext, in dem der Kunde sich befindet, seinen situativen Wünschen und der Rolle, die der mobil optimierte Bildschirm für die Transaktion spielt, dreht sich nicht nur im E-Commerce zunehmend alles um die Entwicklung einer Mobile-zentrischen Marketing-Strategie (Internetworld Mobile-Tipps 2017; kaufDa 2017). Während bis vor wenigen Jahren der Mobile-Commerce als verlängerter Arm des Onlineshops galt und eine App mehr oder weniger ein ‚Nice-to-have'-Zusatzfeature darstellte, müssen Onlinehändler jetzt radikal umdenken (Heinemann 2018a, b; Heinemann und Gaiser 2016). Mit Mobile-Commerce-Anteilen von mehr als 50 Prozent machen die großen und erfolgreichen Online-Pure-Plays vor, dass heute der Onlineshop eher ein verlängerter Arm des Mobile-Shops und vor allem eine gut funktionierende, verkaufsfokussierte App der Schlüssel für weiteres Umsatzwachstum ist (Heinemann 2018b).

**Cross Device und Mixed Conversion**

Bei einem Drittel aller Online-Transaktionen werden bereits mehr als zwei Geräte involviert (Criteo 2017; Heinemann 2018b). Unabhängig davon, auf welchem Gerät eine Transaktion abgeschlossen wird, starten 33 Prozent aller Cross-Device-Käufe auf dem Smartphone. Diese werden mittlerweile in allen Phasen des Einkaufs eingesetzt und nicht mehr nur zum Einstieg (Criteo 2017). Aus Kundensicht ist deswegen eine nahtlose Nutzererfahrung über alle Geräte hinweg wichtig, was eine entsprechende Synchronisierung erfordert. Darüber hinaus erwarten immer mehr Kunden eine App als zusätzliches Device (kaufDA 2017). Aktuelle Untersuchungen zeigen, dass keine Kategorie von dem Cross-Device-Verhalten ausgenommen ist (Criteo 2017). Angesichts der Cross-Device-Nutzung sind Ansichten gefährlich, die dem Mobile Commerce in einer Art ‚Silo-Denke' eine vergleichsweise geringe Conversion zuschreiben. So haben Smartphones zunehmend eine Zubringerfunktion für die anderen Devices und pushen damit deren Conversion. Aufgrund der Cross-Device-Nutzung ist deswegen für ein und denselben Kaufakt zunehmend von einer ‚Mixed Conversion' auszugehen (Heinemann 2018a).

**Agiles Marketing und Marketingeffizienz**

Heutzutage muss Marketing effizienter planen und zudem messen können, was die einzelnen Maßnahmen zum Unternehmenserfolg beitragen. Automatisierung ermöglicht schnelles, agiles Marketing, das aufgrund von Echtzeit-Datenanalysen, Social-Media-Hypes und ständigen Veränderungen im Onlinemarketing erforderlich geworden ist (iBusiness Agilität 2016; Bruce und Jeromin 2016). Wesentliche Voraussetzungen dafür sind Transparenz, Flexibilität und Schnelligkeit. Marketingpläne müssen in immer kürzeren Intervallen geprüft und angepasst werden. Werbemittel müssen jederzeit flexibel veränderbar sein (iBusiness Agilität 2016). Erfolgskontrolle muss fortlaufend in Echtzeit, statt wie bisher in einer vorgegebenen Frequenz erfolgen. Dazu sind auch die Abstimmungsprozesse im Unternehmen zu vereinfachen, zu beschleunigen und den Mitarbeitenden Freiheiten einzuräumen. Wer agil sein möchte, sollte ganzheitlich denken und alle Beteiligte mit einbeziehen, inklusive der Dienstleister. Dies erfordert flache Hierarchien und effiziente Marketingstrukturen. Auch sollten Systeme und Technologien implementiert werden, mit denen Planungen und Budgets jederzeit nachjustierbar sind und Inhalte flexibel sowie dezentral angepasst werden können. Insellösungen, die bestehende Silos zementieren oder gar neue Silos schaffen, sind durch unternehmensweite, skalierbare Plattformen zu ersetzen. Diese müssen für alle Beteiligte zugänglich sein und auf eine einheitliche Datenbasis und zentrale Dashboards zurückgreifen (iBusiness Agilität 2016). Basis müssen Marketing-Automation-Software-Lösungen sein, die aus unterschiedlichen Komponenten wie Datenbanken, Webtracking, Analysewerkzeugen oder CRM-Systemen bestehen. Diese sollten sich laufend synchronisieren, optimieren und permanent weiterentwickeln (iBusiness Agilität 2016).

**Re-Pricing mit Pricing Software**

Automatisiertes Marketing ermöglicht auch dynamisches Pricing. In 2016 wurden alleine von Amazon rund 3,3 Millionen Preiskorrekturen vorgenommen. Annähernd 45 Prozent aller erfassten Preisänderungen entfielen auf nur zehn Händler, obwohl der Preis aus Kundensicht für die Online-Kaufentscheidung mit die wichtigste Rolle spielt (Onlinehaendler-News 2017). Dynamisches Pricing auf Basis einer Re-Pricing-Software wie zum Beispiel logicsale kann helfen, Umsätze und Gewinne zu steigern. Bei den passenden Produkten kann damit eine Umsatz- und Gewinnsteigerung zwischen 30 und 40 Prozent erzielt werden (Internetworld Repricing 2017). Dieses variiert allerdings von Händler zu Händler und hängt maßgeblich von den angebotenen Produkten ab. Zudem ist erforderlich, dass der Händler eine Preisspanne für ein bestimmtes Produkt definiert und damit einen Mindest- sowie Höchstpreis festlegt. Mit diesen Informationen ermittelt die Software, zu welchen Preisen die Konkurrenz dasselbe Produkt anbietet und empfiehlt dann den optimalen Preis (Internetworld Repricing 2017).

**Consumerized B2B-Business**

Offensichtlich gilt B2B-E-Commerce als ‚next big thing' (Heinemann 2018a). Dementsprechend bietet Amazon-Supply ein reichhaltiges Sortiment für Handwerk, Büro, Labore und Gastronomie an. Weil dieselben Kunden, die dort B2B einkaufen, bereits B2C-Kunden bei Amazon sind, erwarten sie deswegen den gleichen Service und eine ähnliche Usability (Thürling 2017). B2C-Anbieter können deswegen ihre Erfahrungen sowie ihren Bekanntheitsgrad nutzen und mithilfe von zusätzlichen B2B-Funktionen wie z. B. Lieferantenkrediten ihre B2C-Kunden auch zu treuen B2B-Käufern machen. Daher ist es nicht verwunderlich, dass im B2B-Bereich zunehmend ähnliche Prinzipien der Kundenansprache zum Einsatz kommen, wie in der B2C-Kommunikation. Ein Beispiel dafür ist Hilti. Der Bohrmaschinen-Anbieter setzte sein Produktfeld ‚Bau und Handwerk' mit fast emotionalen Bildern und einem aggressiven Einsatz von Farbflächen in Szene (Thürling 2017). Nicht selten betreiben Anbieter parallel zum B2C bereits einen B2B-Shop, so wie Reuter-Badshop oder BOSS. Dabei entsteht eine neuartige Kombination aus ‚Consumerated B2B und Disintermediated B2C', also eine Art Hybrid-Vertrieb.

**Zukunftsfähige Geschäftssysteme im Einzelhandel**

Ausgehend vom Geschäftsmodell ist für das Geschäftssystem genau zu klären, mit welchen Prozessen und Ressourcen die fakturierbaren Leistungen zu erbringen sind. Dieses betrifft auch die Infrastruktur, das Betreibermodell sowie die IT-Systeme. Die Beschreibung des Geschäftssystems erlaubt eine genaue Kosten- und Investitionsplanung (Heinemann 2018a). Die heutzutage geforderte Kundenzentralisierung stellt vor allem Multichannel-Händler vor große Herausforderungen, da diese bisher überwiegend hierarchisch und funktional organisiert sind. Auch sind aus dem analogen Einzelhandel nur wenige Erfahrungen auf den Onlinehandel übertragbar. Dieser stellt nicht bloß einen neuen Vertriebskanal im herkömmlichen Sinne dar, sondern ein vollkommen neues Geschäft mit neuen Fähigkeitsanforderungen (brandeins 2014, 2015; Heinemann 2018a, b). Die Spezifikation des Geschäftssystems sollte relevante Schlüsseltrends berücksichtigen. Diesbezüglich können ‚Optimierung der letzten Meile', ‚Connected Channels mit No-Line', ‚Innovative Offline-Partnerschaften', ‚Intelligente und integrierte Automatisierung' sowie ‚Agile Organisation und disruptive Transformation' genannt werden (Heinemann 2019):

**Optimierung der letzten Meile**

Kunden erwarten zunehmend, auch von lokalen Händlern beliefert zu werden (kaufDA 2017). Vor allem in der lokalen Zustelllogistik ist Raum für Innovationen und Verbesserungen gegeben. Denn gerade auf der ‚letzten Meile', also dem Weg der Bestellung von der Rampe bis zur Haustür, passieren immer noch viele Fehler und Unzulänglichkeiten, die den Kunden abschrecken (Heinemann 2018a, b). Neben verzögerten Lieferzeiten werden Waren nicht selten von verschiedenen Logistikern und damit X-Mal hintereinander einzeln angeliefert. Tagsüber, wenn diese in der Regel zustellen, ist der Kunde vielfach nicht zuhause. Aus Kundensicht sollten sich vor allem stationäre Händler mit dem Gedanken vertraut machen, selbst ihre Ware auszuliefern und dabei stärker die Bedürfnisse des Kunden ins Visier zu nehmen. Ein Paketbote ist aus Kundensicht viel zu schnell wieder weg, um zumindest noch vorher schnell den Paketinhalt überprüfen zu können (kaufDA 2017, 2018). Die letzte Meile betrifft aber auch Abholstationen und die Abholung im Laden. Hier hakt es häufig in deutschen Landen, da die Kunden sich in Warteschlangen einreihen oder bei Retouren rechtfertigen müssen. Auch finden sie häufig nicht die Annahmestellen für Click & Collect oder sehen sich überforderten Mitarbeitern gegenüber. Hier zeigen US-Händler wie z. B. REI oder Nordstrom, dass sich Prozesse über eigens eingerichtete Multichannel-Service-Points kundengerecht regeln lassen (NUI HSNR 2017; Grollmann 2017; Heinemann 2018a, b).

**Connected Channels mit No-Line**

Kunden erwarten, dass die Kanäle derart vernetzt sind, dass sie gar keine Trennung der Verkaufsformen mehr wahrnehmen (Heinemann 2018a, b). Dazu gehören auch innovative Leistungen wie zum Beispiel der Einkauf über QR-Code- (‚QR Scan Retail') oder Augmented-Reality-Funktionen in Verbindung mit Produktabbildungen (‚AR App Retail'). Dadurch wird zugleich der Aufbau von Empfehlungsmarketing möglich. Eine neue Dimension der ‚No-Line-Experience' besteht darin, dass Kunden die digitale Realität und ihre damit einhergehende digitale Anspruchshaltung zu jeder Zeit leben wollen, egal wo sie sich gerade aufhalten. Das gilt auch für das Einholen zusätzlicher Produktinformationen am ‚Point of Sale' (POS), die Nutzung eines Kundenkontos sowie das Payment. Die emanzipierten Kunden möchten auf Basis der neuen Technologien und Tools die Möglichkeiten der modernen Kommunikation auch in den Läden nutzen können: Facebook-Liken, Bewerten, Bookmarken, Kommentieren sowie Diskutieren und Kaufempfehlungen aussprechen. Zudem möchten die Konsumenten verschiedene Einkaufs- und Informationskanäle parallel nutzen können. Insbesondere die parallele Mediennutzung erfordert aus Kundensicht die Integration von Online- und Offline-Kanälen zu einem ‚Gesamtsystem aus einem Guss', was allerdings mit dem weitverbreiteten ‚Lead-Channel-Gedanken' schwer vereinbar ist (Heinemann 2018a).

**Intelligente Online-Offline-Partnerschaften**

Immer mehr Onlinehändler erkennen die Notwendigkeit, sich auch offline zu präsentieren, sehen darin aber zu Recht große Investitionsrisiken. Dieses befeuert den Trend zu intelligenten Offline-Partnerschaften, die Offline-Präsenzen ohne Investitionen ermöglichen (Heinemann 2018a). Beispielsweise kooperiert Misterspex in größerem Stil mit stationären

Optikern, die für den Onlinehändler dann auch alle stationären Serviceleistungen sowie deren Sortimente vor Ort anbieten. Ein weiteres Beispiel stellt der Matratzen-Onlinehändler Emma dar, der jetzt mit dem Filialisten Matratzen-Concord zusammenarbeitet und sich darüber eine stationäre Präsenz in rund 1000 Läden sichert. Vor allem Onlinehändler mit beratungs- und serviceorientierten Sortimenten nutzen zunehmend die Möglichkeiten intelligenter Offline-Partnerschaften, sei es Delti.com, fahrrad.de oder Reuter-Bad-Shop. Die Offline-Präsenz von Onlinehändlern stellt auch einen ‚Service' dar, so wie ‚Flagship Stores' von Herstellern das tun. Im Grunde handelt es sich hier um Cross-Channel-Konzepte, an denen aus Sicht von Handelsexperten auch für die meisten Online-Pure-Player kein Weg mehr vorbei führt (IFH-Köln 2017).

**Intelligente und integrierende Automatisierung**

Zunehmend erfolgskritisch wird der intelligente Umgang mit großen Datenmengen und deren Verwendung für Chatbots (Heinemann 2018a, b; Kolbrück 2017; Lamprecht 2016). In letzter Zeit ist eine neue Generation von innovativen Chatbots zu beobachten, die künstliche Intelligenz nutzen und aufzeigen, wohin sich der Handel in Zukunft entwickelt könnte. Je besser diese verstehen, was Kunden ihnen sagen, desto eher werden sie im Kaufprozess genutzt. Zudem ist zu hinterfragen, wozu Kunden im Laden noch nach einem Verkäufer suchen sollten, wenn der Bot im Smartphone viel schneller den Weg zum Regal oder gleich zum Produkt erklären kann. Auch ist fraglich, wozu User noch im Webshop nach Filterfunktionen schauen und lange klicken sollten, wenn sie das dem Roboter mit wenigen Worten erklären können (Kolbrück 2017). Geht es nur um einfache Aufgaben, wie beispielsweise die Vorbestellung einer Pizza oder den Einkauf von Schuhen, ist vergleichsweise wenig Aufwand für das Training der Bots erforderlich. Baukastensysteme für den Facebook-Messenger bieten bereits einen guten Einstieg, wie beispielsweise Charfuel das tut. Schwieriger wird es, wenn der Chatbot im Kundenservice oder in der Beratung eingesetzt werden soll. Dazu braucht es eine IT mit größeren Ressourcen. Beispiele für funktionierende Chatbots gibt es bei Subway, Allyouneed, Macy's, L'Oréal und auch bei Alibaba (Kolbrück 2017). Selbst Traditionsanbieter wie Levi's greifen auf Chatbots in Form virtueller Stylisten zurück (Levi's 2017).

**Agile Organisation und disruptive Transformation**

Digitalisierung erhöht zweifelsohne nicht nur im Marketing die Agilitätsanforderungen (Heinemann 2017; Heinemann 2018a). Vor allem für den stationären Handel ist es höchste Zeit, sich kundenzentralisiert auszurichten, den neuen organisatorischen Herausforderungen gerecht zu werden und sich digital zu transformieren. Er ist bereits so weit von der digitalen Revolution betroffen, dass die heutigen Strukturen es ihm nicht erlauben werden, dauerhaft gegen den digitalen Wettbewerb bestehen zu können, ohne selbst zu digitalisieren. Die ‚agilen Best Practices' Zappos, Spotify, W. L. Gore & Associates sowie Haier Group beweisen, dass hierarchiefreie und sich selbst steuernde Organisationen kein Privileg von kleinen Start-ups mehr sein müssen. Zappos hat zum Beispiel ‚Holacracy' als neues ‚Ordnungsprinzip' und als einen weiteren Meilenstein zu einem autonomen und selbstorganisierten Arbeiten der Zappos-Mitarbeiter implementiert (Gehrckens 2017; Hsieh 2010). Der Holacracy-Ansatz wurde von Brian Robertson in seiner Firma Ternary

Software Corporation entwickelt und erlaubt es, dass Entscheidungsfindungen mit hoher Transparenz und partizipativen Beteiligungsmöglichkeiten in großen Netzwerken und vielschichtigen Unternehmen strukturiert und möglich werden (Wikipedia Holacracy 2016). Auch wenn eine 180-Graddrehung hin zu einer Holacracy-Organisation nicht immer Sinn macht, so können zumindest aber Elemente übernommen werden.

## 4.4 Fazit: Plädoyer für einen disruptiven Wandel im Handel

Alle bisherigen Ansätze der stationären Händler in Form von Multi- oder Omnichannel-Konzepten können nur als eine Vorstufe für eine echte Imitation der disruptiven Innovatoren angesehen werden (Heinemann 2017). Im Grunde genommen geht es um den Anspruch an eine disruptive Transformation. Deswegen bietet es sich an, die Erfolgsfaktoren und Potenziale des E-Commerce mindestens gleichwertig in das stationäre Geschäft zu transportieren. Neue digitale Technologien machen auch digitale Zusatz-Services und Interaktionsmöglichkeiten für Filialen möglich, z. B. über Mobile Apps oder In-Store-Terminals. Als Beispiel für einen ersten Schritt seien Online- Verfügbarkeitsinformationen, das Kuratieren bzw. Zusammenstellen individueller Sortimente sowie die Abholung- und Rückgabemöglichkeit im Store genannt. Diese Services bieten Kunden echte Mehrwerte, die ihnen Online-Pure-Plays bisher so nicht bieten können, reichen aber bei Weitem nicht mehr aus. Alle bisher anzutreffenden Ansätze in diese Richtung folgen überwiegend einer ‚Inside-out-Perspektive' aus Sicht des stationären Händlers und sind deswegen eher angebotsorientiert ausgerichtet. Zwar werden häufig schon die Investitionen in das Ladennetz reduziert, Filialen geschlossen bzw. umgelagert sowie Mittel in Richtung Digitalisierung und Onlineshop realloziert, nach wie vor lebt aber der Mythos ‚Lead-Channel Stationär'. Im Gegensatz zur weitverbreiteten Inside-out-Perspektive des stationären Handels, verfolgen Onlineanbieter mit ihrem Ansatz der Kundenzentralität eher eine Outside-in-Perspektive. Amazon hat alle Unternehmensprozesse konsequent kundenzentriert ausgerichtet und sich dabei nicht an einer Funktionsbetrachtung orientiert. Spätestens seit Eröffnung des neuen Amazon Buchladens im November 2015 in Seattle wird klar, dass sich wesentliche Prinzipien des Online-Einkaufs und dabei vor allem die Outside-in-Perspektive auch auf das stationäre Geschäft übertragen lassen. Im Grunde haben die Kunden jetzt mit dem Bookstore den bisher fehlenden Baustein bei Amazon zu ihrer Customer Journey, nämlich ‚touch & feel', vorliegen. Zwar vorerst nur bei Büchern, aber demnächst wahrscheinlich auch irgendwann für andere Sortimente. Amazon hat es als erster Onlinehändler unter dem Stichwort Kundenzentralität geschafft, den Einkauf ‚einfach zu machen' und den Begriff der Usability – das heißt den schnellen und bequemen Einkauf – zu positionieren. Diese Usability wendet Amazon nun auch auf der stationären Fläche an und erfindet damit den stationären Handel aus einer Outside-in-Perspektive, also mit konsequenter Kundenzentralität, neu. Es handelt sich um eine Art ‚Ultimative Usability im Store', mit der ein Kunde entsprechend seiner individuellen Suchstrategie, sei es nach Bewertung, Bestseller und Themen, sein Produkt finden kann. Genau das wäre der Ansatz für eine disruptive statt ‚bloß' digitale Transformation (Heinemann 2017).

## Literatur

Amazon. (2017). Amazon.com, *Inc. Form 10-K for the fiscal year ended December 31st.* 2016.
bevh. (2019). *Aktuelle Zahlen zum Interaktiven Handel – bevh-Studie 2018.* http://www.bevh.org/markt-statistik/zahlen-fakten/. Zugegriffen am 13.03.2019.
brandeins. (2014). *Das alles und noch viel mehr. Der Kunde ist ein unangenehmer Geselle. Und das ist gut so. Sagt der Handelsexperte Gerrit Heinemann.* Interview. 05/2014, 90–94.
brandeins. (2015). *Wehrt Euch! Oder ist es dafür zu spät? Streitgespräch zwischen Jochen Krisch und Gerrit Heinemann.* 04/2015 – Schwerpunkt Handel, 62–67.
Bruce, A., & Jeromin, C. (2016). *Agile Markenführung. Wie Sie Ihre Marke stark machen für dynamische Märkte.* Wiesbaden: Springer-Gabler.
Criteo. (2017). *The State of Cross Device. H2 2016, Studie 2017.* http://www.criteo.com/de/resources. Zugegriffen am 14.04.2017.
eTailment. (2018). *Es muss nicht immer digitale Kirmes sein.* eTailment vom 30.11.2018. Olaf Kolbrück. https://etailment.de/news/stories/digital-pos-loesungen-21847. Zugegriffen am 01.12.2018.
Forbes. (2014). *Knock off became A $ 5 billion retailing sensation.* http://www.forbes.com/sites/ryanmac/2014/07/30/zalando-europe-zappos-fashion. Zugegriffen am 30.07.2014.
Gehrckens, M. (2017). Agilität im Kontext der digitalen Transformation – Kernanforderung an die Organisation von morgen. In G. Heinemann, M. Gehrckens, U. Wolters & dgroup (Hrsg.), *Digitale Transformation oder digitale Disruption? Vom Point-of-Sale zum Point-of-Decision im Digital Commerce* (S. 79–110). Wiesbaden: Springer-Gabler.
Grollmann, D. (2017). *Logistik: Diese Last-Mile-Konzepte bestehen den Zukunfts-Test.* 9. Februar 2017. https://www.ibusiness.de/members/aktuell/db/380205grollmann.html. Zugegriffen am 20.04.2017.
Haug, A., & Hildebrand, R. (2010). Innovationsmanagement im Digital Business – Wie Unternehmen sich neu erfinden können. In G. Heinemann & A. Haug (Hrsg.), *Web-Exzellenz im E-Commerce – Innovation und Transformation im Handel* (S. 43–70). Wiesbaden: Gabler.
HDE. (2019). *Online Monitor 2019.* Handelsverband Deutschland, IFH Köln. Berlin.
Heinemann, G. (2017). *Die Neuerfindung des stationären Einzelhandels – Kundenzentralität und ultimative Usability für Stadt und Handel der Zukunft.* Wiesbaden: Springer-Gabler.
Heinemann, G. (2018a). *Der neue Online-Handel – Geschäftsmodelle, Geschäftssysteme und Benchmarks im E-Commerce* (9. Aufl.). Wiesbaden: Springer-Gabler.
Heinemann, G. (2018b). *Die Neuausrichtung des App- und Smartphone-Commerce – Mobile Commerce, Mobile Payment, Social Apps, LBS und Chatbots im Handel.* Wiesbaden: Springer-Gabler.
Heinemann, G. (2019). Zukunft des Handels und Handel der Zukunft – was sind die treibenden Kräfte, welche Erfolgsfaktoren sind relevant, wer ist Game Changer? In G. Heinemann, M. Gehrckens & T. Taeuber (Hrsg.), *Handel mit Mehrwert – Digitalisierung von Märkten, Geschäftsmodellen und Geschäftssystemen* (Accenture. Aufl., S. 1–35). Wiesbaden: Springer-Gabler.
Heinemann, G., & Gaiser, C. (2016). *SoLoMo – Always-on im Handel – Die soziale, lokale und mobile Zukunft des Omnichannel-Shopping* (3. Aufl.). Wiesbaden: Springer-Gabler.
Heinemann, G., & Handt, F. (2018). *Die Zukunft von Online liegt Online.* Markenartikel. 1-2018, 12–14.
Heinemann, G., Gehrckens, M., & Taeuber, T. (2019). *Handel mit Mehrwert – Digitalisierung von Märkten, Geschäftsmodellen und Geschäftssystemen* (Accenture. Aufl.). Wiesbaden: Springer-Gabler.
Hsieh, T. (2010). *Delivering happiness – A path to profits, passion, and purpose.* New York City: Grand Central Publishing.
iBusiness Agilität. (2016). *Interaktiv-Trends 2017/ 2018 (5): Agilität in Unternehmen.* Susan Rönisch in iBusiness vom 22. Dezember 2016. https://www.ibusiness.de/members/aktuell/db/885019SUR.html. Zugegriffen am 23.12.2017.

iBusiness Contextual. (2017). *Sieben Trends, die den deutschen Onlinehandel 2018 bestimmen.* Susan Rönisch in iBusiness vom 14. Juni 2016. https://www.ibusiness.de/members/aktuell/db/267490SUR.html. Zugegriffen am 15.06.2017.

iBusiness Trends Online-Marketing. (2016). *Dmexco: 15 Trends, die das Onlinemarketing 2017 bestimmen werden.* Susan Rönisch und Peter Graf in iBusiness vom 30. August 2016. https://www.ibusiness.de/members/aktuell/db/201141SUR.html. Zugegriffen am 15.09.2016.

iBusiness Zentrale Trends. (2016). *Wegmarken des E-Commerce: Die Herausforderungen für Onlinehändler bis 2041.* Verena Gründel-Sauer in iBusiness vom 28. November 2016. Zugegriffen am 01.12.2016.

IFH-Köln. (2017). *Interview: IFH-Forscherin Eva Stüber über Cross-Channel und Kundenzentrierung.* http://locationinsider.de/interview-ifh-forscherin-eva-stueber-ueber-cross-channel-und-kundenzentrierung/. Zugegriffen am 14.04.2017.

Internetworld Mobile-Tipps. (2017). *10 Tipps für eine erfolgreiche Mobile-Strategie.* 9. Januar 2017. http://www.internetworld.de/mobile/mobile-marketing/10-tipps-erfolgreiche-mobile-strategie-1183636.html. Zugegriffen am 18.04.2017.

Internetworld Repricing. (2017). *Der umkämpfteste Markt im Bereich Repricing ist Deutschland.* Interview mit Michael Kirsch von Logiscale vom 7. November 2016. http://www.internetworld.de/e-commerce/e-commerce-services/umkaempfteste-markt-im-bereich-repricing-deutschland-1145098.html. Zugegriffen am 11.06.2017.

Internetworld Trends. (2017). *7-Trends-im-E-Commerce-2017.* Ingrid Lommer in Internetworld vom 7. Juni 2017. http://www.internetworld.de/e-commerce/7-trends-im-e-commerce-1227504.html. Zugegriffen am 15.06.2017.

kaufDA. (2017). Studie zum Thema ‚Zukunft und Potenziale von Location-based Services für den stationären Handel – Fünfte Zeitreihenanalyse im Vergleich zu 2013 bis 2016', Mönchengladbach.

kaufDA. (2018). Studie zum Thema ‚Die Zukunft der lokalen Angebotskommunikation – Kundenwünsche nicht ignorieren – inklusive LBS-Zeitreihenvergleich 2013–2018', Mönchengladbach.

Kolbrück. (2017). *Wie Chatbots gerade den E-Commerce verändern.* eTailment vom 21. April 2017. http://etailment.de/news/stories/Marketing-Wie-Chatbots-gerade-den-E-Commerce-veraendern%2D%2D20450. Zugegriffen am 29.04.2017.

Krisch, J. (2017a). *Alexa und andere Highlights aus der Handelsbranche.* Excitingcommerce vom 8. Januar 2017. https://excitingcommerce.de/2017/01/08/alexa-und-andere-highlights-aus-der-handelsbranche/. Zugegriffen am 14.04.2017.

Krisch, J. (2017b). *Yeay holt 4,4 Mio. € für Video Shopping App von Grazia & Co.* Excitingcommerce vom 6. Juni 2017. https://excitingcommerce.de/2017/06/06/yeay.holt-44-mio-e-fue-video-shopping-app-von-grazia-co/. Zugegriffen am 29.06.2017.

Lamprecht, S. (2016). *Digitale Quasselstrippen – interessante Chatbot-Gründungen.* eTailment vom 26. September 2016. http://etailment.de/news/stories/Digitale-Quasselstrippen%2D%2D-interessante-Chatbot-Gruendungen-4377. Zugegriffen am 29.04.2017.

Levi's. (2017). *Levi's® Launches New ‚Virtual Stylist' Online Feature.* 1. September 2017. http://www.levistrauss.com/unzipped-blog/2017/08/levis-launches-new-virtual-stylist-online-feature/. Zugegriffen am 03.09.2017.

Neuhandeln. (2017). *Bittere Pille für eBay: Facebook startet deutschen Marktplatz.* 18. August 2017. http://neuhandeln.de/bittere-pille-fuer-ebay-facebook-startet-deutschen-marktplatz/. Zugegriffen am 19.08.2017.

NUI HSNR. (2017). *Hochschulmagazin 1/2017. Hochschule Niederrhein. Interview mit Prof. Dr. Gerrit Heinemann.* 18–20.

Onlinehaendler-News. (2017). *Repricing im Weihnachtsgeschäft: Amazon weit vorn.* 11. Januar 2017. https://www.onlinehaendler-news.de/handel/studien/28210-repricing-weihnachtsgeschaeft-amazon-vorn.html. Zugegriffen am 13.04.2017.

Stein, C. (2017). *Wie weit darf Personalisierung gehen?* http://www.ottogroupunterwegs.com/blog/blog/posts/Hyperpersonalisierter-Webshop-Wie-weit-sollte-Personalisierung-gehen.php. Zugegriffen am 13.08.2017.

t3n. (2017). *Social Network Spark: Der bildgewaltige Sog in die Amazon-Welt.* T3n vom 20. Juli 2017. http://t3n.de/news/amazon-spark-social-network-instagram-839951/. Zugegriffen am 21.07.2017.

Thürling, M. (2017). *Consumerization im B2B-Business.* T3N vom 22. Mai 2017. http://t3n.de/magazin/e-commerce-fuer-b2b-237228/. Zugegriffen am 20.07.2017.

Wikipedia. (2016). Holacracy. https://en.wikipedia.org/wiki/Holacracy. Zugegriffen am 29.02.2016.

Ziegelmayer, D. (2017). *Amazon Echo und KI: Diese rechtlichen Fragen solltet ihr euch stellen.* 10. April 2017. http://www.internetworld.de/e-commerce/amazon/amazon-echo-ki-rechtlichen-fragen-solltet-euch-stellen-1210985.html. Zugegriffen am 14.04.2017.

**Professor Dr. Gerrit Heinemann** geboren 1960 in Osnabrück, leitet das eWeb Research Center der Hochschule Niederrhein in Mönchengladbach, wo er auch BWL, Managementlehre und Handel lehrt. Er hat BWL in Münster studiert und war danach Assistent bei Prof. Dr. Dr. h.c. mult. Heribert Meffert, wo er auch über das Thema ‚Betriebstypenprofilierung textiler Fachgeschäfte' mit summa cum laude promovierte. Nach fast 20-jähriger Handelspraxis u. a. in Zentralbereichsleiter-/ und Geschäftsführerpositionen in der Douglas-Holding, bei Drospa/Douglas sowie bei Kaufhof/Metro wurde Gerrit Heinemann 2005 an die Hochschule Niederrhein berufen. Er bekleidet verschiedene Aufsichtsratsfunktionen in E-Commerce- bzw. Handelsunternehmen, war lange Jahre stv. Aufsichtsratsvorsitzender der buch.de internetstores AG und begleitet Start-ups als Advisory Board. Neben über 250 Fachbeiträgen ist Prof. Heinemann Autor von 20 Fachbüchern zu den Themen Digitalisierung, E-Commerce, Online- und Multichannel-Handel. Sein Buch ‚Der neue Online-Handel' ist bereits in englischer sowie auch chinesischer Version erschienen und kam Anfang 2019 in zehnter Auflage heraus.

# Education 4.0 – Die Zukunft der Hochschulen in Deutschland

## 5

Clemens Jäger

**Zusammenfassung**

Hochschulen werden sich in den kommenden Jahren erheblich wandeln (müssen). Diese facettenreiche Transformation wird das Geschäftsmodell der Hochschulen beeinflussen, bedrohen oder gar unmöglich machen. Dabei wird die Digitalisierung die Hochschulen im Allgemeinen und die Präsenzlehre im Speziellen umwälzen. Die damit verbundenen hochschulpolitischen Fragestellungen müssen aktiv von den Hochschulleitungen mitgestaltet werden. Dabei werden die Studierenden noch stärker in den Fokus der Betrachtung rücken. Die Qualität der Lehre auf der einen und die der Servicequalität auf der anderen Seite werden nicht unerheblich den künftigen Erfolg oder Misserfolg der Hochschulen in Deutschland beeinflussen.

## 5.1 Entwicklungen und Trends

In den letzten Jahren und Jahrzehnten haben sich viele Branchen tief greifend verändert (Kaiser 2015). Diese Veränderungen waren und sind mal mehr oder weniger disruptiv. Bemerkenswerterweise hat sich die Lehre an Hochschulen in den letzten 100 Jahren kaum verändert (Dittler und Kreidl 2018; Osterroth 2018). Die eigentliche Lehre, speziell im Grundstudium, erfolgt in vielen Fällen weiterhin in Form klassischer Präsenzvorlesungen (Schmid et al. 2017). Waren es früher Tafel und Kreide so sind es heute Whiteboards, Visualizer und andere technische Unterstützungen, die in der Lehre zum Einsatz kommen. Aber die grundsätzliche Art des Wissenstransfers in der Präsenzlehre ist weitestgehend unverändert geblieben (Dittler und Kreidl 2018). Dies wird sich in den kommenden Jahren

C. Jäger (✉)
FOM Hochschule für Oekonomie & Management, Essen, Deutschland
E-Mail: clemens.jaeger@fom.de

und Jahrzehnten aller Voraussicht nach wandeln und die Veränderungen werden im Zuge der fortschreitenden Digitalisierung erheblich sein. Dabei ist in einer Wissensgesellschaft mit einer zunehmenden Wissenskultur die Bildung eines der wichtigsten Güter überhaupt (Zukunftsinstitut 2019). Diese Erkenntnis scheint sich mit Hinblick auf den Niedergang des deutschen Bildungssystems jedoch noch nicht in der gesamten Gesellschaft durchgesetzt zu haben (Roth 2014; Sorg 2017; Stelter 2018). Allein in den Hochschulen existiert ein Investitionsstau zwischen 20 Mrd. und 35 Mrd. Euro (HIS 2016).

Zu den Veränderungstreibern der Hochschulen in Deutschland gehören u. a. die in Abb. 5.1 dargestellten Veränderungen.

Anders als bisher werden in den Hochschulen der Zukunft die Studierenden deutlich stärker im Fokus stehen (World Economic Forum 2012; EY 2018; Selingo et al. 2018). Studierende sehen sich schon heute verstärkt als Konsumenten innerhalb der Bildungsbranche (BCG 2019). Sie erwarten eine höhere Individualisierung der Studienverläufe, mit mehr Wahlmöglichkeiten und einer zeitlich und räumlich unabhängigeren Verfügbarkeit der Studieninhalte (Clift et al. 2016; Aziz Hussin 2018; BCG 2019). Somit verändert sich der Anspruch an die Lehre erheblich und diese Veränderungen müssen letztendlich von den Lehrenden mitgetragen werden (Aziz Hussin 2018). Auch bei ihnen wird sich der Fokus von der klassischen Präsenzlehre mit ‚Frontalvorlesungen' sukzessive wandeln. So werden künftig Peer-to-Peer-Interaktion und Einzelberatung eine höhere Bedeutung erhalten (Aziz Hussin 2018; EY 2018). Die Education 4.0 ist die logische Konsequenz der Industry 4.0 und in eben dieser Education 4.0 werden die Bedürfnisse der Studierenden

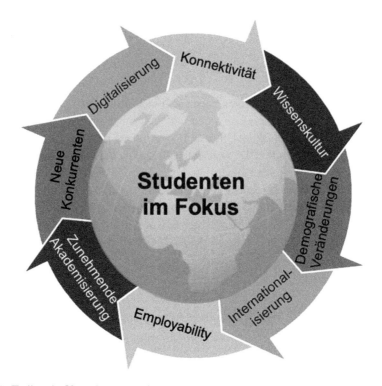

**Abb. 5.1** Treiber der Veränderungen. (Quelle: eigene Darstellung)

**Tab. 5.1** Parameter. Education 3.0 vs. Education 4.0. (Quelle: In Anlehnung an EY 2018)

| Bereich | Von | Zu |
| --- | --- | --- |
| Fakultät | Vollzeit-Lehrende | Vollzeit-Lehrende werden durch Teilzeit-Lehrende aus der Wirtschaft in Vorlesungen und Online-Kursen ergänzt. |
| Curriculum und Vorlesungen | Geringe Flexibilität in den Vorlesungen, massives Lernen | Die Auswahl der Lerninhalte erfolgt verstärkt durch die Lernenden, personalisiertes Lernen. |
| Forschung | Übergang zur kooperativen Forschung mithilfe von Technologie | Die Vereinfachung des Datenaustausches hat dazu geführt, dass die geografische Lage nicht mehr von Bedeutung ist. |
| Finanzierung | Gebührenbasierte Finanzierungssysteme in Abhängigkeit vom Studienabschluss | Gebührenbasierte Finanzierungssysteme in Online-Kursen und in der Präsenzlehre |
| Infrastruktur | Mehrheit der Investitionen in die physische Infrastruktur | Investitionen in die technologische Infrastruktur zur Unterstützung von Blended Learning. |

eine deutlich zentralere Bedeutung als noch in der Vergangenheit haben (EY 2018; Juhás et al. 2018) (s. Tab. 5.1).

Dabei existiert schon heute eine große Verunsicherung bei den Lehrenden (Pauschenwein und Lyon 2018). Welche Kompetenzen werden für die Zukunft benötigt? Wie kann ich meine Studierenden motivieren? Wie kann ich dem teilweise sehr heterogenen Wissensstand der Studierenden Rechnung tragen, ohne das Anspruchsniveau meiner Lehre deutlich zu senken? Wer bestimmt, was gute Lehre ist: Hochschulen, Unternehmen, Wissenschaftler, Studierende? Diese Fragen und die damit verbundenen Unsicherheiten werden sich im aktuellen digitalen Transformationsprozess nochmals intensivieren. Im Jahr 2017 zeigte Mirastschijski et al. an der Universität zu Köln bei einer Befragung von 1852 Studierenden, welche Kriterien derzeit eine gute Lehre aus Studierendenperspektive definieren. Die Ergebnisse verdeutlichen, dass „aktivierende und unterstützende Handlungen der Lehrperson" (Mirastschijski et al. 2017, S. 121) in Form von guten Erklärungen in Verbindung mit nachvollziehbaren Beispielen derzeit die größte Bedeutung haben. Ferner wird dem Dialog in Form von Fragen und der Präsentationsfähigkeit der Lehrenden eine hohe Bedeutung beigemessen (Mirastschijski et al. 2017). Somit zeigt sich derzeit ein Spannungsfeld zwischen einer zunehmenden Digitalisierung auf der einen Seite und einer immer noch hohen Bedeutung der Präsenzlehre und den damit verbundenen Lehrenden auf der anderen Seite (Fausel 2016).

In diesem Spannungsfeld ist es zweckmäßig, E-Learning-Angebote in den Studienverlauf zu integrieren (Bichsel 2013). Dies sollte verstärkt – im Sinne der Kundenbindung – erst im späteren Studienverlauf erfolgen. Die Präsenzlehre wird auch in den kommenden Jahrzehnten weiterhin eine große Bedeutung haben, aber sie muss sich wandeln. Wenn die Bedürfnisse der Studierenden im Fokus stehen, dann ist es wichtig, dass gerade zu Beginn des Studiums eine möglichst persönliche und individuelle Ansprache erfolgt (Pauschenwein und Lyon 2018). Dies wird nur in kleineren Studierendengruppen möglich sein (Hochschulforum Digitalisierung 2016). Mit Massenveranstaltungen von mehreren Hundert Studierenden wird sich die Zielgruppe als das fühlen, was sie ist: lediglich ‚eine Nummer' im System der Hochschule. Jedoch ist dieses System der Massenveranstaltungen für die künftigen Herausforderungen nicht mehr tragfähig und geht augenscheinlich nicht mehr in einem ausreichenden Maße auf die Bedürfnisse und das Selbstverständnis der Zielgruppe ein. Ferner liegt in kleineren Gruppen auch die Chance für die Lehrenden, ihrer eigenen beruflichen Tätigkeit zukunftsgesichert nachgehen zu können. Dies setzt aus Sicht der Hochschulleitungen voraus, dass entsprechend hoch qualifiziertes Lehrpersonal mit entsprechender Motivation und Einstellung vorhanden ist (Mohamad et al. 2015). Darüber hinaus ist eine möglichst hohe Servicequalität aller seitens der Hochschule involvierten Personen eine wichtige Einflussgröße in Bezug auf die Loyalität der Studierenden (Arslanagić-Kalajdžić et al. 2014; Amegbe et al. 2019). Auch hier gilt es, wenn notwendig, entsprechendes Verbesserungspotenzial zu heben.

Somit sollten die Hochschulen den Umfang der Präsenzlehre in kleinen Gruppen zu Beginn des Studiums auf einem möglichst hohen Niveau halten. Damit können sie sich auch klar von anderen Wettbewerbern – z. B. der Fernlehre abgrenzen –, ihre vorhandenen Ressourcen weiter nutzen und die folgenden drei Dimensionen zur Steigerung der Studierendenloyalität realisieren (Hennig-Thurau et al. 2001):

1. hochqualitative Lehre
2. hohes emotionales Commitment der Studierenden in Bezug auf die Institution Hochschule
3. Vertrauen

Im weiteren Verlauf des Studiums können dann – in Abhängigkeit von den Modulinhalten und den Kompetenzzielen – zunehmende E-Learning-Angebote integriert werden. Diese Vorgehensweise steht auch in Verbindung mit den Abbrecherquoten im Studium. Diese liegt in Deutschland über alle Fachrichtungen hinweg bei 28 Prozent im Bachelor und bei 19 Prozent im Master. Zudem bleibt kritisch anzumerken, dass fast 50 Prozent der Studierenden ihr Studium innerhalb der ersten zwei Semester beenden. (Heublein und Schmelzer 2018) Durch die Fokussierung auf die Präsenzlehre und den späteren Ausbau der digitalen Lehre wird sowohl die notwendige Kundenbindung als auch eine effiziente Kostenstruktur im weiteren Studienverlauf sichergestellt.

Die Hochschulen sollten sich bei allen digitalen Bemühungen darüber bewusst sein, dass sie ihre Kernkompetenz im Sinne der Präsenz nicht verlieren dürfen. Vielmehr muss diese Stärke weiter ausgebaut, mit der Digitalisierung verknüpft und den Studierenden verdeutlicht werden (Sailer et al. 2018). Durch die vorhandene Hyper-Konnektivität in unserer Gesellschaft und dem damit verbundenen Informationsüberfluss (Kolb et al. 2008), müssen die Hochschulen genau an diesem Punkt ansetzen und mithilfe der eigenen Kompetenzen für Struktur und Orientierungshilfe sorgen. Sollte dies nicht gelingen, werden aktuelle und künftige Konkurrenten diese Hochschulen aus dem Bildungsmarkt verdrängen, da die Studieninhalte zu einem homogenen Gut ohne jeglichen strategischen Vorteil degenerieren und damit beliebig austauschbar sind.

Somit liegt durch die Fokussierung auf den Studierenden, die Lösung in einem ausgewogenen ‚sowohl als auch'. Also vielmehr in einer Evolution statt in einer Revolution (Von Struckrad und Bischof 2013). Es ist dringend geboten, E-Learning-Angebote,

Augmented Reality, und Virtual Reality, sorgfältig in die Studienverläufe zu integrieren und zugleich die eigenen Stärken in der Präsenz in Lehre und Forschung nicht zu verlieren (EY 2018). Das Hochschulforum Digitalisierung hat es treffend beschrieben: „Mit den vielfältigen Einsatzmöglichkeiten digitaler Medien in der Lehre entstehen neue Möglichkeiten zur Profilbildung und zur Positionierung der Hochschulen im nationalen wie auch im internationalen Hochschulmarkt. Die eine digitale Hochschule gibt es dabei nicht: Der Einsatz digitaler Medien in der Lehre hängt vom bestehenden Profil und den langfristigen Zielen der Hochschule ab." (Hochschulforum Digitalisierung 2016, S. 10).

Dabei wird die Digitalisierung den Fachkräftemangel überkompensieren, da es schon heute vielen Unternehmen nicht mehr gelingt, das notwendige Personal zu rekrutieren. Dieser Mangel wird zu massiven Investitionen in allen Bereichen der Digitalisierung führen. Dies gilt für die Unternehmen genauso, wie für die Hochschulen und mithin auch für die Berufsbilder der Zukunft.[1] Die zu erwartenden Produktivitätssteigerungen werden in Abhängigkeit von der Branche bei 30–50 Prozent liegen (Sinn 2018). „Da die Nachfrage nach Waren und Diensten deutlich langsamer wächst als das Produktionspotenzial, gehen im Laufe der Zeit immer mehr Arbeitsplätze verloren. In den Industriestaaten werden in den nächsten zehn Jahren bis zu einem Viertel der derzeit bestehenden Jobs verschwinden." (Sinn 2018) Dies wiederum wird dazu führen, dass in den Industrienationen sowohl Massenarbeitslosigkeit in den nicht mehr benötigten Segmenten des Arbeitsmarktes existieren, als auch ein Fachkräftemangel in den Branchen, in denen künftige hoch spezialisierte Mitarbeiter benötigt werden (Sinn 2018). Dies schließt den Kreis zur Education 4.0 (vgl. Tab. 5.1), in der die Studieninhalte deutlich flexibler an die Anforderungen des Arbeitsmarktes und an die Bedürfnisse der Studierenden auszurichten sind. Denn nur durch diese kontinuierlichen Anpassungen kann eine nachhaltige Employability der Studierenden und künftigen Absolventen gewährleistet werden. Gerade diese nachhaltige Employability wird ein weiterer Wettbewerbsvorteil oder – falls nicht ausreichend erfüllt – ein Wettbewerbsnachteil für die Hochschulen darstellen. Walter Sinn verdichtet diese Entwicklung in der folgenden Aussage, die sich so auch auf die Hochschulen übertragen lässt: „Wer schnell entscheidet, eng mit seinen Kunden verbunden ist und sich auf eine engagierte Belegschaft verlassen kann, erholt sich nicht nur schneller von externen Schocks, sondern gewinnt auch seine Dynamik eher zurück" (Sinn 2018).

Für die Hochschulen ist dabei zu berücksichtigen, dass der traditionelle Alleinstellungsstatus der Universitäten als akademische Institutionen durch neue Marktteilnehmer erheblich infrage gestellt wird (EY 2018). Unternehmen wie Alphabet, Amazon, Apple, Bertelsmann, Facebook, Google und Microsoft haben bereits erhebliche Investitionen in die Bildungsbranche getätigt und werden mit ihren digitalen Formaten und Inhalten sowie durch ihr Wissen über die künftigen Studierenden ein ernst zu nehmender Konkurrent für klassische Hochschulen werden (CNBC 2017; Singer 2017).

Hierbei muss berücksichtigt werden, dass die Finanzkraft der genannten Unternehmen bei Weitem die finanziellen Möglichkeiten der staatlichen und privaten Hochschulen übersteigt. Thomas Raabe, der Vorstandsvorsitzende von Bertelsmann, misst dem Bildungsmarkt

---

[1] In diesem Zusammenhang ist auf den Insight Report des World Economic Forum mit dem Titel: The Future of Jobs Report 2018 zu verweisen.

derzeit ein Volumen von 5 Billionen US-Dollar zu. Dabei entfallen mit steigender Tendenz ca. ein Fünftel auf private Anbieter. Die Bedeutung des Bildungsmarktes bei Bertelsmann wird evident, da das Unternehmen das Bildungsgeschäft als dritte tragende Säule des Konzerns (neben Medien und Dienstleistungen) definiert und ein Umsatzziel von 1 Mrd. Euro bestimmt hat (Raabe 2015).

Diese Konzerne werden den Bildungsmarkt konsolidieren, Synergien heben und speziell skalierbare Elemente des Bildungsmarktes bespielen (u. a. MOOC = Massive Open Online Courses). Aus strategischen Gründen wurden Hochschulen (Iliant International University in Kalifornien) komplett übernommen (Raabe 2015). Diese Entwicklung wird sich verstärken, speziell wenn mithilfe der zunehmenden Digitalisierung und dem Ausbau künstlicher Intelligenz massentaugliche Endgeräte und hoch spezialisierte Software vorhanden sind, die die Grenzen zwischen Präsenzlehre und virtuellen Vorlesungen verschwimmen lassen (Augmented Reality). Die Massentauglichkeit wird dann erreicht sein, wenn die virtuellen Möglichkeiten kostengünstig, skalierbar und technisch soweit entwickelt sind, dass der Unterschied zwischen Präsenzlehre und virtuellen Vorlesungen kaum noch wahrnehmbar ist.

Neben den genannten Konzernen haben US-Education-Technology-Unternehmen in den letzten Jahren Milliarden (1,45 Mrd. US-Dollar in 2018) in Finanzierungsrunden eingesammelt (Edsurge 2019). Plattformen wie Coursera, edX, XuetangX und Udacity bündeln schon heute Angebote diverser Hochschulen bzw. bieten eigene Micro-Degrees an und verfügen in Summe über 79 Millionen registrierte Nutzer (Class Central 2018).

Durch die zunehmende Akademisierung in Deutschland (Roth 2014; Dittler und Kreidl 2018) und die steigenden Abiturientenzahlen (Roth 2014) ist die Zahl der Studierenden in Deutschland auf 2,86 Millionen im Jahr 2018 gestiegen (Destatis 2019). Gemäß den Modellrechnungen des CHE gemeinnütziges Centrum für Hochschulentwicklung aus dem Jahr 2017 ist davon auszugehen, dass sich die Studiennachfrage zwischen den Jahren 2016 bis 2025 um ca. 10 Prozent reduziert. Zwischen 2026 und 2040 ist von einer leichten Erholung der Nachfrage in Abhängigkeit von den Geburtenziffern auszugehen. In den dann folgenden Jahren zwischen 2041 bis 2050 wird die Nachfrage wieder sinken, jedoch in einem geringen Maße als zwischen 2016 bis 2025. Diese Modellrechnungen zeigen, dass die Studiennachfrage insgesamt auf einem Hochplateau verbleiben wird. Bemerkenswert ist dabei, dass die Rechnungen von einer gleichbleibenden Studienneigung ausgehen (von Struckrad et al. 2017).

## 5.2 Auswirkungen auf das Geschäftsmodell Hochschule

Auch in naher Zukunft werden sich unterschiedliche Archetypen und die damit verbundenen Geschäftsmodelle im Bildungsmarkt halten können. Dazu gehören (Choudaha und van Rest 2018):

1. **Nischen-Forschungsinstitut: Wissens- und Curriculums-Generatoren**
   Diese werden sich darauf fokussieren in einer bestimmten Disziplin ‚die Besten der Welt' zu sein und werden diesen Anspruch im Idealfall mit Industrie-Hubs verbinden.

2. **Elite-Universität: Interdisziplinärer Wissensgenerator**
   Die Elite-Universitäten werden sich ebenfalls wandeln müssen. Zum einen müssen sie sich an dem Anspruch von Nischen-Forschungsinstituten (1.) orientieren und zum anderen müssen sie ihr Image international so einsetzen, dass sie ohne Imageschaden dem Geschäftsmodell von Instituten für professionelles Lernen (4.) folgen können.
3. **Klassische Hochschulen: Curriculums-Nutzer**
   Ein verstärkter Fokus richtet sich auf die Studierenden (Mentoring, Räumlichkeiten etc.). Die Auswirkungen der Digitalisierung auf das Geschäftsmodell sind erheblich. Sollten digitale Formate und Module zunehmen, so stellt sich die Frage nach den Protektionsmöglichkeiten der derzeitigen Geschäftsmodelle.
4. **Skalierbare digitale Universität: Curriculums-Nutzer**
   Fokus auf Flexibilität, Lernplattformen, (automatisierte) Unterstützung, verbesserter Zugang
5. **Institut für professionelles Lernen: Curriculums-Nutzer**
   Fokus auf den Wert der beruflichen Weiterentwicklung, starke Verbindungen zur Industrie

Wie die Aufstellung zeigt, ist es unwahrscheinlich, dass sich ein einziges Geschäftsmodell in den kommenden Jahren durchsetzen wird (Selingo et al. 2018).

Die Bandbreite der Bildungsinstitutionen wird anhand der dargestellten Systematik ausdifferenziert (s. Abb. 5.2). Um dieser Entwicklung in den kommenden Jahren aktiv beizuwohnen,

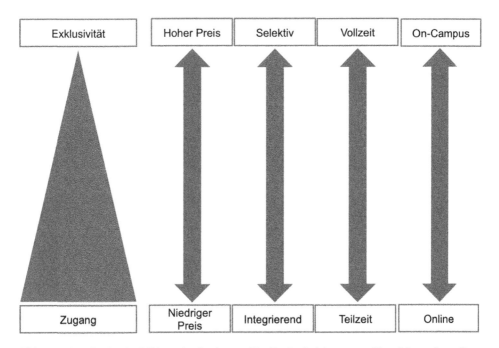

**Abb. 5.2** Bandbreite der Bildungsinstitutionen. (Quelle: In Anlehnung an Choudaha und van Rest 2018)

**Tab. 5.2** Bemerkenswerte Institutionen. (Quelle: In Anlehnung an EY 2018)

| | |
|---|---|
| Harvard Extension School – Customized education | Peking University (PKU) – Cross country collaboration |
| Massachusetts Institute of Technology (MIT) EdX MicroMasters – Stackable degree | Deakin University – Artificial Intelligence (AI) and Machine Learning (ML) |
| Georgia State University & Temple University – Predictive analytics | DMZ, Ryerson University Canada – Accelerator |
| Worldwide Universities Network – Global research | Boston University – Shared computing cluster |
| University of Hong Kong – Connect Ed Program | Mines ParisTech University – Internships and business simulations |
| National University of Singapore (NUS) – Real time industry exposure | DMZ, Ryerson University Canada – Accelerator |
| Udacity | Coursera |
| Udemy | XuetangX |

sollten u. a. die Entwicklungen der in Tab. 5.2 genannten Institutionen kontinuierlich verfolgt werden, um daraus ‚Best Practices' für die eigene Institution ableiten zu können.

Möglicherweise wird am Ende dieser Entwicklung eine Global Cloud University stehen, die viele der genannten Komponenten vereint und eine Kombination aus lokalen und globalen Chancen für alle beteiligten Stakeholder bietet (Clift et al. 2016).

## 5.3 Erfolgsfaktoren und Handlungsempfehlungen

Bei den künftigen Erfolgsfaktoren ist die Ebene der einzelnen Hochschulen von der gesellschaftlichen Ebene zu trennen.

**Hochschulebene**
**Strategie-, Kultur- & Markenbildung**

Die Hochschulleitungen sollten den beschriebenen Veränderungen eine strategische Bedeutung beimessen und sie dementsprechend sorgsam und mit hoher Priorität behandeln. Dazu müssen die notwendigen Ressourcen, Infrastrukturen und die damit einhergehende Organisationskultur verändert werden. Diese Veränderungen werden sich dabei über viele Jahre erstrecken und sowohl die strategischen Ziele als auch die Hochschulorganisationen als Ganzes verändern. Kurzfristig sollte dabei die punktuelle Verzahnung der Präsenzlehre und der digitalen Inhalte im Fokus stehen. Das langfristige strategische Ziel wäre eine konsequente – in Abhängigkeit von den Kompetenzzielen der Module – flächendeckende Verflechtung zwischen Präsenzlehre und E-Learning. (Hochschulforum Digitalisierung 2016) Hierbei sei nochmals erwähnt, dass die Kernkompetenz vieler Hochschulen in der Präsenz liegt. Diese Kernkompetenz und die damit verbundene Reputation darf bei allen Überlegungen nicht abhandenkommen. Sie muss vielmehr erheblich gestärkt und weiter ausgebaut werden. Sollte diese Kernkompetenz nicht mehr ausreichend an die

Zielgruppe kommuniziert werden, reduziert sich die Bindung der Studierenden an die jeweilige Hochschule und die Gefahr einer Substituierbarkeit der Lehre durch andere Hochschulen oder andere Bildungsanbieter steigt. Dabei könnte den Präsenzhochschulen ein vergleichbares Szenario wie der Bankenbranche in Deutschland drohen. Auch hier stellt sich für viele Kunden mittlerweile die Frage, welche Vorteile lokale Sparkassen, Volksbanken und Privatbanken im Vergleich zu Online-Banken noch bieten.

Diese Entwicklung sollte den Präsenzhochschulen als Mahnung dienen. Wie Ulf-Daniel Ehlers richtig ausführt: „Die Koppelung von Wissenszugang und Institutionszugehörigkeit löst sich mehr und mehr auf." (Ehlers 2018, S. 84) Somit ist der reine Wissenszugang nicht mehr der entscheidende Faktor, sondern vielmehr die Qualität der Lehre und Forschung.

Deshalb sollten die Hochschulen in Deutschland intensiv an der Bildung bzw. der Optimierung der eigenen Marke arbeiten (PwC 2019). Die Hochschulmarke wird in einem immer umkämpfteren Bildungsmarkt eine wichtige Orientierung für die künftigen Studierenden darstellen und Entscheidungen zugunsten oder zulasten einer Hochschule beeinflussen und muss deshalb konsequent weiterentwickelt und gepflegt werden. Neben vielen anderen Maßnahmen gehören dazu u. a. die Mobilisierung der eigenen Alumni sowie die aktive Pflege von Alumninetzwerken. Diese Netzwerke bieten sowohl eine inhaltliche Verknüpfung in die Unternehmen, als auch im Sinne des lebenslangen Lernens ein erhebliches Potenzial, um darüber auch in Zukunft Bildungsangebote erfolgreich an ehemalige und/oder neue Studierende vermarkten zu können. Ferner sollten die Hochschulen das eigene Merchandising-Potenzial nutzen und den Studierenden eigene Markenartikel und Bekleidung (u. a. Hoodies, T-Shirts etc.) anbieten. Im Ideal werden die Studierenden damit zu Markenbotschaftern der eigenen Hochschule. (Hanover Research 2014)

Sollte die Hochschule über genügend Ressourcen verfügen, könnte eine eigene vollständig auf Digitalisierung ausgelegte Hochschule bzw. Hochschulmarke entwickelt werden. Diese Marke könnte im Bildungsmarkt unabhängig von der Kernmarke auftreten und die erfolgreichen Lernprozesse und ‚Best Practices' aus den digitalen Studienangeboten könnten dann sukzessive in die Angebote eben dieser Kernmarke übertragen werden. Somit hätte die Hochschule ihren eigenen Ideeninkubator für die Zukunft geschaffen.

Ferner wird der Lehre in einem ersten Schritt eine deutlich höhere Bedeutung zukommen, da hier der Erstkontakt mit den Studierenden stattfindet. Somit werden die Lehrenden und ihre Qualität innerhalb der Hochschulen – als Repräsentanten gegenüber den Kunden bzw. Studierenden – ebenfalls eine deutlich höhere Wertschätzung erfahren (müssen).

**Professoren/innen und freiberuflich Lehrende**

Wenn, wie beschrieben, die Studierenden künftig im Zentrum der Betrachtung stehen, dann muss sich die Lehre und Forschung in ihrem Selbstverständnis wandeln (Aziz Hussin 2018). Die Lehrenden müssen den Studierenden als Kunden verstehen und akzeptieren, ohne dadurch einer zunehmenden Konsumhaltung der Studierenden in Verbindung mit einer Reduktion des Qualitäts- und Anspruchsniveaus in Lehre und Forschung Vorschub zu leisten. Der Studierende als Kunde hat einen Anspruch auf eine möglichst hochqualitative, anspruchsvolle Lehre und Forschung, hohes persönliches Engagement der Lehrenden und Forscher/innen, aber in keinem Fall auf eine möglichst sehr gute oder gute Note. Die Ergebnisqualität obliegt somit weiterhin ganz wesentlich den Studierenden. Genau wie die Integration der digitalen Lehre kann dies nur durch einen partizipativen Prozess gelingen (Selingo et al. 2018; Sailer et al. 2018). Schulungen, Weiterbildungen aber auch Anreize zur Einbindung digitaler Lerninhalte sollten durch die Hochschulleitungen strukturell angeboten werden (Hochschulforum Digitalisierung 2016). Auch bei der Berufung neuer Professoren/innen und freiberuflich Lehrender sind diese Aspekte insbesondere zu beachten (Selingo et al. 2018). Durch die Veränderungen in den Geschäftsmodellen wird es ggf. zu größeren Schwankungen bei den Studierendenzahlen kommen. Diese Schwankungen sollten in Abhängigkeit von regulatorischen Vorgaben (u. a. Betreuungsrelation) mit Teilzeit-Lehrenden abgedeckt werden. Erst nach einer Verstetigung der Studierendenzahlen sollte es zu nachhaltigen Anpassungen in der Anzahl der Vollzeit-Lehrenden kommen.

**Unternehmen & Employability**

Hochschulen müssen sich noch intensiver mit regionalen wie überregionalen Unternehmen vernetzen (Stifterverband 2019). Durch die beschriebenen Veränderungen am Arbeitsmarkt und die bereits vorhandenen Schwierigkeiten bei der Besetzung von ausgeschriebenen Stellen, wird dem Recruiting an Hochschulen eine steigende strategische Bedeutung für die Unternehmen zukommen. Durch eine intensive Kommunikation und Integration der Unternehmen – auch in Bezug auf das Curriculum – können die Hochschulen passgenaue Kompetenzziele erarbeiten und somit eine nachhaltige Employability generieren (PwC 2019). Damit kommt den Hochschulen eine noch höhere arbeitsmarktpolitische Bedeutung in den jeweiligen Regionen zu. Durch die sinkende Zahl der Erwerbspersonen ist die Hochschule als Hort der künftigen Erwerbspersonen als strategischer Partner der Unternehmen unabdingbar (Vogler-Ludwig et al. 2016).

**Curriculum**

Das Curriculum der Hochschulen sollte mehr Wahlmöglichkeiten zur Individualisierung und Flexibilisierung der Studienverläufe beinhalten. Zusätzlich können Zertifikatskurse, Mirco-Degrees und Module mit geringem Umfang angeboten werden, um sowohl aktuellen Studierenden, als auch Dritten (z. B. Berufstätige, bildungsferne Bevölkerungsschichten) dauerhafte Bildungsoptionen anzubieten und um den Einstieg in ein Studium mit den sonst typischen Barrieren zu reduzieren (Hochschulforum Digitalisierung 2016).

**Hochschulpartnerschaften**

Durch die zunehmende Individualisierung von akademischen Bildungsprozessen sollten Hochschulen weiter intensiv nach hochreputierlichen Hochschulpartnern suchen. Es ist nicht auszuschließen, dass Patchwork-Studienverläufe künftig mehr Nachfrage auf sich vereinen und Studierende sich aus einer Vielzahl von Modulen unterschiedlicher Hochschulen einen ganz individuellen Studienverlauf zusammenstellen (Ehlers 2018). Die Hochschulen sollten versuchen, diesen Prozess aktiv durch entsprechende Kooperationen und Anrechnungsmöglichkeiten zu steuern, um das Heft des Handels solange wie möglich in der Hand zu halten (Hochschulforum Digitalisierung 2016).

Denn in dieser Entwicklung liegt langfristig ggf. eine der größten Gefahren für das Geschäftsmodell der heutigen Hochschulen. Wenn die technischen Möglichkeiten die Grenzen zwischen Präsenzlehre und virtuellen Vorlesungen gegen null laufen lassen, dann stellt sich die Frage, warum sich Studierende nicht ein komplett individuelles Studium zusammenstellen sollten? So könnten beispielsweise unter dem Dach einer Hochschule Module von Elitehochschulen wie Oxford, Cambridge, Stanford, MIT und Harvard etc. angeboten werden und zu einem individuellen Studienabschluss auf höchstem Niveau führen. Ob eine solche Komposition von deutschen Hochschulen oder eher von internationalen Konzernen geschaffen wird, wird die Zukunft zeigen.

**Internationalisierung**

In vielen Hochschulen ist die Internationalisierung bereits heute von großer strategischer Bedeutung. Dazu gehört u. a. die Intensivierung der internationalen Aktivitäten und dort im Speziellen die Akquisition ausländischer Studierenden (Mader 2016). Zum einen hilft dies bei der weiteren Sicherung der eigenen Existenzgrundlage der Hochschulen in Deutschland und zum anderen kann damit eine hochgebildete Zuwanderung stimuliert werden, die Deutschland dringend benötigt, um das vorhandene Wohlstandsniveau auch ansatzweise zu erhalten (Stelter 2018). Diese Zuwanderer können aufgrund des eigenen Qualifikationsniveaus die Herausforderungen des kommenden technologischen Wandels aktiv mitgestalten. Auch die bereits in Deutschland lebende Bevölkerung mit Migrationshintergrund stellt eine weitere Zielgruppe dar, die es noch gezielter zu erschließen gilt (Stelter 2018). Derzeit haben 22 Prozent der Bevölkerung in Deutschland einen Migrationshintergrund (bpb 2018).

Diese Bemühungen sollten weiter intensiviert werden (BMBF 2019). Dabei ist gerade die Akquisition neuer Studierender aus dem Ausland zu priorisieren (BMBF 2014). Dies kann zum einen durch die Zuwanderung dieser Studierenden nach Deutschland erfolgen und/oder durch den Aufbau von Campussen im Ausland (Lapovsky 2013). Dabei sind Märkte wie China und Indien besonders attraktiv. Die Studierendenrate liegt in Indien derzeit bei 23 Prozent und soll gemäß den Zielen der Regierung im Jahr 2030 auf 50 Prozent gesteigert werden. Einhergehend mit der Bevölkerungsentwicklung wird sich die Zahl der Studierenden von aktuell 34 Millionen auf 71 Millionen im Jahr 2030 erhöhen (DAAD 2017a).

Im Vergleich dazu studieren in China derzeit über 40 Millionen Menschen (DAAD 2017b). Im Jahr 2024 wird Indien 48 Millionen Studierende aufweisen und damit China mit 37 Millionen, die USA mit 22 Millionen und Indonesien mit 11 Millionen Studierenden auf die Plätze verweisen (British Council 2014). Weitere Wachstumsmärkte sind in diesem Zusammenhang Saudi-Arabien, Brasilien, Vietnam, die Türkei und Myanmar (Choudaha und Kono 2012; World Population Review 2019).

Dabei lassen sich die Strategien von Hochschulen im Rahmen der internationalen Aktivitäten wie in Abb. 5.3 dargestellt kategorisieren:

Es obliegt den Hochschulleitungen, hier eine strategische Auswahl zu treffen. Diese Auswahl wird u. a. von der Reputation der Hochschule und dem Herkunftsland (z. B. Deutschland) abhängen. So hat beispielsweise das deutsche Ingenieurwesen im Ausland

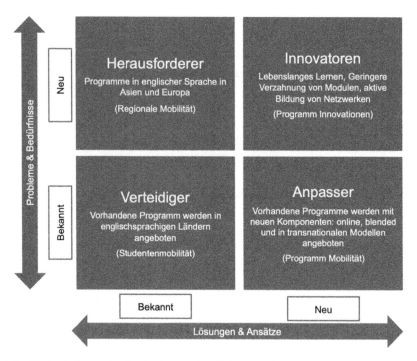

**Abb. 5.3** Hochschulstrategien in der Internationalisierung. (Quelle: In Anlehnung an Choudaha und van Rest 2018)

immer noch einen exzellenten Ruf und trifft auf eine entsprechende Nachfrage ausländischer Studierender (Bös 2018).

**Infrastruktur und Ressourcen**

Auch die Anforderungen an die Infrastrukturen werden sich verändern. So werden Hochschulen in der Zukunft neue Lern- und Begegnungsorte schaffen müssen, die den Ansprüchen der Studierenden in kleineren Gruppen individuell studieren zu können, gerecht werden. Somit werden die Investitionen im Immobilienbereich verstärkt in Seminarräume statt in große Vorlesungssäle fließen. (Hochschulforum Digitalisierung 2016) Auch die Investitionen in digitale Infrastrukturen müssen deutlich ausgebaut werden, nach dem Motto: ‚Investitionen in Digitalisierung und nicht nur in Steine'.

Ferner müssen für die zunehmende digitale Lehre technische wie personelle Ressourcen bereitgestellt werden. Hier besteht aufseiten der Hochschulen die große Herausforderung, hoch qualifiziertes Personal mit einer für die Hochschulen kompatiblen Vergütungsstruktur zu gewinnen. Dabei sollten ggf. eigene Graduierte aktiv angesprochen werden, da speziell im Bereich der IT derzeit ein enormer Fachkräftemangel vorzufinden ist (Bitkom 2018).

**Predictive Analytics**

Unter Einsatz statistischer Methoden und unter Verwendung von aktuellen und historischen Daten können Hochschulen Risiken und Chancen in Bezug auf ihre Studierenden frühzeitig identifizieren (Catalano 2018). Dabei wird durch den Einsatz von Predictive Analytics die folgende Frage beantwortet: ‚Auf Grundlage der bisherigen Ereignisse wird was als nächstes passieren?'

Die Georgia State University hat bereits im Jahr 2012 damit begonnen, sämtliche Studierende mithilfe von Predictive Analytics zu kontrollieren. Das sogenannte GPS-System der Georgia State generierte durch die Ergebnisse und Signale der Analyse seit dem Start 250.000 persönliche Treffen zwischen Hochschulberatern und Studierenden. Das System kontrolliert 800 unterschiedliche Risikofaktoren und in Summe 40.000 Studierende pro Jahr. Diese Analysen verhindern dabei u. a., dass Studierende Module auswählen, die nicht zu ihrem Studienprogramm passen und somit unnötigerweise Geld und Zeit verschwenden. Auch wird aktiv Unterstützung angeboten, wenn beispielsweise ein Modul zwar bestanden ist, die Note aber auf Basis von historischen Daten impliziert, dass die kommenden Module mit einer geringen Wahrscheinlichkeit erfolgreich abgeschlossen werden können. Solche Maßnahmen fördern proaktiv den Erfolg der Studierenden und zeigen darüber hinaus, dass sich die Hochschule ernsthaft für diesen Erfolg interessiert. So sind durch die Implementierung von Predictive Analytics die Absolventenquoten erhöht und die Studienzeit reduziert worden. Die größten Erfolge wurden speziell bei Studierenden erzielt, die ansonsten wenig Unterstützung durch Dritte erhielten. Im Falle der Georgia State wirkt sich dies aufgrund der spezifischen Hochschulfinanzierung direkt auf die Umsätze aus (Georgia State University 2019).

Predictive Analytics kann in den folgenden Bereichen eingesetzt werden (Ekowo und Palmer 2017):

1. **Frühwarnsystem**
   Frühwarnsysteme können wie im beschriebenen Beispiel der Georgia State University funktionieren. Hierbei ist jedoch zu beachten, dass in einem ersten Schritt Pilotprojekte getestet und gemeinsam mit den Studierenden evaluiert werden sollten. Sollten die Auswirkungen positiv bewertet werden, kann dann eine Integration in der gesamten Hochschule erfolgen.
2. **Empfehlungssystem**
   Empfehlungssysteme können Studierenden helfen, sich im Studienverlauf besser zu verorten und Ideen zur Anrechnung bereits erbrachter Leistungen können proaktiv vorgeschlagen werden. Ferner kann auf Basis des bisherigen Studienverlaufes ein Vorschlag für die Auswahl von Vertiefungsrichtungen erfolgen.
3. **Adaptive Technologien**
   Durch diese Technologien wird – soweit möglich – das Lernverhalten der Studierenden analysiert und es werden erneut proaktiv potenzielle Wissenslücken und nicht ausreichende Fähigkeiten identifiziert. Auf Basis dieser Analyse erfolgt dann ein inhaltlicher Vorschlag zur Reduktion dieser Defizite.
4. **Management der Einschreibungen**
   In diesem Fall kann Predictive Analytics dabei helfen, die Werbemaßnahmen dort zu platzieren, wo sie den größten Erfolg versprechen. Ferner können Studierende

identifiziert werden, die für eine finanzielle Unterstützung seitens der Hochschule oder vorhandene Förderprogramme in Frage kommen.

Insgesamt sollte Predictive Analytics als Abrundung der Analysefähigkeiten einer Hochschule verstanden werden (Catalano 2018).

**Gesellschaftliche Ebene**
Auf der übergreifenden gesellschaftlichen Ebene ist es zwingend erforderlich, die Attraktivität des Bildungsstandortes Deutschland nachhaltig zu erhöhen. Deutschland gehört bei den hervorragenden ausländischen Schulabgängern – sogenannten Spitzenleistern – nicht zu einem der beliebtesten Zielländer. Deutschland muss aber vor dem Hintergrund des demografischen Wandels genau diese Spitzenleister anziehen. Dies gilt nicht nur für ausländische Spitzenleister, sondern auch für die Inländischen (Stelter 2018). Denn für den Wirtschaftsstandort Deutschland ist es von essenzieller Bedeutung, die Menschen zu behalten bzw. anzuziehen, die einen „positiven finanziellen Beitrag zum Gemeinwesen leisten" (Stelter 2018, S. 208). Daraus lassen sich die folgenden Maßnahmen für das Hochschulwesen ableiten (Stelter 2018):

1. Klares Bekenntnis zu (Leistungs-)Eliteuniversitäten in Deutschland als ‚Leuchttürme' für den Bildungsstandort Deutschland
2. Aufholen des Investitionsstaus an deutschen Schulen und Hochschulen
3. Investitionen in neue Infrastrukturen, Digitalisierung und Forschung (speziell Grundlagenforschung)
4. Deregulierung und aktive Förderung von Zukunftstechnologien
5. Hervorragende ausländische Studierende müssen aktiv in Deutschland gehalten werden
6. Intensivierung der Förderung der MINT-Fächer
7. Förderung von schulischen (Leistungs-)Eliten
8. Förderung des lebenslangen Lernens

Sollten diese Maßnahmen nicht umgesetzt werden, wird Deutschland vermutlich eine strukturelle Krise in der Wirtschafts- und Sozialpolitik erleben (Dieter 2019).

Alle bisher analysierten Facetten dürfen jedoch über zwei Aspekte nicht hinwegtäuschen. Erstens über die Unvorhersagbarkeit der Geschwindigkeit, in der die unterschiedlichen Einflussfaktoren ihren maximalen Wirkungsgrad entfalten werden. Die Annahme, dass sich diese Veränderungen in einer dynamischen, linearen Entwicklung vollziehen, ist dabei ein Trugschluss. Nichtsdestotrotz wird dies von nicht wenigen Hochschulprofessoren postuliert und führt zu erheblichen Bedenken und teilweise auch zu einer Verweigerungshaltung in Bezug auf die anstehenden Herausforderungen. Dittler und Kreidl haben gezeigt, „dass wir derzeit weit weg vom Wunsch nach einer totalen Digitalisierung und vollständigen Auflösung der Präsenz- und vor allem Sozialphasen sind" (Dittler und Kreidl 2018, S. 62).

Der zweite Aspekt sind die Wechselwirkungen und Kumulationseffekte zwischen den einzelnen Komponenten, gepaart mit der Erkenntnis, dass ggf. Aspekte fehlen und/oder in der Zukunft weitere Einflussfaktoren hinzukommen, die sich derzeit noch nicht offenbart haben. Nicht zu unterschätzen ist auch, dass Regierungen unterschiedlicher Länder die Entwicklung als Bedrohung für ihr Bildungssystem und ihre Wirtschaft betrachten könnten und ggf. versuchen mit protektionistischen Maßnahmen diese Entwicklung zu verlangsamen (Clift et al. 2016).

## Literatur

Amegbe, H., Hanu, C., & Mensah, F. (2019). Achieving service quality and students loyalty through intimacy and trust of employees of universities: A test case of Kenyan universities. *International Journal of Educational Management., 33*(2), 359–373.

Arslanagić-Kalajdžić, M., Kadić-Maglajlić, S., & Cicic, M. (2014). Students' Perceptions about Role of Faculty and Administrative Staff in Business Education Service Quality Assessment. *Tržište/Market, 26*(1), 93–108.

Aziz Hussin, A. (2018). Education 4.0 made simple: Ideas for teaching. *International Journal of Education & Literacy Studies, 6*(3), 92–98.

BCG. (2019). *Megatrends in higher education.* https://www.bcg.com/de-de/industries/education/megatrends-in-higher-education.aspx. Zugegriffen am 06.03.2019.

Bichsel, J. (2013). *The state of E-learning in higher education: An eye toward growth and increased access.* EDUCAUSE Center for Analysis and Research.

Bitkom. (2018). *82.000 freie Jobs: IT-Fachkräftemangel spitzt sich zu.* https://www.bitkom.org/Presse/Presseinformation/82000-freie-Jobs-IT-Fachkraeftemangel-spitzt-sich-zu. Zugegriffen am 10.03.2019.

BMBF. (2014). *Ausländische Studierende – ein Gewinn für Deutschland.* https://www.bmbf.de/de/auslaendische-studierende-ein-gewinn-fuer-deutschland-438.html. Zugegriffen am 17.03.2019.

BMBF. (2019). *Internationalization Strategy.* https://www.bmbf.de/en/internationalization-strategy-2209.html. Zugegriffen am 10.03.2019.

Bös, N. (2018). Deutschland – Traumziel für Jungingenieure. https://www.faz.net/aktuell/beruf-chance/campus/deutschland-traumziel-fuer-jungingenieure-15550864.html. Zugegriffen am 06.03.2019.

Bpb. (2018). *Bevölkerung mit Migrationshintergrund I. Bundeszentrale für politische Bildung.* http://www.bpb.de/nachschlagen/zahlen-und-fakten/soziale-situation-in-deutschland/61646/migrationshintergrund-i. Zugegriffen am 06.03.2019.

British Council. (2014). *Postgraduate student mobility trends to 2024.* https://www.britishcouncil.org/sites/default/files/postgraduate_mobility_trends_2024-october-14.pdf. Zugegriffen am 06.03.2019.

Catalano, D. (2018). *Is your institution really ready for predictive analytics?* https://www.edsurge.com/news/2018-01-11-is-your-institution-really-ready-for-predictive-analytics. Zugegriffen am 06.03.2019.

Choudaha, R., & Kono, Y. (2012). *Beyond more of the same: The top four emerging markets for international student recruitment.* New York: World Education Services. www.wes.org/RAS. Zugegriffen am 06.03.2019.

Choudaha, R., & van Rest, E. (2018). *Envisioning pathways to 2030: Megatrends shaping the future of global higher education and international student mobility.* Studyportals. bit.ly/Megatrends2030.

Class Central. (2018). *By the numbers: MOOCs in 2018.* https://www.class-central.com/report/mooc-stats-2018/. Zugegriffen am 06.03.2019.

Clift, E., Liptak, V., & Rosen, D. (2016). Educational ideas and the future of higher education: The quest for a new business model. In M. Schönebeck & A. Pellert (Hrsg.), *Von der Kutsche zur Cloud – globale Bildung sucht neue Wege* (S. 7–37). Wiesbaden: Springer Fachmedien.

CNBC. (2017). *A lesson plan from tech giants on how to transform education.* https://www.cnbc.com/2017/03/28/microsoft-google-and-facebook-see-billions-in-future-of-education.html. Zugegriffen am 06.03.2019.

DAAD. (2017a). *Indien – Daten & Analysen zum Hochschul- und Wissenschaftsstandort | 2017.* https://www.daad.de/medien/der-daad/analysen-studien/bildungssystemanalyse/indien_daad_bsa.pdf. Zugegriffen am 06.03.2019.

DAAD. (2017b). *China – Daten & Analysen zum Hochschul- und Wissenschaftsstandort | 2017.* https://www.daad.de/medien/der-daad/analysen-studien/bildungssystemanalyse/china_daad_bsa.pdf. Zugegriffen am 06.03.2019.

Destatis. (2019). *Hochschulen.* https://www.destatis.de/DE/ZahlenFakten/GesellschaftStaat/BildungForschungKultur/Hochschulen/Tabellen/StudierendeInsgesamtBundeslaender.html. Zugegriffen am 06.03.2019.

Dieter, H. (2019). *Wenn Hochqualifizierte gehen und wenig Gebildete kommen – Deutschlands doppeltes Migrationsproblem.* https://www.nzz.ch/meinung/deutschlands-doppeltes-migrationsproblem-zu-und-abwanderung-ld.1464988. Zugegriffen am 08.04.2019.

Dittler, U., & Kreidl, C. (2018). Einleitung. In U. Dittler & C. Kreidl (Hrsg.), *Hochschule der Zukunft – Beiträge zur zukunftsorientierten Gestaltung von Hochschulen* (S. 7–14). Wiesbaden: Springer Fachmedien.

Edsurge. (2019). *US Edtech Investments Peak Again With $1.45 Billion Raised in 2018.* https://www.edsurge.com/news/2019-01-15-us-edtech-investments-peak-again-with-1-45-billion-raised-in-2018. Zugegriffen am 06.03.2019.

Ehlers, U.-D. (2018). Die Hochschule der Zukunft: Versuch einer Skizze. In U. Dittler & C. Kreidl (Hrsg.), *Hochschule der Zukunft – Beiträge zur zukunftsorientierten Gestaltung von Hochschulen* (S. 81–100). Wiesbaden: Springer Fachmedien.

Ekowo, M., & Palmer, I. (2017). *Predictive analytics in higher education. Five guiding practices for ethical use.* https://kresge.org/sites/default/files/library/predictive-analytics-guidingprinciples.pdf. Zugegriffen am 08.04.2019.

EY. (2018). *University of the future bringing education 4.0 to life.* https://www.ey.com/Publication/vwLUAssets/ey-university-of-the-future/$File/ey-university-of-the-future.pdf. Zugegriffen am 06.03.2019.

Fausel, A. (2016). E-Learning und Heterogenität: eine vielschichtige Beziehung. *Synergie. Fachmagazin für Digitalisierung in der Lehre, 01,* 32–35.

Georgia State University. (2019). *Leading with predictive analytics.* https://success.gsu.edu/approach/. Zugegriffen am 06.03.2019.

Hanover Research. (2014). *Trends in higher education marketing, recruitment, and technology.* https://www.hanoverresearch.com/media/Trends-in-Higher-Education-Marketing-Recruitment-and-Technology-2.pdf. Zugegriffen am 17.03.2019.

Hennig-Thurau, T., Langer, M. F., & Hansen, U. (2001). Modeling and managing student loyalty an approach based on the concept of relationship quality. *Journal of Service Research, 3*(4), 331–344.

Heublein, U., & Schmelzer, R. (2018). *Die Entwicklung der Studienabbruchquoten an den deutschen Hochschulen, Berechnungen auf Basis des Absolventenjahrgangs 2016.* DZHW-Projektbericht. Oktober 2018, Hannover 2018.

HIS. (2016). *Wie viel Geld braucht der Hochschulbau? Finanzierungsbedarf für den Bestandserhalt der Hochschulgebäude bis 2025.* https://his-he.de/meta/presse/detail/news/wie-viel-geld-braucht-der-hochschulbau/. Zugegriffen am 03.04.2019.

Hochschulforum Digitalisierung. (2016). THE DIGITAL TURN. Auf dem Weg zur Hochschulbildung im digitalen Zeitalter – Zusammenfassung und zentrale Empfehlungen. https://hochschulforumdigitalisierung.de/sites/default/files/dateien/Abschlussbericht.pdf. Zugegriffen am 06.03.2019.

Juhás, M., Juhásová, B., & Halenar, I. (2018). Augmented reality in education 4.0. *13th International Scientific and Technical Conference on Computer Sciences and Information Technologies (CSIT)., 1,* 231–236.

Kaiser, T. (2015). *Die deutsche Wirtschaft muss sich neu erfinden.* https://www.welt.de/wirtschaft/article147074058/Die-deutsche-Wirtschaft-muss-sich-neu-erfinden.html. Zugegriffen am 13.03.2019.

Kolb, D., Collins, P., & Lind, A. (2008). Finding flow in a not-so-flat world. *Organizational Dynamics, 37*(2), 181–189.

Lapovsky, L. (2013). *The higher education business model – Innovation and financial sustainability.* TIAA-CREF Institute. https://www.tiaa.org/public/pdf/higher-education-business-model.pdf. Zugegriffen am 06.03.2019.

Mader, F. (2016). *Große Leere.* https://www.zeit.de/2016/48/universitaeten-hochschulen-studenten-demografischer-wandel. Zugegriffen am 06.03.2019.

Mirastschijski, V., Sachse, A.-L., Meyer-Wegner, K., Salzmann, S., Garten, C., Landmann, M., & Herzig, S. (2017). *Kriterien guter Lehre aus Studierendenperspektive. Eine quantitativ-qualitative Erhebung an der Universität zu Köln.* Baden-Baden: Nomos.

Mohamad, S. N. M., Salleh, M. A. M., & Salam, S. (2015). Factors affecting lecturers motivation in using online teaching tools. *Procedia – Social and Behavioral Sciences, 195,* 1778–1784.

Osterroth, A. (2018). *Lehren an der Hochschule.* Stuttgart: Springer.

Pauschenwein, J., & Lyon, G. (2018). Ist die Zukunft der Hochschullehre digital? In U. Dittler & C. Kreidl (Hrsg.), *Hochschule der Zukunft – Beiträge zur zukunftsorientierten Gestaltung von Hochschulen* (S. 145–165). Wiesbaden: Springer Fachmedien.

PwC. (2019). *The 2018 university – Business model evolution.* https://www.pwc.co.uk/industries/government-public-sector/education/2018-university/business-model-evolution.html. Zugegriffen am 06.03.2019.

Raabe, T. (2015). *Bildung – die dritte Säule von Bertelsmann.* https://www.bertelsmann.de/media/news-und-media/downloads/thomas-rabe-statement-education-de.pdf. Zugegriffen am 06.03.2019.

Roth, J. (2014). *Deutschland im Akademisierungswahn.* https://www.nzz.ch/wissenschaft/bildung/deutschland-im-akademisierungswahn-1.18416948. Zugegriffen am 06.03.2019.

Sailer, M. Schultz-Pernice, F., Chernikova, O., Sailer, M., & Fischer, F. (2018). *Digitale Bildung an bayerischen Hochschulen – Ausstattung, Strategie, Qualifizierung und Medieneinsatz.* https://www.vbw-bayern.de/Redaktion/Frei-zugaengliche-Medien/Abteilungen-GS/Bildung/2018/Downloads/FINAL_Digitale_Bildung_an_bayerischen_Hochschulen_2.pdf. Zugegriffen am 06.03.2019.

Schmid, U., Goertz, L., Radomski, S., Thom, S., & Behrens, J. (2017). *Monitor Digitale Bildung – Die Hochschulen im digitalen Zeitalter.* https://www.bertelsmann-stiftung.de/fileadmin/files/BSt/Publikationen/GrauePublikationen/DigiMonitor_Hochschulen_final.pdf. Zugegriffen am 13.03.2019.

Selingo, J. J., Clark, C., & Noone, D. (2018). *The future(s) of public higher education. How state universities can survive—And thrive—In a new era.* A report by the Deloitte Center for Higher Education Excellence in conjunction with Georgia Tech's Center for 21st Century Universities.

Singer, N. (2017). *How Google took over the classroom.* https://www.nytimes.com/2017/05/13/technology/google-education-chromebooks-schools.html. Zugegriffen am 06.03.2019.

Sinn, W. (2018). *Warum es ab 2020 für die Mittelschicht brutal wird.* http://www.manager-magazin.de/unternehmen/industrie/die-bedrohung-der-mittelschicht-in-den-2020er-jahren-a-1216677.html. Zugegriffen am 06.03.2019.

Sorg, A. R. (2017). *Bleibt Deutschland sitzen?* https://www.nzz.ch/international/bleibt-deutschland-sitzen-ld.1319846. Zugegriffen am 06.03.2019.

Stelter, D. (2018). *Das Märchen vom reichen Land: Wie die Politik uns ruiniert*. München: Finanzbuchverlag.

Stifterverband. (2019). Innovationsfaktor Hochschule. https://www.stifterverband.org/innovationsfaktor-hochschule. Zugegriffen am 17.03.2019.

Vogler-Ludwig, K., Düll, N., & Kriechel, B. (2016). *Arbeitsmarkt 2030 Wirtschaft und Arbeitsmarkt im digitalen Zeitalter – Prognose 2016, Kurzfassung*. https://www.bmas.de/SharedDocs/Downloads/DE/PDF-Meldungen/2016/arbeitsmarktprognose-2030.pdf;jsessionid=A5FF7150BCE-47A22599ADCE259607717?__blob=publicationFile&v=2. Zugegriffen am 17.03.2019.

Von Struckrad, T., & Bischof, L. (2013). *Die digitale (R)evolution? Chancen und Risiken der Digitalisierung akademischer Lehre*. CHE Arbeitspapier Nr. 174. https://www.che.de/downloads/CHE_AP_174_Digitalisierung_der_Lehre.pdf. Zugegriffen am 17.03.2019.

Von Struckrad, T., Berthold, C., & Neuvians, T. (2017). *Auf dem Hochplateau der Studiennachfrage: Kein Tal in Sicht! Modellrechnungen zur Entwicklung der Studienanfängerzahlen bis zum Jahr 2050*. CHE Arbeitspapier Nr. 203. https://www.che.de/downloads/CHE_AP_203_Prognose_Studienanfaengerzahlen_bis_2050.pdf. Zugegriffen am 17.03.2019.

World Economic Forum. (2012). *What will the university of the future look like?* https://www.weforum.org/agenda/2012/06/what-will-the-successful-university-of-the-future-look-like/. Zugegriffen am 06.03.2019.

World Population Review. (2019). *Myanmar population 2019*. http://worldpopulationreview.com/countries/myanmar-population/. Zugegriffen am 06.03.2019.

Zukunftsinstitut. (2019). *Wissenskultur Glossar*. https://www.zukunftsinstitut.de/artikel/mtglossar/wissenskultur-glossar/. Zugegriffen am 06.03.2019.

**Prof. Dr. Dr. habil. Clemens Jäger** ist Professor und Dekan an der FOM Hochschule für Oekonomie & Management in Essen. Ferner doziert er langjährig an Hochschulen und Universitäten in Australien, Bosnien, den Niederlanden, Spanien und Ungarn. In seinen Funktionen verantwortet er diverse nationale und internationale Kooperationen zwischen Unternehmen und Hochschulen. Speziell die Pflege und kontinuierliche Weiterentwicklung dieser Kooperationen ist eines seiner primären Betätigungsfelder. Im Rahmen seiner forschenden Tätigkeit beschäftigt sich der studierte Wirtschaftswissenschaftler und Informatiker unter anderem mit Frühwarnindikatoren im Rahmen der Restrukturierung und Sanierung von Unternehmen.

# Digitale Geschäftsmodelle und Entwicklungsperspektiven im Gesundheitswesen

David Matusiewicz, Benjamin Niestroj und Bart de Witte

#### Zusammenfassung

Während der Begriff Geschäftsmodell in Bezug auf das Gesundheitswesen noch vor wenigen Jahren eine untergeordnete Rolle gespielt hat, wird dieser nun immer häufiger in Bezug auf die Branche verwendet und ist selbst Indiz eines sich ankündigenden Wandels des Gesundheitssystems. Das Schattendasein von Geschäftsmodellen im Gesundheitswesen lag nicht zuletzt daran, dass im Gesundheitswesen – als ein klassischerweise staatsnaher Sektor – die marktlichen Elemente bislang recht eingeschränkt waren. Durch die digitale Transformation ergibt sich zunehmend ein Bedarf, bestehende Geschäftsmodelle im Gesundheitssystem neu zu definieren. Auch verändert sich der Gesundheitsmarkt als Ganzes und neue Marktsegmente entstehen. Der vorliegende Beitrag erläutert die gegenwärtigen und langfristigen Entwicklungsperspektiven und Herausforderungen für Geschäftsmodelle im Gesundheitswesen. Abschließend werden Erfolgsfaktoren für zukunftsfähige Geschäftsmodelle in einem Fazit dargestellt.

---

D. Matusiewicz (✉) · B. Niestroj
FOM Hochschule für Oekonomie & Management, Essen, Deutschland
E-Mail: david.matusiewicz@fom.de; benjamin.niestroj@fom.de

B. de Witte
HIPPO AI/Digital Health Academy GbR, Berlin, Deutschland
E-Mail: bart@futur.io

## 6.1 Hintergrund: Geschäftsmodelle im deutschen Gesundheitswesen

Noch bis in die 1960er-Jahre spielte die Markt- und Kundenorientierung im Gesundheitswesen eine eher zu vernachlässigende Rolle. Erst einige Jahre später wurde durch Kostendämpfungsmaßnahmen, die zunächst in den USA und später in Deutschland praktiziert wurden, eine zunehmende Marktorientierung im Gesundheitswesen gefordert, um die vorliegenden Ressourcen zweckrational einzusetzen. Durch die Einführung der freien Krankenkassenwahl für alle Versicherten mithilfe des Gesetzes zur Sicherung und Strukturverbesserung der gesetzlichen Krankenversicherung (Gesundheitsstrukturgesetz) zum 1. Januar 1996, kam auch der Wettbewerb stärker in den deutschen Gesundheitssektor – und es folgten weitere Wettbewerbselemente.

Das Thema Gesundheit und medizinische Versorgung hat gesellschaftlich und individuell gesehen einen kritischen Stellenwert. Die Sicherstellung einer hohen Versorgungsreichweite und -qualität ist ein zentrales politisches Anliegen. Historisch gesehen bildeten Marktversagensproblematiken durch eine rein privatwirtschaftliche Bereitstellung der Gesundheitsversorgung die Grundlage für das heutige primär staatlich organisierte Gesundheitswesen in Deutschland. Es bestehen in Deutschland mittlerweile rund 25 Jahre Erfahrung mit dem Wettbewerb im Gesundheitswesen und bis heute ist nicht abschließend geklärt, ob ‚ein bisschen' Wettbewerb im Gesundheitswesen zielführend ist oder ob eher von einer problematischen Beziehung zwischen der Ökonomisierung und der Medizin und Pflege auszugehen ist (Manzei und Schmiede 2014). Daher ist der Begriff ‚Geschäftsmodell' im Rahmen des deutschen Gesundheitswesens zumindest erklärungsbedürftig. Grundsätzlich stellt ein Geschäftsmodell ein Prinzip dar, nach dem eine Organisation Werte schafft und erhält. Zwar besteht in der wissenschaftlichen Literatur keine einheitliche Systematik zur Beschreibung von Geschäftsmodellen, allerdings basieren alle Ansätze auf einer Reihe an Bausteinen, welche die Kundenbeziehungen, das Wertangebot, die Organisationsarchitektur sowie den gesamten ökonomischen Wertschöpfungsprozess im Unternehmen abbilden (Fielt 2013). So enthält beispielsweise einer der gegenwärtig geläufigsten Ansätze zur Analyse von Geschäftsmodellen u. a. zentrale Unternehmensbestandteile, wie Ressourcen, Prozesse, Netzwerke, Absatzkanäle usw (Osterwalder und Pigneur 2010). Der ökonomische Erfolg wird durch die Ausgestaltung und Verknüpfung der Bestandteile erzielt. Ein zentraler Baustein bei allen bestehenden Definitionen ist das Wertangebot respektive -versprechen, also der Grund warum ein Kunde genau das Produkt oder die Dienstleistung eines bestimmten Unternehmens wählt (Tewes et al. 2018). Das Wertversprechen beantwortet somit die Frage, welches Kundenbedürfnis oder welches Problem des Kunden gelöst wird (Osterwalder und Pigneur 2010; Kollmann 2016). Die grundsätzliche Übertragbarkeit der Geschäftsmodellsystematik auf die Akteure des deutschen Gesundheitswesens liegt somit auf der Hand. Auch konfligiert die Darstellung der Akteure nicht mit deren primären karitativen respektive sozialen Zielsetzungen.

Das Gesundheitswesen befindet sich in einem ständigen Wandel. Die schnell fortschreitende Entwicklung der Medizin gepaart mit neuen digitalen Technologien bietet nicht nur der medizinischen Forschung neue Möglichkeiten, sie erlaubt es auch privatwirtschaftlichen

Unternehmen neue Produkte und Dienstleistungen und somit neue Geschäftsmodelle zu entwickeln. Zudem manifestiert sich im Gesundheitswesen zunehmend der Trend hin zur ‚Customer Centricity' respektive ‚Patient Centricity'. Diese Entwicklung ist im Begriff, ein neues Verständnis rund um den ‚Kunden im Mittelpunkt' zu schaffen. Die darauf aufbauenden Geschäftsmodelle im Gesundheitswesen benötigen zum einen systematische Planungs- und Entscheidungsprozesse als auch agile und kreative Problemlösungen. Eine zunehmende Anzahl an kommerziellen Anbietern versucht zudem Nischen (Marktlücken) in einem überwiegend staatlich orchestrierten deutschen Gesundheitssystem zu schließen und individuelle Kundenbedürfnisse im Bereich der medizinischen Prävention oder Behandlung abzubilden. Es stellt sich die Frage, ob diese Entwicklung auch eine Gefahr für etablierte Akteure im Gesundheitswesen darstellt.

## 6.2 Der deutsche Gesundheitsmarkt als besonderer Markt

Typischerweise gibt es im Gesundheitswesen, anders als in einem klassischen Markt, keine direkte Austauschbeziehung zwischen Kunde und Anbieter. Es herrscht vielmehr ein Dreiecksverhältnis zwischen dem Versicherten/Patienten (als Leistungsempfänger), dem Leistungserbringer (als Leistungsanbieter) und der Krankenversicherung (als Kostenträger). Eine Übersicht dazu ist in Abb. 6.1 aufgeführt.

Das Vorliegen eines sogenannten Third-Party-Payer-Systems in Deutschland ist für das Verständnis von Geschäftsmodellen im Gesundheitswesen essenziell. In Deutschland wird die medizinische Versorgung am Point-of-Sale (beim Leistungserbringer) in der Regel nicht direkt vom Versicherten/Patienten bezahlt, sondern von der Krankenversicherung. Demnach gibt es unterschiedliche Märkte, die kurz vorgestellt werden (Matusiewicz 2019a).

- **Versicherungsmarkt**: Auf dem Versicherungsmarkt geht es um die Transformation der Geschäftsmodelle der Krankenkassen, die um die Versicherten in einem gesättigten Markt konkurrieren. Hier wird zwischen dem Geschäftsmodell der privaten Krankenkassen, die eine Krankenvollversicherung für Versicherte ab einer bestimmten Einkommenshöhe

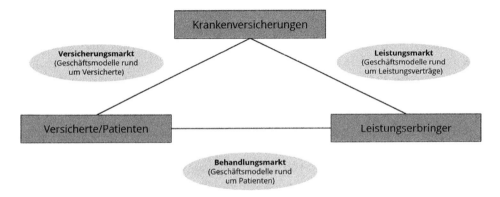

**Abb. 6.1** Übersicht Austauschbeziehungen Gesundheitsmarkt. (Quelle: eigene Darstellung)

(freiwillige Versicherte) anbieten und gesetzlichen Krankenkassen unterschieden. Die gesetzlichen Krankenkassen versuchen, durch sogenannte Satzungsleistungen miteinander zu konkurrieren. Dies sind rund fünf Prozent aller Leistungen. Es findet insbesondere ein Preiswettbewerb über den Zusatzbeitrag statt (Matusiewicz et al. 2012a, b, 2013a, b).

- **Behandlungsmarkt**: Auf dem Behandlungsmarkt konkurrieren die Leistungserbringer wie Krankenhäuser, Arztpraxen, Pharmahersteller und Heil- und Hilfsmittelhersteller untereinander. Hierbei werden zum einen bestehende Geschäftsmodelle hinterfragt und zum anderen neue Geschäftsmodelle etabliert. Auf dem Behandlungsmarkt geht es um die Frage, welcher Akteur für die Versicherten respektive die Patienten zuständig ist und ob auch andere Möglichkeiten von Versorgungsmodellen möglich sind. So kommt es zu Umbrüchen, indem beispielsweise klassische Beratungsleistungen künftig zunehmend durch Plattformen angeboten werden können (s. Abschn. 6.5). Auf der anderen Seite ist an der Stelle kritisch anzumerken, dass es bislang keine Gesundheits-App in die Regelversorgung geschafft hat.
- **Leistungsmarkt**: Der Leistungsmarkt spielt sich überwiegend zwischen den einzelnen Gesundheitsorganisationen statt. Es handelt sich hier klassisch um einen B2B-Markt (Business-to-Business). Hierbei konkurrieren die einzelnen Anbieter um die besten Verträge mit den Krankenversicherungen. Im Leistungsmarkt rivalisieren somit die Leistungserbringer wie Krankenhäuser und Pharmahersteller untereinander, wenn es darum geht, mit den Krankenkassen Verträge zu schließen.

## 6.3 Herausforderungen für neue Geschäftsmodelle im deutschen Gesundheitsmarkt

Im deutschen Gesundheitsmarkt bestehen eine Reihe an Faktoren, welche die Entwicklung neuer Geschäftsmodelle hemmen.

Insbesondere besteht die Problematik, dass die (gesetzlichen) Krankenversicherungen innovative digitale Leistungen derzeit gar nicht oder erst nach langer Vorlaufzeit übernehmen. So hat es bis heute (Ende 2019) keine einzige App in die Regelversorgung geschafft, es gibt nur einzelne Satzungsleistungen, bei denen digitale Angebote für die Versichertengemeinschaft zur Verfügung gestellt werden. Handelt es sich dabei um Leistungen, die mit wenig Erfahrungswerten und Referenzen verbunden sind, bleibt auch die Bereitschaft der Patienten selbst zu zahlen, gering. Wenn nun beispielsweise ein Arzt eine Künstliche-Intelligenz-(KI)-basierte Lösung zur Diagnoseunterstützung einsetzen will, diese allerdings zusätzliche Kosten in Höhe von 50 Euro pro Fall verursacht, besteht nur die Möglichkeiten, dass der Patient die Kosten selber trägt, oder der Arzt die Dienstleistung nicht dem Patienten in Rechnung stellt. Somit existiert kein Anreiz, diese Methode bei der Diagnose einzusetzen, solange diese nicht über die Krankenkassen abgerechnet werden kann. Dies ist gerade bei Leistungen, die auf Basis neuer Technologien entwickelt worden sind, problematisch. Grundsätzlich wird hierdurch der Anreiz für potenzielle Anbieter vermindert, Ressourcen für die Weiterentwicklung neuer Diagnose- und Behandlungsmethoden auf Basis neuer Technologien einzusetzen. Auch kann es nicht zu einer Nutzung von

Skaleneffekten kommen, welche zu einer Verbesserung und Kostenreduktion neuer Leitungen durch ihre routinemäßige Anwendung führt. Somit kann in diesem Fall nicht nur schwer ein neues Geschäftsmodell entwickelt werden, sondern es werden auch potenziell positive Auswirkungen auf die Behandlungsqualität der Patienten nicht genutzt.

Im Weiteren macht die gesetzliche Regulatorik Fehlentwicklungen und -diagnosen von Gesundheitsleistungen sehr teuer und riskant für beteiligte Unternehmen. Trial-and-Error-Entwicklungen wie im Bereich der Konsumgüterindustrie sind im Healthcare-Bereich somit nicht nur aus ethischen Gründen keine Option. Auch bestehen bis dato keine standardisierten Zulassungsverfahren für digitale Produkte oder Therapien, was einen zusätzlichen Risikofaktor für die entwickelnden Unternehmen darstellt. Insbesondere besteht daher für kleinere und jüngere Unternehmen häufig die Problematik, dass die Kosten und Risiken derartiger Prozesse kaum getragen werden können.

Erschwerend für die Entwicklung neuer Geschäftsmodelle kommt hinzu, dass ein Mangel an Investitionen der öffentlichen Hand in die IT-Infrastruktur des Gesundheitssystems in Deutschland existiert. Dies betrifft – auch im Vergleich zu anderen Ländern – insbesondere die Krankenhäuser (Deloitte 2018). Zwar stellt das deutsche Gesundheitswesen im Vergleich zu anderen Branchen für Risikokapitalgeber ein attraktives Ziel für Investitionen dar (LSPdigital 2018), allerdings ist in Deutschland rund 80 Prozent des Gesundheitswesens in öffentlicher Hand. Dies hat im Weitern zur Folge, dass ein Angebot sektorenübergreifender Leistungen im Gesundheitswesen – mangels übergreifender Finanzierungsmodelle – oftmals nicht zustande kommt.

Zudem ist zu berücksichtigen, dass auf dem Gesundheitsmarkt in Deutschland respektive auf den in Abschn. 6.2 beschriebenen Teilmärkten nur teilweise Anbieterkonkurrenz im Sinne eines klassischen Marktes für Güter und Dienstleistungen herrschen kann. So kann beispielsweise ein Krankenhaus lediglich punktuell mit den ambulant tätigen Ärzten konkurrieren. Dies beschränkt die Leistungs- oder Behandlungsanbieter bei der Entwicklung ihrer Geschäftsmodelle oder ihres Leistungsangebots auf ein regulatorisch vorgegebenes Spektrum.

In diesem Zusammenhang stellt sich für Deutschland und die europäischen Länder die grundsätzliche Frage, inwiefern das Gesundheitssystem marktwirtschaftlich respektive profitorientiert ausgerichtet werden soll. Als Referenzpunkt für diese Diskussion wird häufig der Vergleich zu den USA gezogen. Hier ist das Gesundheitssystem trotz aller Reformvorhaben der Vergangenheit nach wie vor primär marktwirtschaftlich ausgerichtet. Kritiker führen an, dass in den USA im internationalen Vergleich am meisten Geld für das Gesundheitssystem ausgegeben wird – in 2017 ganze 17 Prozent des BIP (OECD 2019). Trotzdem sinkt in den USA die Lebenserwartung (CDC 2019), was neben den wahrgenommenen Ungerechtigkeiten des derzeitigen Systems als Indiz für dessen Ineffektivität gedeutet werden kann. Diese Entwicklung mag viele Gründe haben, die in diesem Beitrag nicht diskutiert werden sollen, jedoch produziert die Dynamik des US-Gesundheitsmarkts in kurzer Folge neue Leistungen, neue Anbieter und neue Geschäftsmodelle. So steht in den USA ein Vielfaches an Venture Capital im Vergleich zu Deutschland zur Verfügung. Die fehlenden Investitionen und Entwicklungspotenziale in Deutschland und Europa können dazu führen, dass langfristig der Anschluss zum medizinisch-technischen Fortschritt in den USA verloren geht. In einem pessimistischen Szenario müssten dann zunehmend fortschrittliche und effektive medizinische Leistungen von kommerziellen Anbietern aus den USA gekauft werden.

Die Politik in Deutschland und Europa ist daher gefragt, Rahmenbedingungen für Leistungserbringer zu schaffen, die eine schnellere Umsetzung von neuen Technologien in Diagnose- und Therapieleistungen ermöglichen. Insgesamt sollten auch neue innovative Versorgungsmodelle mit hohem sozialen Nutzen und geringen monetären Kosten in diesem Zusammenhang nicht aufgrund einer komplizierten oder fehlenden Regulatorik weiterhin scheitern. Leider werden beispielsweise Versorgungsmodelle (z. B. BUURTZORG für die Pflege in der Nachbarschaft in Deutschland) nur unzureichend implementiert. Hierzu braucht es ‚kontrollierte Experimentierfelder' (Matusiewicz 2019b).

## 6.4 Überblick über den Gesundheitsmarkt heute und morgen

In Tab. 6.1 ist das Gesundheitswesen heute und morgen aufgeführt, um auf Basis dessen die weitere Entwicklung von Geschäftsmodellen zu diskutieren.

Heute ist das Gesundheitswesen überwiegend analog und sektoral gegliedert, wobei in Zukunft zunehmend digitale Gesundheitsangebote Einzug in ein Gesundheitswesen finden werden, welches eher integral gestaltet sein wird. Das Sozialgesetzbuch ist maßgeblich für die Regulation des Gesundheitswesens verantwortlich, benötigt jedoch ein Update hinsichtlich der neuen digitalen Versorgungsmöglichkeiten (Matusiewicz 2019b). Aus heute eher ineffizienten punktuellen Schnittstellen werden zunehmend ‚Nahtstellen', da Lösungen nicht nur verknüpft, sondern ganzheitlich gedacht werden, zum Beispiel in Form von sektorübergreifender Versorgung (z. B. Entlassungsmanagement) oder digitalen Plattformen (z. B. für die betriebliche Gesundheit). Das Ganze erfolgt wie auch im E-Commerce eher lösungsorientiert und weniger produktorientiert. Im Gesundheitswesen sind viele Initiativen in der Vergangenheit gescheitert, da es schwierig war, dass Kooperationen zwischen Industrie, Krankenkassen und Start-ups aus politischen Gründen bestehen konnten. Dies hat sich in den letzten Jahren deutlich geändert.

**Tab. 6.1** Gesundheitswesen heute und morgen. (Quelle: eigene Darstellung)

| heute | morgen |
| --- | --- |
| analog | digital |
| sektoral | integral |
| reguliert | marktorientiert |
| Schnittstellen | Nahtstellen |
| produktorientiert | lösungsorientiert |
| Insellösungen | Plattformökonomien |
| Einzelanbieter | Partnerstrukturen |
| kurativ | präventiv (und optimiert) |
| 1. und 2. Gesundheitsmarkt | 3. Gesundheitsmarkt |
| data protection | data sharing |
| national | international |

Durch die zunehmende Vernetzung und den Einzug neuer Player der FAANG-Ära (Akronym für Facebook, Amazon, Apple, Netflix und Google) in den Gesundheitsmarkt, werden gesetzliche Krankenversicherung und staatliche Administration (erster Gesundheitsmarkt) auf der einen Seite sowie privat finanzierte Gesundheitsleistungen (zweiter Gesundheitsmarkt) auf der anderen Seite um eine Form der Zusammenarbeit erweitert. Somit entsteht durch das Zusammenwachsen von erstem und zweitem der dritte Gesundheitsmarkt. Der erste Gesundheitsmarkt wird primär vonseiten des Staates finanziert und umfasst gesetzliche und private Versicherungsleistungen. Privatfinanzierte Gesundheitsleistungen (Out-of-pocket Payments) prägen den zweiten Gesundheitsmarkt, wohingegen sich der dritte Gesundheitsmarkt aus einer Share-Economy bildet. Hierbei ist nicht mehr eindeutig nachvollziehbar, was privatwirtschaftlich oder gemeinnützig ist, ob es sich um Verbraucherinitiativen oder auch um Geschäftsmodelle handelt. Gesundheit wird in der Share Economy zunehmend zwischen Gleichgesinnten nach dem Peer-to-Peer-Prinzip gemanagt und von den Konsumenten selbst in die Hand genommen (Philips Gesundheitsstudie 2015). Diese Entwicklung hat wiederum in vielen Branchen eine Veränderung des Verständnisses von Wirtschaften, Wertmaßstäben und Wertschöpfung zur Folge und wird künftig für einen Wandel im Gesundheitssystem sorgen. Es gibt zunehmend Open-Source-Lösungen, die aus einer privaten Initiative (Purpose) zu einer größeren Lösung führen und durch ein großes Funding teilweise vom dritten zum ersten Gesundheitsmarkt wandern. Einige Beispiele – darunter auch in Deutschland – zeigen, wie das Individuum zunächst über die Kommerzialisierung der Gesundheitsdaten einbezogen und dann endlich zum Souverän wird. Kurzum: Der Einzelne kann mit seinen Gesundheitsdaten in Zukunft Geld verdienen – im Sinne einer Share Economy (3. Gesundheitsmarkt) (Matusiewicz und Kusch 2019). Diese Daten werden zur neuen Währung (Matusiewicz 2019c). Darüber hinaus entwickelt sich der Markt vom heutigen Fokus auf den Datenschutz (Data Security) hin zum Teilen von Gesundheitsdaten (Data Sharing), wie bereits durch den Begriff des dritten Gesundheitsmarkts beschrieben. Die Akteure werden sich darauf einstellen müssen, dass das Gesundheitswesen in Deutschland zunehmend internationaler wird (gerade im Bereich der Diagnostik) und damit die englische Sprache in einem ‚Amtssprache-ist-Deutsch'-geprägten Gesundheits- und Sozialsystem an Bedeutung gewinnen wird. Hier ist auch eine neue Form von Weiterbildung notwendig.

## 6.5 Gegenwärtige Entwicklungsperspektiven für Geschäftsmodelle

Aktuelle technologische Entwicklungen bilden die Voraussetzung für neue Geschäftsmodelle im Gesundheitswesen. Es entstehen neue Kundenanforderungen, neue Märkte und neue Leistungsangebote. Im Folgenden werden beispielhaft aktuelle Entwicklungen bei Geschäftsmodellen im Gesundheitsmarkt vorgestellt.

**Messung und Analyse medizinischer Daten**
Wearables, also direkt am Körper getragene und vernetzte kleine Computer, sind bereits heute mit einfachen medizinisch-diagnostischen Fähigkeiten ausgestattet. Insbesondere werden mobile Endgeräte mit moderner App-Technologie vernetzt, um künstliche Intelligenz zu

Diagnosezwecken zu nutzen. Zwar können Wearables bis dato nicht als eigenständige medizinische Instrumente verstanden werden, allerdings können sie mittlerweile Anomalien beispielsweise bei der Pulsfrequenz ausreichend zuverlässig anzeigen. So belegt die von der Stanford University durchgeführte Apple Heart Study, dass problematische Herzrhythmusstörungen, insbesondere Vorhofflimmern, durchaus erkannt werden können (Stanford Medicine 2019). Die Live-Erfassung und Analyse medizinischer Daten stellt somit einen interessanten Ansatz für neue Geschäftsmodelle im Gesundheitswesen dar. Sowohl die Endverbraucher als Konsumenten als auch Patienten als Selbstzahler können direkt adressiert werden. Somit lassen sich neue respektive direkte Kanäle zu vielfältigen Kundensegmenten erschließen. Auch können künftig Krankenversicherungen stärker die Erhebung der medizinischen Daten durch Zuzahlungen forcieren.

**Personalisierung von Präventions- und Therapiemaßnahmen**
Der Fortschritt bei der Gewinnung und Analyse von biologischen Daten des menschlichen Körpers lässt eine zunehmende Personalisierung von Präventions- und Therapiemaßnahmen zu.

So wird beispielsweise eine gezielte Beeinflussung der im menschlichen Verdauungstrakt befindlichen Mikroorganismen als ein vielversprechender Ansatzpunkt in der Prävention und Therapie zahlreicher Erkrankungen gesehen. Die Technologie zur Analyse dieses sog. intestinalen Mikrobioms wird mittlerweile von kommerziellen Anbietern genutzt und Kunden für wenige hundert US-Dollar bereitgestellt. Einige Anbieter versprechen basierend auf diesen Daten und Analysen ein individuelles Metabolom zu erstellen, um zu verstehen, wie der individuelle Stoffwechsel eines Menschen funktioniert. Auch in Deutschland gibt es Unternehmen die eine Mikrobiom-Analyse in einem B2C-Modell anbieten. So werden Untersuchungen von Stuhlproben zur Analyse der Darmflora angeboten, um aus den Ergebnissen Ernährungsempfehlungen abzuleiten. Aufbauend auf diesen Informationen kann eine begleitende KI-Gesundheits-App einfache Analysen und einen personalisierten Ernährungsplan beisteuern. Auch können basierend auf dieser Entwicklung neue Allianzen und Netzwerke gebildet werden. Konkret können diese Informationen von den klassischen Anbietern der Lebensmittelbranche dazu verwendet werden, personalisierte Ernährungsprodukte anzubieten. So können sich beispielsweise zwischen den Anbietern der Mikrobiom-Analyse und den Unternehmen der Lebensmittelbranche neue B2B-Geschäftsmodelle zur Verwertung der Analysedaten entwickeln.

Gegenwärtig besteht zudem ein hoher Forschungsbedarf in Bezug auf die mit dem Mikrobiom in Verbindung gebrachten molekularen Prozesse, welche zur Entstehung unterschiedlicher Krankheiten wie Entzündungen, Leberzirrhosen, Krebserkrankungen oder koronarer Herzkrankheit beitragen können. Auch hier ist davon auszugehen, dass neue Kooperationsmodelle mit der Pharmaindustrie entstehen.

**Bereitstellung von Plattformen**
Hersteller von medizinischen Produkten können neben ihren klassischen Business-to-Business (B2B)-Absatzkanälen zunehmend Business-to-Consumer (B2C)-Absatzkanäle

erschließen, indem sie die Infrastruktur oder Technologie zur direkten Vernetzung von Patienten und Behandelnden bereitstellen. So werden beispielsweise medizinische Diäten für Stoffwechselkrankheiten mit einem Connected-Care-Service angeboten. Dieser Service beinhaltet eine App, welche die Patienten mit Ernährungsexperten verbindet und für die Überwachung und Steuerung der Ernährung sorgt. Im Weiteren können so ganze Leistungsökosysteme um die Patienten herum entstehen, die für jede Erkrankung und personalisiert für jeden Patienten medizinische Lösungen anbieten.

Ein derartiges Modell lässt sich auch auf den Pharma-Bereich übertragen, indem ein digitales Produkt eine Therapie begleiten kann. Zum Beispiel könnte eine App die Einnahme von Diabetes-Medikamenten begleiten. Hier kann der Hersteller durch Bereitstellung von Infrastruktur oder Online-Diensten nicht mehr nur primär den B2B-Kanal, sondern auch den B2C-Kanal nutzen.

**Digitalisierung von Krankenversicherungsdienstleistungen**
Krankenkassen entwickeln eigene digitale Kunden- respektive Patientenakten. Versicherte können über eine App auf Gesundheitsdaten und -dokumente wie etwa Behandlungs- und Medikationsdaten zugreifen. Dieses Angebot wird zunehmend mit Onlinediensten oder Apps verknüpft, um Versicherten in konkreten Fällen personalisierte Hilfeleistungen zu bieten. Digitale Dienste kommunizieren via Chatbots mit den Versicherten und nutzen künstliche Intelligenz, um Informationen zu analysieren. Diese Daten werden bisher zur Unterstützung von medizinischen Entscheidungen genutzt. Je mehr Versicherte diese Dienste verwenden, desto besser werden die KI-Algorithmen. Zudem werden die Algorithmen Erfahrungen mit seltenen Symptomen und Erkrankungen sammeln können, die einzelnen Ärzten oftmals nicht zur Verfügung stehen. Die effizienzsteigernden Vorteile für die Krankenkassen liegen auf der Hand. Krankheiten können frühzeitig erkannt, unnötige Arztbesuche vermieden werden. Diese Entwicklung kann aber auch Nachteile für die niedergelassenen Ärzte haben. Wenn Krankenkassen selbst die Leistungen von Ärzten erbringen können, sinkt die Bereitschaft, für Leistungen seitens der Ärzte zu zahlen.

**Internationalisierung**
Zudem ist eine zunehmende Internationalisierung des Wettbewerbs zu erkennen. Tech-Konzerne wie die FAANG (Facebook, Amazon, Apple, Netflix Google) haben in der jüngsten Vergangenheit bewiesen, dass sie eine Vorreiterrolle bei der Entwicklung und Bereitstellung von digitalen Services einnehmen können. Ihre enorme Innovations- und Finanzkraft wird diesen Anbietern die Expansion in den Healthcare-Markt ermöglichen. Insbesondere ist hier ein Vorteil durch Skaleneffekte zu erwarten. Die preisgünstige Bereitstellung von Produkten und Dienstleistungen wird es diesen Anbietern ermöglichen, viele Patientendaten zu sammeln. Eine große Menge an Daten und insbesondere exklusiv verfügbare Daten bedeuten bessere Algorithmen und somit wiederum bessere Produkte und Dienstleistungen. Demnach könnten sich wenige Anbieter durch den First-Mover-Effekt viel Marktmacht auch international sichern.

## 6.6 Mega-Trends für den Gesundheitsmarkt

Wie in vielen Industrien und Branchen stehen die etablierten Geschäftsmodelle im Gesundheitswesen aufgrund sich abzeichnender technologischer und gesellschaftlicher Trends vor tief greifenden Herausforderungen und Veränderungen. Im nachfolgenden Abschnitt werden ausgewählte Trends im Gesundheitsmarkt skizziert, die mittel- bis langfristig zu neuen oder veränderten Geschäftsmodellen und Versorgungskonzepten im Gesundheitswesen führen werden. Es zeichnen sich derzeit folgende Trends ab: ‚Künstliche Intelligenz', ‚App-Technologie und Mobile Endgeräte', ‚3D-Druck/Bioprinting', ‚Genom- bzw. Präzisionsmedizin', ‚Robotics und Virtual Reality', ‚Digitale Therapien' und ‚Customer Centricity'.

**Künstliche Intelligenz**
Ein Kernproblem der traditionellen Medizin ist die Vermittlung des notwendigen Fachwissens. Die mitunter langandauernde Ausbildung von Fachkräften stellt in Bezug auf die medizinischen Versorgungskapazitäten einen zentralen, limitierenden Faktor dar. Zudem ist dieses Wissen in der klassischen Medizin von der Person abhängig und somit nicht skalierbar. Beispielsweise sind lange Vorlaufzeiten für Facharzttermine sowie lange Wartezeiten in den Praxen mitunter die Folge. Zudem sind Expertise und Erfahrung lokal ungleich verteilt, wodurch wenig Transparenz über die diagnostische und therapeutische Qualität besteht. Die Steuerung der medizinischen Versorgung und Forschung ließe sich somit am effizientesten über den Preismechanismus steuern, was in Deutschland und Europa allerdings keine politisch und gesellschaftlich zulässige Option darstellt.

Die Künstliche Intelligenz erlaubt es hingegen, medizinisches Wissen zu jedem Zeitpunkt an jedem Ort zur Verfügung zu stellen. Dabei stellt das disruptive Moment der KI im Gesundheitswesen, neben der Möglichkeit Gesundheitsleistungen kostengünstiger, einfacher, kleiner und bequemer in der Anwendung am Gesundheitsmarkt anzubieten, die Skalierbarkeit des medizinischen Fachwissens dar. Die Grenzkosten der medizinischen Versorgung können somit durch KI erheblich gesenkt werden. Gegenwärtig wird bereits Künstliche Intelligenz in verschiedenen digitalen Anwendungen als Entscheidungsunterstützungssystem für Ärzte und Patienten genutzt.[1] Die Projektion dieser Entwicklung in die Zukunft zeigt, dass für viele Bereiche der Medizin langfristig zu erwarten ist, dass die Künstliche Intelligenz den Menschen in Bezug auf die Diagnostik- und Therapieentscheidungen übertreffen kann.

Wirklich ‚disruptiv' kann ein technologischer Trend allerdings nur werden, wenn aus diesem Trend nicht nur einzelne Leuchtturmprojekte und -produkte, sondern innovative Geschäftsmodelle abgeleitet werden können (Christensen et al. 2015). Daher müssen KI-basierte Gesundheitsleistungen in neue digitale Versorgungskonzepte aufgenommen werden, damit die Potenziale der KI zur Qualitäts- und Effizienzsteigerung vollends genutzt werden können. Dies erfordert allerdings tief greifende Umstrukturierungen gesamter Versorgungsmodelle.

---

[1] Hier zu nennen beispielsweise die Gesundheits-App Ada, Zebra Medical Vision im Bereich der Radiologie, oder AI-Rad Companion Chest CT als KI-basierter Software-Assistent für die Computertomografie.

> **Historisches Beispiel zur Verdeutlichung der Notwendigkeit**
>
> Das Aufkommen des Elektromotors sowie die damit verbundene Elektrifizierung von Industrieanlagen gegen Ende des 19. Jahrhunderts führten zunächst nicht zu den erhofften Produktivitätssteigerungen. Die Unternehmen hatten zu Beginn nicht verstanden, dass die neue Technologie erst zu Produktivitätssteigerungen führen kann, wenn die bestehenden Industrieanlagen entsprechend neugestaltet oder dezentralisiert werden (David 1990).

Nach Christensen et al. 2008 durchläuft die Medizin derzeit einen ähnlichen Prozess. Dabei wird der Vergleich zwischen dem Krankenhaus von heute mit Großrechnern der 1980er-Jahre – wie z. B. edm 1985er CRAY-2 Supercomputer – gezogen, die aufgrund technisch-organisatorischer Rahmenbedingungen auf eine zentralisiere Infrastruktur setzen mussten. Aktuell besitzt das neue iPhone 10 die 30-fache Geschwindigkeit des 1985er CRAY-2 Supercomputers. Es ist denkbar, dass Smartphones in Verbindung mit wenigen Zusatzgeräten, medizinisches Spezialistenwissen in jede Klinik, jede Praxis und jeden Haushalt tragen können – egal ob in Europa oder andere Regionen der Welt. Nach der Zentralisierung der Diagnostik ins Krankenhaus kann somit eine Dezentralisierung des Versorgungsmodells erfolgen.

Auch ohne die Nutzung von KI werden bereits in einigen Ländern wie den USA zunehmend ambulante Behandlungszentren (Walk-In Clinics) geschaffen, wo Pflegepersonal mit Spezialausbildung, gemäß ärztlich erstellten Therapieplänen arbeitet. Studien haben belegt, dass diese Zentren für bestimmte Behandlungen die gleiche Qualität bei deutlich geringeren Kosten anbieten können (Mehrotra et al. 2009). Obwohl in Deutschland eine Unterversorgung im ländlichen Raum besteht, sind derartige Versorgungsmodelle bisher nicht umgesetzt worden. Es ist aber durchaus denkbar, dass derartige ambulante Behandlungszentren in Kombination mit KI-basierten Gesundheitsleistungen einen vielversprechenden Ansatz für eine dezentrale Grundversorgung bieten.

China ist bereits einen Schritt weiter gegangen. Der Krankenversicherungskonzern Ping An hat One-Minute-Clinics am Gesundheitsmarkt ausgerollt. Dabei handelt es sich um Mini-Kliniken, die ohne Personal auskommen. Mittlerweile können bis zu 100 Patienten pro Tag behandelt werden. Diese Mini-Kliniken bieten neben Beratung rund um die Uhr auch eine Rezept- und Medikamentenausgabe. Die Rezepte lassen sich anschließend an einem zweiten Modul einlösen, dem ‚Smart Medicine Cabinet'. Dieses beherbergt etwa 100 gängige Medikamente. Zusätzliche Mittel können online bestellt werden. Diese sollen dann innerhalb einer Stunde zu einer nahe gelegenen Apotheke geliefert werden. Insgesamt ist der virtuelle Doktor in der Lage, über 2000 gängige Erkrankungen zu diagnostizieren. Diese Diagnosen werden allerdings final von Ärzten in einem zentralisierten Prozess validiert (Koh 2019).

Im Weiteren wird die Qualität einer KI-gestützten Diagnostik und Therapie in erheblichem Maße von der Menge und Vielfalt an medizinischen Daten abhängen, welche genutzt werden können, um die KI zu entwickeln. Bei der Betrachtung der strukturellen

Wettbewerbsvorteile, welche die Player der FAANG-Ära bereits heute besitzen, lässt sich erahnen, dass KI in Verbindung mit ökonomisch effizient organisierten, technischen Plattformen Geschäftsmodelle hervorbringen kann, welche eine Monopolstellung in Bezug auf medizinisches Wissen haben werden. Wenn sich also KI-basierte, kommerzielle medizinische Dienste als besser und bequemer als der niedergelassene Arzt erweisen, dann werden mehr Patienten diese Dienste nutzen wollen. Dies führt wiederum zu einer größeren Datenbasis für die Entwicklung der KI. Dies wiederum führt zu mehr Nachfrage durch die Patienten. Am Ende werden kommerzielle Dienstleister monopolartige Marktmacht ausüben können.

Dies birgt folgendes Dilemma: Vor dem Hintergrund der Möglichkeiten, welche der KI-basierten Anwendungen im Gesundheitsbereich bieten, steht die Frage im Raum, ob es ethisch vertretbar ist, diese nicht zu nutzen. Auf der anderen Seite ist es zu verhindern, dass medizinisch wertvolles Wissen in gewinnorientierten und monopolistisch agierenden Unternehmen für die rein kommerzielle Nutzung verbleibt. In diesem Zusammenhang ist zu diskutieren, ob die Politik Mechanismen schaffen muss, damit Algorithmen im Sinne von Open Source transparent gemacht werden. Nur so ließe sich dauerhaft ein fairer Wettbewerb unter den Anbietern erhalten.

**App-Technologie und Mobile Endgeräte (Mobile Devices)**
Durch den technologischen Fortschritt wird es zunehmend möglich, die Größe von Endgeräten zur medizinischen Diagnostik, welche derzeit meist noch groß und sperrig sind, stark zu reduzieren. Zudem lassen sich diese Geräte in Verbindung mit einer modernen App-Technologie weltweit vernetzen und somit der Zugang zu Expertenwissen vereinfachen. Auch wird diese Entwicklung zu einer Vereinfachung der Nutzung der Geräte führen, wodurch diese nicht mehr von Spezialisten selbst bedient werden müssen. Beispielsweise existiert bereits heute ein serienreifer, tragbarer Ultraschall-Scanner, der in Verbindung mit einem Smartphone genutzt werden kann. In diesem Zusammenhang ist auch ein mobiles und internetfähiges Kolposkop zu nennen, welches durch die US Food & Drug Administration (FDA) zugelassen ist. Dieses Gerät ist so einfach zu bedienen wie ein Smartphone und kann Humane Papillomviren (HPV) früher erkennen als ein zytologischer Test (Pap-Test) (Hu et al. 2019). Ein weiteres Beispiel für diese Entwicklung ist die Kombination von fortschrittlicher optischer Technologie mit Smartphone-Funktionen, um eine kostengünstige Hautkrebserkennung durchzuführen (vgl. Übersicht zur Studienlage siehe Matusiewicz und De Witte 2019). Auch in Europa bestehen erste Zulassungen für derartige mobile Endgeräte. So erhielt kürzlich ein Anbieter für digitale Stethoskope, die es Eltern ermöglichen ihre Kinder auf mögliche Anzeichen von Atemwegsproblemen zu analysieren, die CE-Zertifizierung für den europäischen Markt (StethoMe 2019).

Mobile Endgeräte in Verbindung mit App-Technologien drängen somit zunehmend in die Märkte für große und teure Endgeräte zur Krankheitsdiagnostik. Haben die Hersteller bisher Krankenhäuser und Fachärzte beliefert, so können sie in Zukunft ihr Angebot direkt an den Endverbraucher respektive Patienten richten und für die Sekundärprävention,

Triage oder die Diagnostik einsetzen. Somit ergeben sich neue Wertschöpfungspotenziale bzw. Geschäftsmodelle basierend auf B2C-Absatzkanälen.

Zusammenfassend lässt sich sagen, dass die Weiterentwicklung der App-Technologie sowie der mobilen Endgeräte, neben der oben beschriebenen Entwicklungen bei der Künstlichen Intelligenz, dazu führt, dass Diagnostik in Zukunft zunehmend dezentralisiert angeboten werden kann. Somit werden sich die Geschäftsmodelle von Krankenhäusern und Fachärzten deutlich verändern, indem hier mehr Fokus in die Prävention respektive Krankheitsvermeidung gesetzt wird. Das heißt, es wird Geschäftsmodelle für Gesundheit geben (nicht für Krankheit). Eine neue Entwicklung, die in diesem Zusammenhang erwähnt werden kann, ist das Thema ‚Disease Interception', welches ebenfalls viele Fragen rund um das Thema Kostenerstattung, Vergütung und damit die Frage nach den Geschäftsmodellen aufwirft (Matusiewicz 2019c).

**3D-Druck/Bioprinting**
Derzeit macht die regenerative Medizin enorme Fortschritte im Bereich des Bioprintings. Bioingenieure verwenden bereits heute 3D-Drucker um Hüft- und Kniegelenke sowie Prothesen herzustellen. Auch gelingt es neuerdings, lebendes Gewerbe herzustellen. Mittlerweile ist es möglich menschliche Haut sowie Organgewebe mit Bioprintern herzustellen (WEF 2018). Auch konnte bereits Anfang 2019 eine rudimentäre Version eines menschlichen Herzens aus Stammzellen gedruckt werden (Bloomberg 2019). Denkt man die bisherigen Erfolge der regenerativen Medizin etwa zehn Jahre in die Zukunft, so kann man die Prognose wagen, dass vielleicht komplett funktionsfähige Herzen oder andere Organe aus Stammzellen erzeugt werden. Insbesondere für Krankenhäuser kann dies neues Geschäftsmodell werden, da hier ein Multi-Milliarden Markt zu erwarten ist, sollte sich diese Technologie künftig durchsetzen und Einzug in die Regelversorgung erhalten.

**Genom- bzw. Präzisionsmedizin**
Die Analyse von biologischen Daten wie z. B. menschlichen Genomen wird präziser und kostengünstiger. In Verbindung mit der gestiegenen Datenverarbeitungskapazität wird die Medizin zunehmend dazu in der Lage sein, den menschlichen Körper als gesamtes System zu verstehen. Multikausale Krankheitspfade können bis auf Zellenbasis abgebildet und analysiert werden. Somit wird die Medizin in die Lage versetzt, früher und präziser Krankheiten zu bestimmen und individualisiert zu therapieren. Insbesondere die Reduktion der Kosten zur Datengewinnung und -analyse stellt für Unternehmen den Anreiz dar, neue Geschäftsmodelle, basierend auf der Verwertung der gewonnenen Daten zu entwickeln. Entscheidend ist hierbei die Erlangung eines möglichst großen Datenpools.

Als Beispiel kann in diesem Zusammenhang genannt werden, dass der Preis für die DNA-Sequenzierung rapide sinkt. So wurden DNA-Sequenzierungen bereits im Jahr 2018 zeitweise für 199 US-Dollar in den USA zum Black-Friday angeboten (Welt 2019). In den USA bieten mehrere B2C-Anbieter bereits seit etwas mehr als zehn Jahren kostengünstige Gensequenzierungen an (z. B. 23andme). So kann man aus den Informationen etwa seine genetische Herkunft herleiten lassen oder bestimmte Risiken für im Erbgut angelegte

Krankheiten ermitteln. Die Preise sind deshalb so niedrig, weil neben dem Endkundenbusiness auch ein B2B-Geschäft existiert. So werden Kooperationsmodelle mit forschenden Pharmaunternehmen eingegangen.

Die zu Grunde liegende Technologie entwickelt sich rasant – in den letzten Jahren sind die Kosten für die DNA-Sequenzierung exponentiell gesunken. Daher existieren mittlerweile serienreife tragbare Geräte zur DNA-Sequenzierung, deren Marktpreis unter 1000 US-Dollar liegt (Oxford Nanopore Technologies, Stand: März 2019). Somit kann die Datenbasis zur Genomanalyse nun noch schneller ausgeweitet werden. Der Kreativität von Unternehmen zur Erlangung der benötigten Daten ist hierbei kaum eine Grenze gesetzt. So kann die Bestimmung und kommerzielle Verwertung eines ‚Spender'-Genoms gegen eine Aufwandsentschädigung wie z. B. eine kostenlose Krankheitsbehandlung erfolgen, gegen monetäre Entschädigung (Geld für DNA-Datensatz) oder es ist auch eine Spende der eigenen Daten zu Forschungszwecken möglich. Hierbei sind allerdings neben ethischen Aspekten ebenfalls rechtliche Bestimmungen zu beachten.

**Robotics und Virtual Reality**
Im Zusammenhang mit der Entwicklung des autonomen Fahrens hat die von der SAE (Society of Automotive Engineers) entwickelte Definition der fünf Level der Automatisierung respektive Autonomisierung des Fahrens auch für andere Brachen eine Bedeutung erlangt. So lassen sich diese fünf Level des autonomen Fahrens auf die Medizin übertragen: 1. Assistiert, 2. Teilautomatisiert, 3. Hochautomatisiert, 4. Vollaustomatisiert, 5. Fahrerlos oder Medizinerlos. Der gegenwärtige Stand der Medizin lässt sich mit Level 2 (Teilautomatisiert) beschreiben. In der Medizin werden bisher primär Avatare bei Operationen genutzt – oder der Roboter übersetzt die Handlungen des Mediziners für minimalinvasive Eingriffe (z. B. DaVinci-Methode). Der Fortschritt in der Robotik lässt zunehmend konkrete Anwendungsfälle für Roboter in den Bereichen der Pflege sowie in Krankenhäusern greifbar werden. So können Roboter bei Operationen assistieren, oder logistische Aufgaben in Krankenhäusern übernehmen. Laut einer aktuellen Studie wird erwartet, dass in ca. 35 Jahren Operationen von autonomen Robotern, ausgestattet mit einer künstlichen Intelligenz, durchgeführt werden können (Grace et al. 2018). Hieraus ergeben sich wiederum Geschäftsmodelle wie beispielsweise die Lizenzierung von Assistenz-Robotik im Krankenhaus, in Pflegeeinrichtungen und bei sonstigen Leistungserbringern. Auch ist ein neues Geschäftsmodell, virtuelle Räume zur Ausbildung und Weiterbildung oder sonstigen Schulungen im Gesundheitswesen zur Verfügung zu stellen. So können wie bei der Pilotenausbildung mithilfe von fotorealistischen Avataren Simulationen durchgeführt werden (Matusiewicz et al. 2019).[2]

---

[2] Die doob Group aus Düsseldorf hat sich beispielsweise auf die ‚Avatarisierung', also die Erstellung fotorealistischer virtueller Abbilder von Menschen, Gegenständen und Räumen spezialisiert.

**Digitale Therapien**

Die Digitalisierung ist bislang vor allem in der medizinischen Diagnostik angekommen. Sie kann jedoch die gesamte Versorgungskette – von der Prävention über die Therapie bis zur individuellen Nachsorge – effizienter gestalten. Der Fokus von digitalen Therapien liegt bisher auf komplexen, chronischen Problemen. Beispiele dafür sind Übergewicht, Diabetes oder psychische Krankheiten. So wird die Therapie psychischer Krankheiten mit Chatbots bereits erprobt. Beispielsweise nutzt die kognitive Verhaltenstherapie Chatbots bei depressiven Patienten (Medscape 2019). Einige innovative Unternehmen gehen hier bereits weiter und entwickeln Gehirn-Computer-Schnittstellen. Bisher gelingt es, physiologische Biomarker wie Herzfrequenz, Blutdruck oder Blutzuckerspiegel über die Schnittstellen zu isolieren. Die Zielsetzung besteht darin, mit fortschrittlicher KI-Technologie chronische Krankheiten direkt über die Schnittstelle zu behandeln (tech.eu 2019). Diese Technologie ist zwar noch nicht ausgereift, allerdings kann dies bei erfolgreicher Umsetzung eine Bedrohung für klassische Geschäftsmodelle im Bereich der Pharmaindustrie bedeuten, welche auf die dauerhafte medikamentöse Versorgung von Patienten mit chronischen Erkrankungen ausgerichtet sind.

**Customer Centricity**

Kunden in nahezu allen Konsumgütersegmenten sind es gewohnt, dass Prozesse und Services zunehmend digital abgebildet werden und dass Wartezeiten minimiert werden. Zudem werden Produkte individueller auf den Kunden zugeschnitten oder mit diesem zusammen entwickelt. Es gibt wenig Grund zu vermuten, dass sich diese Präferenzen nicht zunehmend auch in Bezug auf Healthcare-Dienstleistungen entwickeln werden. Dies trifft umso mehr auf die Millennials und Generation Z zu. Auch ist zu beobachten, dass Patienten im System aktiver agieren. Es ist eine starke Tendenz weg von der Reaktion, hin zur Prävention zu erkennen.

Im Rahmen einer zunehmenden Kundenzentrierung ist insbesondere der primäre Zugang zu den Patienten respektive der ‚Ownership to Access' von zentraler strategischer Bedeutung für Unternehmen. So sind Unternehmen zunehmend bestrebt ihre Wertangebote und -versprechen so eng wie möglich an den zentralen Kundenbedürfnissen auszurichten. Als prominentes Beispiel hierfür gilt die Automobilindustrie, die ihr Wertversprechen umdefiniert haben – weg von dem Paradigma der reinen Automobilherstellung hin zum ‚Mobility Solution Provider'. Ähnlich werden Anbieter im Gesundheitswesen ihren Fokus verlegen müssen und versuchen bereits die Kunden bei einfachen Fragestellungen rund um Gesundheitsthemen zu binden. So wenden sich gegenwärtig viele Menschen bei dem Auftreten von Krankheitssymptomen zuerst an ‚Dr. Google', weil es an Angeboten mangelt, die schnell und präzise Antworten auf dringende Fragen geben können. Digitale Anbieter werden zunehmend versuchen, personalisierte Angebote zu generieren, die den Patienten möglichst früh bei den auftretenden Fragestellungen begleiten. Branding und Vertrauen werden in diesem Zusammenhang zunehmend wichtig. Unternehmen, die den Kunden digital binden können, definieren dann auch konsequenterweise die Wertschöpfungskette.

## 6.7 Fazit und Ausblick

In der Medizin bieten sich durch den Zusammenfluss von Trends, die sich bisher in anderen Branchen etabliert haben, neue Anwendungsmöglichkeiten. Die Trends der Individualisierung und digitalen Vernetzung schaffen beispielsweise einen wachsenden Markt für Concierge Health Services. Darunter ist ein personalisiertes medizinisches Versorgungsmodell zu verstehen (Forbes 2013). Auch ist zumindest mittelfristig zu erwarten, dass erfolgreiche Tech-Konzerne mit neuen Leistungsangeboten in den Gesundheitsmarkt einsteigen. Insbesondere ist dies zunächst bei Teilmärkten zu erwarten, die wenig reguliert sind. Denkbar ist beispielsweise ein Einstieg Amazons in den Gesundheitsmarkt im Allgemeinen und die Medizinlogistik im Besonderen. Vor dem Hintergrund des nachhaltigen Erfolgs von Tech-Konzernen durch die innovative Kombination von Technologie und Geschäftsmodellen, ist langfristig auch die Entwicklung hin zu medizinischen Full-Service-Providern denkbar. In China ist dies bereits Realität. So bietet der Tech-Konzern Tencent mit Doctorwork plattformbasierte medizinische Dienstleistungen. Dieses Geschäftsmodell ähnelt dem der privaten Arztpraxen in westlichen Ländern, in dem der Allgemeinmediziner Gesundheitsversorgung bietet. Allerdings werden bei Doctorwork Online-Ressourcen in die Offline-Arztpraxen integriert. Die wirtschaftliche Attraktivität des Gesundheitsmarkts sowie die fortschreitende technologische Entwicklung bieten auch traditionellen Anbietern anderer Branchen einen Anreiz, neue Leistungsangebote zu entwickeln.

War die Übertragung des Begriffs ‚Geschäftsmodell' auf das Gesundheitswesen in Deutschland in früheren Jahren noch undenkbar gewesen, so hat sich die Geschäftsmodell-Systematik als Analyse-Framework im Gesundheitsmarkt etabliert. Die schnell fortschreitende Entwicklung der Medizin gepaart mit digitalen Technologien bietet aktuell nicht nur der medizinischen Forschung neue Möglichkeiten, sie erlaubt es auch privatwirtschaftlichen Unternehmen neue Produkte und Dienstleistungen und somit neue Geschäftsmodelle zu entwickeln. Mittel- bis langfristig allerdings stehen die etablierten Akteure und Versorgungskonzepte im Gesundheitswesen aufgrund sich abzeichnender technologischer und gesellschaftlicher Mega-Trends vor tief greifenden Herausforderungen und Veränderungen. Im deutschen Gesundheitsmarkt bestehen eine Reihe an Faktoren, welche die Entwicklung neuer Geschäftsmodelle hemmen. Es bedarf letztlich einer Marktordnung, die es unternehmerischen Akteuren erlaubt, im Wettbewerb um die Patienten attraktive Angebote zu gestalten. Die Politik in Deutschland und Europa ist daher gefragt, Rahmenbedingungen für Leistungserbringer im Gesundheitswesen zu schaffen, die eine schnellere Umsetzung von neuen Technologien in Diagnose- und Therapieleistungen ermöglichen. Es besteht nämlich die Gefahr, dass langfristig der Anschluss im Bereich des medizinisch-technischen Fortschritts verloren geht und neue kommerzielle Anbieter, wie z. B. internationale Tech-Konzerne, eine monopolartige Stellung einnehmen können. Dies führt zu folgendem Dilemma: Vor dem Hintergrund der Möglichkeiten, welche neue Technologien wie KI und die Genomanalyse im Gesundheitsbereich bieten, steht die Frage im

Raum, ob es ethisch vertretbar ist, diese nicht zu nutzen. Gleichzeitig müssen starke ethische und rechtliche Grenzen die Rechte des Individuums schützen. In diesem Zusammenhang ist auch zu diskutieren, ob die Politik Mechanismen schaffen muss, damit Algorithmen im Sinne von Open Source transparent gemacht werden. Nur so ließe sich dauerhaft ein fairer Wettbewerb unter den Anbietern erhalten.

Als ein zentraler, für die Leistungserbringer individueller, Erfolgsfaktor für zukunftsfähige Geschäftsmodelle lässt sich der primäre und direkte Zugang zu den Patienten (Ownership to Access) hervorheben. Nur so lässt sich in der Wertschöpfungskette eine strategisch vorteilhafte Position erkämpfen. Leistungs- bzw. Wertangebote müssen daher konsequent auf die Bedürfnisse des Kunden ausgerichtet werden. Insbesondere bieten neue Technologien wie Wearables oder die Personalisierung von Präventions- und Therapiemaßnahmen für die Anbieter die Möglichkeit, direkte Kanäle zu vielfältigen und mitunter neuen Kundensegmenten zu erschließen. In diesem Zusammenhang bilden neue Allianzen und Netzwerke die Grundlage dafür, ein ganzes Leistungsökosystem um die Patienten herum aufzubauen zu können. Zudem müssen die Leistungsanbieter im Gesundheitswesen die neuen Technologien nutzen, um Effizienzsteigerungen umzusetzen. Wenn allerdings die Vorteile des technologischen Fortschritts maximal genutzt werden sollen, müssen Versorgungsprozesse und -strukturen im deutschen Gesundheitswesen neu definiert werden. Insbesondere ist auch von einer zunehmenden Dezentralisierung von Versorgungsinfrastrukturen auszugehen.

Letztlich darf nicht vergessen werden, dass technologischer Wandel kein Selbstzweck ist. Gesundheit stellt individuell und gesellschaftlich gesehen ein hohes Gut dar. Daher darf die Zielsetzung einer hohen Versorgungsqualität und -reichweite für alle Bevölkerungsschichten sowohl bei der Politik als auch bei den Leistungserbringern nie aus den Augen verloren gehen.

## Literatur

Bloomberg. (2019). *Israeli researchers print 3D heart using patient's own cells.* 15.04.2019. https://www.bloomberg.com/news/articles/2019-04-15/israeli-researchers-print-3d-heart-using-patient-s-own-cells. Zugegriffen am 21.05.2019.

CDC – Centers for Desease Control and Prevention. (2019). *National center for health statistics. Life expectancy.* https://www.cdc.gov/nchs/fastats/life-expectancy.htm. Zugegriffen am 15.05.2019.

Christensen, C., Grossman, J., & Hwang, J. (2008). *The innovator's prescription: A disruptive solution for health care.* New York: McGraw-Hill.

Christensen, C., Raynor, M., & McDonald, R. (2015). What is disruptive innovation? *Harvard Business Review, 2015,* 44–53.

David, P. (1990). The dynamo and the computer: An historical perspective on the modern productivity paradox. *The American Economic Review, 80*(2), 355–361.

Deloitte. (2018). *IT im Krankenhaus. Zwischen neuen Herausforderungen und Chancen.* Deloitte. Februar 2018.

Fielt, E. (2013). Conceptualising business models: Definitions, frameworks and classifications. *Journal of Business Models, 1*(1), 85–105.

Forbes. (2013). *What is concierge healthcare?* https://www.forbes.com/sites/russalanprince/2013/05/30/what-is-concierge-healthcare/#62c66a155c6d. Zugegriffen am 21.05.2019.

Grace, K., Salvatier, J., Dafoe, A., Zhang, B., & Evans, O. (2018). Viewpoint: When will AI exceed human performance? Evidence from AI experts. *Journal of Artificial Intelligence Research, 62*(2018), 729–754.

Handelsblatt. (2019). *So will Jens Spahn Gesundheits-Apps schneller zu den Patienten bringen.* https://www.handelsblatt.com/politik/deutschland/digitalisierung-so-will-jens-spahn-gesundheits-apps-schneller-zu-den-patienten-bringen/24344290.html?ticket=ST-2299753-esjemDlE4t-JwEquYGTlB-ap6. Zugegriffen am 30.05.2019.

Hu, L., Bell, D., Antani, S., Xue, Z., Yu, K., Horning, M., Gachuhi, N., Wilson, B., Jaiswal, M., Befano, B., Long, R., Herrero, R., Einstein, M., Burk, R., Demarco, M., Gage, J., Rodriguez, A., Wentzensen, N., & Schiffman, M. (2019). An Observational Study of Deep Learning and Automated Evaluation of Cervical Images for Cancer Screening. *Journal of the National Cancer Institute.* https://doi.org/10.1093/jnci/djy225. Zugegriffen am 30.05.2019.

Koh, D. (2019). *Ping An Good Doctor launches commercial operation of One-minute Clinics in China.* https://www.mobihealthnews.com/content/ping-good-doctor-launches-commercial-operation-one-minute-clinics-china. Zugegriffen am 08.06.2019.

Kollmann, T. (2016). *E-Entrepreneurship: Grundlagen der Unternehmensgründung in der Digitalen Wirtschaft.* Wiesbaden: Springer Gabler.

LSPdigital. (2018). Venture Capital. Deutsche Startups erhalten im 1. Halbjahr 2018 über € 1,8 Mrd. https://lsp.de/de/good2know/deutsche-startup-finanzierung-2018-ein-ueberblick. Zugegriffen am 15.05.2018.

Manzei, A., & Schmiede, R. (2014). *20 Jahre Wettbewerb im Gesundheitswesen – theoretische und empirische Analysen zur Ökonomisierung von Medizin und Pflege.* Berlin/Heidelberg/New York: Springer.

Matusiewicz, D. (2019a). Einführung in das Marketing im Gesundheitswesen. In D. Matusiewicz, F. Stratmann & F. Wimmer (Hrsg.), *Marketing im Gesundheitswesen* (1. Aufl., S. 3–24). Wiesbaden: Springer.

Matusiewicz, D. (2019b). Warum das SGB V ein Update braucht. *Health & Care Management (HCM), 1/2*(10), 48–49.

Matusiewicz, D. (2019c). Betrachtung der Disease Interception aus gesundheitsökonomischer Sicht. In F. Jessen & C. Bug (Hrsg.), *Disease interception* (S. 69–78). Bonn: eRelation.

Matusiewicz, D., & de Witte, B. (2019). Risikofaktor Mensch – Ist die Maschine der bessere Arzt? In V. Oubaid (Hrsg.), *Der Faktor Mensch – Personalmanagement und Patientensicherheit* (S. 13–30). Berlin: MWV-Verlag.

Matusiewicz, D., & Kusch, C. (2019). Auf dem Weg zum dritten Gesundheitsmarkt. Gesundheitsforen, Trenddosier, Ausgabe 02/2019, 18. Februar 2019.

Matusiewicz, D., Brueggemann, F., & Wasem, J. (2012a). Effekte des Zusatzbeitrages auf das Management gesetzlicher Krankenkassen. *Zeitschrift für die gesamte Versicherungswissenschaft (ZVersWiss), 101*(1), 31–44.

Matusiewicz, D., Kochanczyk, M., Wasem, J., & Lux, G. (2012b). Kassenpatriotismus? – eine empirische Analyse des Wechselverhaltens in der gesetzlichen Krankenversicherung. In J. Böcken, B. Braun & U. Repschläger (Hrsg.), *Gesundheitsmonitor 2012* (S. 81–98). Wuppertal: Bertelsmann Stiftung und BARMER GEK.

Matusiewicz, D., Stollmeier, H., Wasem, J., & Bischkopf, T. (2013a). Krankenkassenmarketing – Rahmenbedingungen und Überblick über den Stand der betriebswirtschaftlichen Forschung. *Sozialer Fortschritt, 62*(10/2013), 293–309.

Matusiewicz, D., Stollmeier, H., Wasem, J., & Bischkopf, T. (2013b). Marketing in der gesetzlichen Krankenversicherung (GKV): Vom Payer zum Player zum Partner – Eine gezielte Provokation zur Vorstellung eines Marketingansatzes für die Postmoderne. *Sozialer Fortschritt, 62*(3), 87–94.

Matusiewicz, D., Aulenkamp, J., & Werner, J. (2019). Effekte der digitalen Transformation des Krankenhauses auf den Wandel des Berufsbildes Arzt. In J. Klauber, M. Geraedts, J. Friedrich & J. Wasem (Hrsg.), *Krankenhausreport 2019 – das digitale Krankenhaus* (S. 101–114). Berlin: Springer.

Medscape. (2019). *Mit Artificial Intelligence gegen Depressionen und Angstzustände: Was kann „Dr. Bot" leisten?* 21.05.2019. https://deutsch.medscape.com/artikelansicht/4906868. Zugegriffen am 21.05.2019.

Mehrotra, A., Liu, H., Adams, J., Wang, M., Lave, J., Thygeson, M., Solberg, L., & McGlynn, E. (2009). Comparing costs and quality of care at retail clinics with that of other medical settings for 3 common illnesses. *Annals of Internal Medicine, 151*(5), 321–328.

OECD. (2019). *OECD data. Health spending.* https://data.oecd.org/healthres/health-spending.htm. Zugegriffen am 15.05.2019.

Osterwalder, A., & Pigneur, Y. (2010). *Business model generation – A handbook for visionaries, game changers and challengers.* Hoboken: Wiley.

Oxford Nanopore Technologies. (2019). *MinION.* https://nanoporetech.com/products/minion. Zugegriffen am 21.05.2019.

Philips Gesundheitsstudie. (2015). *Wie Vertrauen zum Treiber einer neuen Gesundheitskultur wird.* https://www.zukunftsinstitut.de/fileadmin/user_upload/Publikationen/Auf-tragsstudien/Zukunftsinstitut_Philips_Gesundheitsstudie_2015.pdf. Zugegriffen am 21.05.2019.

Stanford Medicine. (2019). *Apple Heart Study demonstrates ability of wearable technology to detect atrial fibrillation.* 16.03.2019. https://med.stanford.edu/news/all-news/2019/03/apple-heart-study-demonstrates-ability-of-wearable-technology.html. Zugegriffen am 21.05.2019.

StethoMe (2019). *Made for parents, by parents: StethoMe uses AI to identify respiratory issues in children.* https://www.medgadget.com/wp-content/uploads/2019/06/StethoMe-CE-Mark.pdf. Zugegriffen am 09.06.2019.

tech.eu. (2019). *AI beats pharma? Cambridge neurotech startup BIOS is on a mission to replace pills with algorithms.* https://tech.eu/features/26779/bios-profile-healthtech/?fbclid=IwAR08W0Il6iL65-GWt4hHrNQXUsEno5pOjWaPGygl6pZboiNoXORpq-CkxnBc. Zugegriffen am 09.06.2019.

Tewes, S., Tewes, C., & Jäger, C. (2018). The 9×9 of future business models. *International Journal of Innovation and Economic Development, 4*(5), 39–48.

WEF – World Economic Forum. (2018). *This Swedish startup is 3D printing human organs.* 12.10.2018. https://www.weforum.org/agenda/2018/10/this-3d-printer-could-one-day-make-new-body-parts-for-transplant-patients/. Zugegriffen am 21.05.2019.

Welt. (2019). *Eine DNA-Analyse soll bald weniger als 200 Euro kosten.* https://www.welt.de/wirtschaft/article184408998/Eine-DNA-Analyse-soll-bald-weniger-als-200-Euro-kosten.html. Zugegriffen am 09.06.2019.


**Prof. Dr. David Matusiewicz** Professor für Medizinmanagement an der FOM Hochschule für Oekonomie & Management – der größten Privathochschule in Deutschland. Seit 2015 verantwortet er als Dekan den Hochschulbereich Gesundheit & Soziales und leitet als Direktor das Forschungsinstitut für Gesundheit & Soziales (ifgs). Darüber hinaus ist er Gründungsgesellschafter des Essener Forschungsinstituts für Medizinmanagement (EsFoMed GmbH) und unterstützt als Gründer bzw. Business Angel Start-ups im Gesundheitswesen. Er ist Gründer der Digital Health Academy mit Sitz in Berlin. Zudem ist er Autor, Herausgeber und Keynote-Speaker. Weitere Infos zur Person: www.david-matusiewicz.com

**Prof. Dr. Benjamin Niestroj** ist Professor an der FOM Hochschule für Oekonomie & Management. Seine Forschungsschwerpunkte sind Digitale Ökonomie, Geschäftsmodellinnovation und Future Skills. Zudem leitet er deutschlandweit verschiedene Module in den Bereichen Strategische Geschäftsmodellentwicklung, Entrepreneurship und Innovationsmanagement. Zuvor war er für renommierte Strategie- und Managementberatungsunternehmen tätig.

**Bart de Witte** ist Gründer der Digital Health Academy und die HIPPO AI Foundation. Er ist ein inspirierender und preisgekrönter Experte im Digital Health Bereich, welcher als Executive Director für SAP und IBM im Einsatz war. Bart begleitete die Gründung und das Wachstum von einem Dutzend digitaler Gesundheitsunternehmen als Mentor und dozierte an verschiedenen Universitäten in Deutschland, Belgien, der Schweiz und Österreich. Er ist Teil der Gründungsfakultät des European Institute of Exponential Technologies and Desirable Futures, futur.io. Ein Institut, das sich darauf konzentriert, alternative europäische Strategien für die gegenwärtige Postmoderne zu finden.

# Wie die Digitalisierung die Telekommunikationsbranche verändert

**Michael Reinartz und Christian Nopper**

#### Zusammenfassung

Die Telekommunikationsbranche steht vor der Herausforderung der zunehmenden Disruption der bestehenden Geschäftsmodelle. Dienste wie SMS oder MMS, vormals wichtige Standbeine, sind nahezu bedeutungslos geworden. Jedoch ist der Ausbau der Breitbandinfrastruktur im Gegensatz zu anderen Ländern zurückliegend. Die Digitalisierung und die zunehmende Vernetzung von Geräten, Maschinen, Diensten und Menschen bieten viele Möglichkeiten, das Geschäftsmodell an die Anforderungen der Zukunft anzupassen und eine langfristige Entwicklung der Geschäftsfelder voranzutreiben. Standardlösungen gehören der Vergangenheit an. Aktuelle Megatrends – wie autonomes Fahren, digitale Eigenheime und vernetze Maschinen – und eine kundennahe Entwicklung von Geschäftsmodellen benötigen vielmehr umfangreiche Investitionen in Infrastruktur, Datenanalyse und Partnerschaften mit etablierten Playern in den jeweiligen Zielmärkten.

## 7.1 Trends der Telekommunikationsbranche

Die Kombination aus technologischen und gesellschaftlichen Trends führt zu umfangreichen Veränderungen für Unternehmen. Der Unternehmenserfolg ist künftig stark verbunden mit der Funktionalität des gesamten Geschäftsmodells (Tewes et al. 2018) – selbiges gilt für die Telekommunikationsbranche. Für die Telekommunikation ergibt sich demzufolge aus verschiedenen Trends die Möglichkeit bzw. Notwendigkeit, sich neben dem etablierten Geschäftsmodell der Sprach- und Datenkommunikation, weitere Standbeine aufzubauen.

---

M. Reinartz (✉) · C. Nopper
Vodafone, Düsseldorf, Deutschland
E-Mail: Michael.Reinartz@vodafone.com; Christian.Nopper@Vodafone.com

© Springer Fachmedien Wiesbaden GmbH, ein Teil von Springer Nature 2020
S. Tewes et al. (Hrsg.), *Geschäftsmodelle in die Zukunft denken*,
https://doi.org/10.1007/978-3-658-27214-2_7

Der bedeutsamste soziokulturelle Trend für die Telekommunikationsbranche ist der Convenience-Trend. Diesem wurde bereits 2003 die Rolle ‚als wesentlicher Innovations- und Wachstumsmotor' des Telekommunikationsmarktes (Wybranietz 2003) zugeordnet. Die zunehmende Vernetzung zwischen Mensch und Maschine ermöglicht es, dass immer neue Anwendungsfelder geschaffen werden und eine Erleichterung des Alltags ermöglicht wird. Neben dem Convenience-Trend spielt die Shared Economy eine wichtige Rolle in der soziokulturellen Entwicklung der Gesellschaft. Ein bewussterer ökologischer und ökonomischer Umgang mit Ressourcen – beispielsweise im Mobilitätsbereich – zeigt ein enormes Wachstumspotenzial. Alleine die Zahl der registrierten Carsharing-Nutzer ist innerhalb der letzten fünf Jahre um 308 Prozent gestiegen (Bundesverband CarSharing 2019; Statista 2019).

Auf technologischer Seite wird die digitale Infrastruktur mit Glasfaser und 5G die nächsten Jahre beherrschen und mit zunehmendem Fortschritt viele Potenziale für Unternehmen hervorbringen. Hierbei bringt 5G mit Network Slicing und Virtualisierung das richtige Netz für jeden Anwendungsbereich. Anders als bei den bisher bekannten Mobilfunkstandards kann das 5G-Netz zwischen verschiedenen Netzschichten differenzieren, die jeweils eigene Eigenschaften aufweisen. Neben dem Mobile Broadband Slice, über das schon heute Daten auf dem Handy über 4G abrufbar sind, kommen im neuen Mobilfunknetz das Massive IoT Slice, das Critical IoT Slice und das Campus Slice hinzu. Das Massive IoT Slice deckt Anwendungsfelder ab, in denen keine permanente Vernetzung notwendig ist, sondern in regelmäßigen Zeitabständen ein aktueller Status abgefragt wird. Dieses Slice wird beispielsweise in der Industrie 4.0, im Bereich eHealth, aber auch in der Logistik Anwendung finden. Im Critical IoT Slice liegt der Fokus des Netzes auf einer geringen Latenzzeit und einer hohen Ausfallsicherheit – dies wird unter anderem beim autonomen Fahren benötigt. Das Campus Slice wird vor allem für Geschäftskunden interessant. Sie können auf ihrem Unternehmensgelände spezielle Anforderungen an das 5G-Netz stellen und diese in Kooperation mit einem Mobilfunkunternehmen abbilden. Auf diese Weise sind die Möglichkeiten der nutzenbezogenen Differenzierung nahezu unbegrenzt.

Durch die Entwicklung in der digitalen Infrastruktur gewinnt die Verwendung von vernetzten Gegenständen, also dem Internet of Things (IoT), immer mehr an Bedeutung. Bis 2030 könnte die Bundesrepublik Deutschland ihr kumulatives BIP bei ausreichenden Investitionsanstrengungen um 700 Milliarden US-Dollar in 2030 steigern (Lück 2015). Unter der Betrachtung der entstehenden Datenmenge, die mit dem Anstieg der vernetzten Geräte und Sensoren entstehen, ist erkennbar, dass das Thema Big Data Analytics eine wichtige Rolle in der Zukunft der Telekommunikationsbranche einnehmen wird. Der zentrale Aspekt bei Big Data Analytics ist das Analysieren und Einordnen der Daten, das Schließen von Zusammenhängen und die Verwertung dieser Kenntnisse. Allerdings sind die Datenmengen so groß, dass diese nicht mehr von einem Menschen analysiert werden können. Zukünftig wird diese Aufgabe von Artificial Intelligence übernommen, künstlicher Intelligenz, die mit zunehmender Zeit wiederkehrende Verhaltensmuster erkennt und aus diesen lernt. Die Verknüpfung dieser Datenmengen an eine künstliche Intelligenz kann ermöglichen, dass Verkehrsunfälle verhindert, Naturkatastrophen vorhergesagt oder eine Steigerung der Effizienz in Produktion und Wirtschaft umsetzbar werden.

Betrachtet man neben den soziokulturellen und technologischen Trends die verschiedenen Megatrends, lassen sich vier Kernbereiche herausstellen, die einem Telekommunikationsunternehmen eine Entwicklung ihres Geschäftsmodells ermöglichen:

- Konnektivität,
- Mobilität,
- Sicherheit und
- Individualisierung.

Konnektivität ist der soziokulturell wichtigste Megatrend für Unternehmen der Telekommunikationsbranche. Vernetzung nimmt einen immer größeren Teil in der Gesellschaft ein. Neben den Digital Natives befassen sich auch immer mehr ältere Menschen mit der Möglichkeit der ubiquitären Verfügbarkeit von Daten, Kommunikation und Medien (Frees und Koch 2019). Die Konnektivität und die damit einhergehende Vernetzung verwandelt unsere Gesellschaft und hat nachhaltigen Einfluss auf die Kundenbedürfnisse. Durch die entstehenden Möglichkeiten entwickeln sich neue Lebens- und Verhaltensstile. Diese sind neben dem klassischen Geschäftsmodell der Telekommunikation auf alltägliche Bereiche des Lebens zu erweitern. Konnektivität beginnt im Eigenheim mit Smart-Home-Produkten, vernetzten Autos auf der Straße, bis hin zu voll vernetzten Städten. Hierbei stehen nicht zwangsläufig die mobilen Endgeräte im Mittelpunkt, sondern die neuen Möglichkeiten, die sich aus der wachsenden Konnektivität ergeben. Durch das Internet of Things werden Geräte in das alltägliche Leben integriert und interagieren mit der Gesellschaft. Hieraus lassen sich neben einfach Anwendungsfällen – wie dem Tracking von Fahrzeugflotten oder dem Auslesen von Wetterdaten – auch unüblichere Anwendungsfelder erschließen: Beispielsweise ein Produkt, das die Einleitung der Geburt eines Kalbes an den Landwirt meldet, damit dieser unterstützen kann. Das Internet of Things kennt keine Grenzen und wird sich mit rasender Geschwindigkeit in allen Bereichen des Lebens etablieren. Ein durch den demografischen Wandel besonders wichtiger Bereich, der in Zukunft von Digitalisierung profitieren wird, ist der gesamte eHealth-Sektor. Telemedizin, ärztliche Beratung über Videochat und Operationen, die in Echtzeit von der anderen Seite des Landes aus durchgeführt werden, revolutionieren das Gesundheitswesen. Überfüllte Arztpraxen werden nicht mehr existieren, da ein Großteil der Diagnosen und Patientengespräche digital durchgeführt werden kann. Das bietet nicht nur den Patienten die Möglichkeit, sich von Zuhause eine Krankmeldung ausstellen zu lassen, sondern minimiert nebenbei auch die Gefahr einer Ansteckung im Wartezimmer. Risikopatienten können über smarte Wearables permanent überwacht werden und demente Patienten können mithilfe spezieller Armbänder im Falle eines Verschwindens geortet werden. Schon heute ist es möglich, mithilfe digitaler Hilfsmittel Anzeichen einer Herzrhythmusstörung anhand einer Echtzeitanalyse feststellen, die betroffene Person darauf aufmerksam machen und so ein frühzeitiges Entgegensteuern ermöglichen (Apple 2019). Durch die zunehmende Vernetzung der Gesellschaft untereinander verändert sich die Erwartungshaltung an Unternehmen ebenfalls. Diese werden vor der Herausforderung stehen, einen

Kunden-Service zu bieten, der dem Kunden zu jeder Zeit zur Verfügung steht. Erste Chat-Bots sind bereits im Einsatz und lernen durch jede Kundenanfrage weiter dazu.

Einer der größten Einflüsse wird die Konnektivität auf das Thema Mobilität haben. Als zweiter Megatrend hat Mobilität mit einem stetig wachsenden Angebot an Mobilitätsformen einen großen Einfluss auf die Gesellschaft und ist ein Markt, der für Telekommunikationsunternehmen bisher noch nicht in seiner Gesamtheit erschlossen ist. Die Konnektivität von morgen ist vielfältig. Neben autonom fahrenden Autos spielt die Integration übergreifender Vernetzung eine wichtige Rolle. Unter Betrachtung der Potenziale von Internet of Things und Big Data wird sich das Thema Mobilität grundlegend verändern. Autos werden zu Schaltzentralen, die von den Datenmengen profitieren, die permanent gesammelt und verarbeitet werden. Neben der Weiterentwicklung des Autos spielt das Thema Share Economy eine soziokulturelle Rolle (Ebke 2016). Die meisten privat genutzten Fahrzeuge werden nur eine Stunde am Tag bewegt. Der Markt für Shared Driving wächst vor allem in Städtezentren, in denen nur wenige Menschen ein Auto besitzen, exponentiell. Diese Entwicklung kann allerdings zur Folge haben, dass der öffentliche Verkehr kannibalisiert wird und mehr Menschen auf den Individualverkehr umsteigen. Die Mobilität durchläuft eine Evolution und ebnet den Weg zu einem neuen, multimobilen und intermodalen Zeitalter.

Sicherheit hat im aktuellen Zeitalter von Hacker-Angriffen, DDoS-Attacken, Cyber-Kriminalität und Spionage nicht nur bei großen Konzernen eine hohe Priorität (Schröder et al. 2015). Auch Privatkunden bekommen zunehmend ein besseres Verständnis für Datensicherheit und haben das Bedürfnis, sich auch im privaten Umfeld besser vor digitalen Risiken zu schützen. Darüber hinaus bietet die Technologie immer mehr Möglichkeiten, materielle Güter digital zu schützen. Angefangen von Smart Home Systemen zur Sicherung des Eigenheims, der Nachverfolgung seines Autos im Falle eines Diebstahls, bis hin zur Kühlkettenüberwachung sensibler Medizin. Die Sicherheit lange etablierter Prozesse und Abläufe im Alltag wird zunehmend hinterfragt. Datenschutz ist spätestens seit der Datenschutzgrundverordnung für Unternehmen ein bedeutsames Thema geworden. Gerade in Bezug auf das Cloud-Geschäft existiert ein stärkeres Bewusstsein für die Bedeutung der dezentralen Speicherung von Daten. Der Markt für Sicherheitsanwendungen ist groß und bietet Telekommunikationsunternehmen ein Potenzial zur vertikalen Entwicklung des Geschäftsmodells. Mit stetig steigenden Möglichkeiten der Überwachung und Kontrolle spielt in der Gesellschaft aber auch das Thema Digital Ethic eine wichtige Rolle (KPMG 2019). Hierbei kann man zwar nicht direkt von einem Trend sprechen, allerdings ist dieser Faktor für Telekommunikationsunternehmen – ebenso wie für alle anderen Unternehmen, die im Rahmen der Digitalisierung eine Vielzahl an Kundendaten speichern – relevant. Verbraucher und Unternehmen benötigen bei der Sicherung der Daten Unterstützung und Expertise. Eine Datenauswertung, wie sie mit Big Data möglich ist, muss klar begrenzt und unter Betrachtung der gesellschaftlichen Verantwortung genutzt werden. Hierbei bildet die Datenschutzgrundverordnung, trotz ihrer Schwierigkeiten in der Umsetzung für viele Unternehmen einen guten Leitfaden.

Der Schutz des Individuums in privater als auch ökonomischer Hinsicht steht an oberster Stelle. *Individualisierung* als das zentrale Kulturprinzip der westlichen Welt spielt nicht nur im Datenschutz eine wesentliche Rolle. Als ein für Unternehmen komplex umzusetzender Megatrend gewinnt Individualisierung zunehmend an Bedeutung. Unterneh-

**Tab. 7.1** Trendübersicht Telekommunikationsbranche. (Quelle: eigene Darstellung)

| Soziokulturelle Trends | • Convenience Trend<br>• Share Economy |
|---|---|
| Technologische Trends | • Infrastruktur – Glasfaser & 5G<br>• Internet of Things<br>• Big Data & Analytics<br>• Artificial Intelligence |
| Megatrends | • Konnektivität<br>• Mobilität<br>• Sicherheit<br>• Individualisierung |

men müssen das Wertangebot und den Service an den Kunden anpassen. In Anbetracht des umkämpften Arbeitsmarktes und des gleichzeitigen Fachkräftemangels in vielen Branchen stehen Unternehmen in der Verantwortung, ihren Arbeitnehmern verschiedene Arbeitsmodelle zu ermöglichen. Ein großer Markt, der vor allem für Telekommunikationsanbieter als Service-Dienstleister interessant ist. Home-Office, flexibles Working und digital Workplaces als Buzzwords der Generation Y ermöglichen der Telekommunikationsbranche einen großen Markt im Geschäftskundenumfeld zu erschließen, indem flexible Arbeitsplätze geschaffen werden (s. Tab. 7.1).

## 7.2 Wie entwickelt sich das Geschäftsmodell in die Zukunft

**Kundenbedürfnisse im Wandel – Individuallösungen im Fokus**

Kundenbedürfnisse befinden sich im Wandel und bringen ein großes Potenzial, aber auch Risiken für die Telekommunikationsbranche mit sich. Ein wichtiger Aspekt ist hierbei die Entwicklung der Netzinfrastruktur und die zunehmende Verbesserung der Netzqualität. Telekommunikationsunternehmen können sich nicht mehr allein anhand der Geschwindigkeiten ihrer Netze differenzieren. Daher gilt es, sich im Privatkundenbereich über eine Unique Value Proposition vom Wettbewerb abzugrenzen. Service ist seit Amazon oder Google noch stärker in den Fokus des Kunden gerückt. Der After-Sales-Support muss sich Customer-Centered aufstellen und dem Kunden eine nachhaltig positive Erfahrung mit dem Produkt ermöglichen. Dies kann zukünftig durch die Kombination künstlicher Intelligenz im First-Level- und dem Einsatz von Service-Mitarbeitern im Second- und Third-Level-Support realisiert werden.

Der Großteil der Kunden ist Mobilfunk-, Breitband- oder TV-Kunde. Eine langfristige Kundenbindung lässt sich am einfachsten über Konvergenz schaffen. Dies gilt neben Preisvorteilen für andere Produkte vor allem für das Thema mobile Daten. Kann der Kunde sein für das Handy gebuchte Datenvolumen auch über die eSim auf seinem Tablet, Laptop oder im Auto nutzen, sind die Wechselbarrieren deutlich höher und das Kundenverhältnis nachhaltig gestärkt. Service fängt aber nicht mit dem Auftreten eines Problems auf. Anhand von Bewegungsdaten kann mithilfe künstlicher Intelligenz ein kundenindividuelles Profil erstellt werden, das aus den Vorlieben des Kunden lernt und die vernetzten

Geräte immer mit dem favorisierten Content bespielt. Ein Anwendungsbeispiel hierfür wäre ein Geschäftsreisender, der viel fliegt und sich gerne seine Lieblingsserie offline im Flugzeug ansieht. Die Artificial Intelligence lernt aus dem Verhaltensmuster des Kunden und lädt zukünftig automatisiert die neusten Folgen herunter. Ein anderer Anwendungsbereich wäre die datenbasierte Auswertung des Verkehrs und eine entsprechende Änderung der Weckzeit, damit im Mobiltelefon gespeicherte Termine, trotz einer für den Kunden unvorhergesehenen Verzögerung, wahrgenommen werden können.

Der Geschäftskundenbereich entwickelt sich zum Continuous Engagement. Entscheidend für B2B-Kunden ist vor allem der Mehrwert, der im Zuge der Digitalisierung für sie nutzbar gemacht werden kann. Problemlösung wird smart und digital. Das beginnt bei der internen Prozessoptimierung, dem Tracking von Gütern und Flotten über die Optimierung von etablierten Produkten durch die Vernetzung mithilfe des Internet of Things, bei denen das Telekommunikationsunternehmen als B2B2C-Anbieter fungiert. Der Begriff Lösungsanbieter wird in Zukunft eine noch stärkere Anwendung finden, da Kunden individualisierte Produkte, basierend auf den aktuellen Herausforderungen benötigen. Das Internet of Things wird im Geschäftskundenbereich neben dem Campus Slice des 5G und einer Glasfaserbreitbandanbindung eine tragende Rolle zur Potenzialsteigerung bieten. Neue Lösungswege, die dem Kunden am Markt einen Vorteil verschaffen, werden in Zusammenarbeit mit Telekommunikationsunternehmen erarbeitet und umgesetzt.

> **Beispiel**
> Ein Beispiel wäre die Überwachung der Matratzenauslastung in 5-Sterne-Hotels. Aktuell müssen diese ihren Bestand ungeachtet der Nutzung alle 18–24 Monate austauschen. Mit smarten IoT-Modulen und der Vernetzung der Matratzen kann genau verfolgt werden, wie oft die Matratze genutzt wurde und der Austausch entsprechend der Abnutzung veranlasst werden.

Dieses Beispiel zeigt, wie individuell Kundenlösungen in Zukunft aussehen können und müssen. Hier ist es die Herausforderung agil und schnell auf Anforderungen aus dem Markt agieren zu können und dem Kunden durch geschultes Personal diese Ansätze aufzuzeigen.

**Starke Allianzen sind notwendig für ein digitales Deutschland**
Im Rahmen der Veränderung der Branche werden die Telekommunikationsdienstleister darauf angewiesen sein, gemeinschaftlich zu denken und zu handeln. Kooperation und Allianzen mit Start-ups, Mittelständlern oder Global Playern werden benötigt, um den Markt zu beherrschen. Die Zusammenarbeit zwischen Telekommunikationsunternehmen lassen sich in vier Arten strategischer Allianzen herunterbrechen, die bereits heute und zukünftig relevant sein werden:

- vertikale Partnerschaften – Upstream,
- vertikale Partnerschaften – Downstream,
- Cross-industry Agreements und
- Joint Ventures.

Beim Up- und Downstream in der vertikalen Partnerschaft spricht man auch von Vor- und Rückwärtsintegration innerhalb der Wertschöpfungskette. Zukünftig werden Autos mit eSim-Karten ausgestattet, die individuell durch Telekommunikationsunternehmen mit Daten gespeist werden können und von Netzbetreibern unabhängig sind. Hier besteht das Potenzial, das Portfolio der Telekommunikationsanbieter im Privat- und Geschäftskundenbereich auf das Auto zu erweitern und somit eine Position, die ursprünglich außerhalb der eigenen Organisation lag, in die interne Wertschöpfungskette zu integrieren. Ein Beispiel für eine Rückwärtsintegration der Wertschöpfungskette wäre die Rückführung ehemals ausgelagerter Dienstleistungen wie den First-Level-Customer-Service. Diese Position kann mithilfe von Artificial Intelligence gestützten Chat-Robotern eine qualitativ höhere Rund-um-die-Uhr-Betreuung der Kunden zu günstigeren Preisen ermöglichen.

Cross-industry Agreements spielen in Betracht auf die Absatzsteigerung eine gesonderte Rolle. Hierbei wird weniger die technologische Expertise, sondern eher die Vertriebsstruktur und die Positionierung des Partners am Markt als Asset einer gemeinsamen Partnerschaft gesehen. Betrachtet man beispielsweise den Smart-Home-Markt, so sind diese Produkte leichter über Baumärkte oder Elektrofachhändler zu vertreiben, da diese als Experten für den Bereich Heimelektronik angesehen werden. Diese Form der Zusammenarbeit kann sowohl technologisch, durch die gemeinsame Produktion eines Produktes, als auch rein vertrieblicher Natur sein. Die Zusammenarbeit auf Produktebene ist jedoch nur sinnvoll, wenn beide durch die Partnerschaft exklusiv von den Assets des anderen profitieren können. Betrachtet man den Gesundheitsmarkt, wird eine große Nachfrage nach vernetzten Produkten für die Überwachung von Vitalwerten entstehen. Dieser Fachbereich bedarf der Expertise aus der Pharmazie und den Assets der Telekommunikationsbranche. Nur durch eine enge Zusammenarbeit kann der Gesundheitsmarkt sich digital transformieren und bietet für beide Branchen ein starkes Umsatzpotenzial.

Joint Ventures werden im Wettrennen um die digitale Infrastruktur eine entscheidende Rolle spielen. Gerade in ländlicheren Regionen sind Stadtwerke oder Stromanbieter in den Glasfasermarkt eingestiegen und besitzen Infrastruktur in Kommunen und Gemeinden, die für die etablierten Unternehmen am Markt nicht mehr profitabel erschließbar sind. Um aber auch diese Regionen mit dem neuen Mobilfunkstandard zu versorgen und damit die Grundvoraussetzung für alle zukünftigen Anwendungsbereiche der Digitalisierung zu schaffen, bedarf neben den bestehenden Site-sharing Agreements – also der gemeinsamen Nutzung von Infrastruktur an Knotenpunkten – weiterer Zusammenarbeit in lokalen, ländlichen Bereichen.

**Flexible Geschäftsmodelle definieren die Verkaufsstrategie**
Kundenkommunikation wird für die Zukunft der Telekommunikationsbranche eine entscheidende Rolle spielen. Schon heute sind erste Chat-Bots im Einsatz, um eine Kundenbetreuung zu jeder Uhrzeit zu ermöglichen. Diese beschränken sich noch auf simple Kundenanfragen und leiten bei Bedarf die Anfrage an einen Servicemitarbeiter weiter. Hier besteht besonders in Bezug auf Big Data und Artificial Intelligence ein enormes Verbesserungspotenzial in der Qualität der Kundenbetreuung. Chat-Bots können zukünftig aufgrund existierender Bewegungsdaten mobiler Endgeräte auf technische Beeinträchtigungen des Netzes standortbasiert eingehen und eine Vorhersage zur Behebung der Beeinträchtigung treffen.

Kundenberatung, abseits von lokalen Geschäftsstellen, funktioniert digital und kundenindividuell. Auch die Vermarktung wird sich verstärkt in den digitalen Kanälen etablieren. Big Data und Artificial Intelligence basierte Digital Customer Experience mit einer individuellen Customer Journey, zugeschnitten auf jeden Kunden und seine Bedürfnisse, ermöglichen in einer zunehmend von Reizüberflutung betroffenen digitalen Umgebung die Grundlage zur Differenzierung im Markt (Kietzmann et al. 2018).

Die Verkaufs- und Distributionskanäle, über die ein Telekommunikationsunternehmen seine Kunden erreichen und Produkte vertreiben wird, werden sich besonders im Geschäftskundenbereich weiter hin zu Consultative Selling entwickeln. Hier steht eine Kernfrage im Mittelpunkt des zukünftigen Verkaufens: Wie kann der Kunde durch das Produkt einen Mehrwert für sein Unternehmen oder seine eigenen Kunden erzielen? Durch eine Lösung, die dem Kunden eine nachhaltige Verbesserung seines Daily Business ermöglicht, kann eine langfristige Bindung zum Kunden aufgebaut werden. Continuous Engagement über Pay-per-Use-Geschäftsmodelle ermöglicht es den Telekommunikationsanbietern – in ständigem Kontakt mit den Kunden die Produkte weiterzuentwickeln und so langfristigen, wachsenden Umsatz zu generieren. Hierbei ist es wichtig, sich von Box-Selling-Geschäftsmodellen zu lösen und über alle Geschäftsbereiche hinweg eine flexible nutzungsbasierte Geschäftsbeziehung mit den Kunden aufzubauen.

Ein wichtiger Vertriebskanal ist auch der B2B2C-Markt, der besonders im Bereich Consumer-IoT eine vermittelnde Rolle einnimmt. Etablierte Unternehmen in verschiedenen Märkten dienen als Reseller für von und mit Telekommunikationsunternehmen entwickelten, digitalen Lösungen für den Privatkundenbereich. Hierbei liegt der Vorteil in dem Vertrauensvorschuss, den die Zielgruppe gegenüber dem Reseller hat. Nimmt man als Beispiel die Agrarwirtschaft, hat ein Landwirt ein höheres Vertrauen in eine digitale Lösung, die von dem Unternehmen kommt, bei dem er seit mehreren Jahren seine Produkte kauft. Telekommunikationsanbieter werden hierbei oft auf Sicht des Kunden nicht als Branchenexperten gesehen, welches zu Schwierigkeiten in der Markterschließung führt.

**Der Finanzbereich wird intelligent – wie Smart Capex Investitionen vereinfacht**
Eine zunehmende Etablierung von Flatrates im Mobilfunk bedingt langfristig die Folge, dass Mobilfunk zu einem Pauschalpreis angeboten werden wird. Darüber hinaus nimmt mit zunehmender Leistung der Telekommunikationsunternehmen in der angebotenen Datengeschwindigkeit die Preisbereitschaft der Kunden nicht weiter zu. Die Telekommunikationsbranche ist gezwungen, sich neue Einnahmekanäle zu schaffen. Dies funktioniert über hohe Investitionen in Innovation, um neue Elemente der Wertschöpfungskette abzudecken. Die Einnahmengenerierung im Telekommunikationsmarkt entwickelt sich weg vom Box-Selling oder von einer monatlichen Abrechnung hin zum Pay-per-Use. So flexibel wie die Anforderungen der Kunden an die Produkte sind, sind diese auch an die Bezahlung. Die Zukunft der Finanzwelt in der Telekommunikationswelt ist smart. Durch verschiedene Investitionen, die im Rahmen des Infrastrukturausbaus permanent getätigt werden müssen, ergibt sich ein Potenzial für die Nutzung von Artificial Intelligence und Big Data. Durch eine Auswertung der Auslastung, Netzabdeckung und demografischer

Daten eines Standortes kann eine datengestützte Empfehlung zum Ausbau von Mobilfunkstandorten gegeben werden. Hier können Drohnen zur Analyse und Wartung möglicher Mobilfunkantennenstandorte genutzt werden und entsprechende Daten liefern. Durch Smart Planning und Smart Roll-Out werden entstehende Wirtschaftsstandorte frühzeitig erkannt und mit ausreichender Netzinfrastruktur angebunden. Viele Finanzentscheidungen, die heute noch von Menschen getroffen werden, wie etwa in Fragen des Netzausbaus, werden zukünftig von Artificial Intelligence gesteuert, da diese Entscheidungen sich anhand der Auswertung von Daten wie Netzauslastung oder Netzteilnehmer treffen lassen. Hierbei spricht man vom Smart Capex, da die Entscheidungen datenbasiert sind und automatisiert von einer künstlichen Intelligenz getroffen werden können. Ein Thema im Finanzbereich, mit dem jedes Unternehmen zu kämpfen hat, ist Fraud Prevention, die Verhinderung von Betrug. Dieser kostet Unternehmen nicht nur viel Geld, sondern ist auch schwierig zu erkennen und nachhaltig zu verhindern. Durch den Einsatz künstlicher Intelligenz können vom Standardprozess abweichende Verhaltensmuster von Mitarbeitenden erkannt und verdächtige Fälle zur Prüfung markiert werden.

**Agile Organisationsstrukturen und flache Hierarchien**
Ein Unternehmen, das sich langfristig im Markt behaupten will, benötigt eine ausgereifte Human-Ressource-Strategie und eine agil aufgestellte Organisation. Agiles Arbeiten steht in vielen deutschen Unternehmen noch in den Anfängen. Hierbei stehen kurze Projektphasen, so genannte Sprints, im Mittelpunkt. Durch Retrospektiven werden Rückschlüsse und Verbesserungspotenziale erkannt und in den Arbeitsprozess eingesteuert. Ziel ist es, flexibel auf den Markt reagieren zu können und Neuerungen schneller, kostengünstiger und nutzerfreundlicher auf den Markt zu bringen. Projektteams müssen nicht nur im Fokus der Agilität stehen, sondern das gesamte Unternehmen muss agil strukturiert sein. Abteilungen denken oft primär in eigenen Interessen – so genannte Silos müssen aufgebrochen werden, um Prozesse zu beschleunigen und Wandel möglich zu machen. Diese Veränderung beginnt primär bei den Führungskräften und -prinzipien. Hierarchien müssen flacher und Verantwortung von Führungskräften an ihre Mitarbeitende gegeben werden. Dies erfordert viel Disziplin und ein Umdenken hin zu einer Innovations- und Fehlerkultur, in der die besten Ideen und Lösungsansätze ungeachtet der Hierarchiestufe, von der diese hervorgebracht wurden, verfolgt werden (Scheller 2017).

Agiles Arbeiten bringt die Konsequenz mit sich, dass sich Mitarbeitende schneller und diverser weiterentwickeln. Die Verweildauer qualifizierter Mitarbeitender im Unternehmen wird dadurch abnehmen. Dementsprechend muss permanent in die Suche und Ausbildung von Fachkräften investiert werden. Durch agile Squads und Tribes und den Aufbruch von Silos innerhalb des Konzerns, wird das Wissen einzelner Mitarbeitender breiter und weniger spezialisiert. Generalisten werden es in der Branche deshalb einfacher haben als Spezialisten. Dennoch werden diese für bestimmte Fachbereiche, wie die Datenanalyse benötigt. Hier herrscht aktuell ein Mangel an ausgebildeten Fachkräften und es liegt in der Verantwortung der Telekommunikationsbranche, entsprechende Expertise aufzubauen, Weiterbildungen zu ermöglichen sowie Fachkräfte der Zukunft zu entwickeln und in das Unternehmen zu integrieren.

**Customer-focused Development ermöglicht Schaffung langfristiger Wertangebote**
Die kundenindividuelle Lösungsentwicklung wird in Zukunft eine hohe Relevanz in der Erstellung von Wertangeboten haben. Beim so genannten Customer-focused Development wird in Zusammenarbeit mit dem Kunden eine für ihn optimierte Anwendung geschaffen, die stetig ausgewertet und angepasst wird. Durch die damit verbundene Kundennähe wird der Grundpfeiler für eine langfristige Kundenbindung geschaffen.

Die gesamte Gesellschaft wird effizienter: Unterstützt von künstlicher Intelligenz und Big Data bietet sich die Möglichkeit, Szenarien vorherzusehen und Risiken zu bewerten. Diese wird viele Bereiche der Gesellschaft verändern und viele Chancen zur Optimierung und Effizienzsteigerung bieten. Auch im Umgang mit Kunden können diese Lösungen zum Einsatz gebracht werden. Telekommunikationsunternehmen, lange als serviceschwache Branche gesehen, werden durch die Zusammenarbeit von Artificial Intelligence und geschulten Service-Kräften neue Maßstäbe setzen. Aus dem Kundenbedürfnis nach mehr Flexibilität werden sich neue On-Demand-Modelle ergeben, die mithilfe von Technologien wie IP-Centrex und SD-WAN umgesetzt werden können. So können Telekommunikationsunternehmen ihren Geschäftskunden auslastungsabhängige Infrastruktur und Kapazitäten zur Verfügung stellen. Lösungen werden nicht nur flexibler, sondern lassen sich auch ganzheitlich an die Produktionsketten der Kunden anpassen und so durch eine lückenlose End-to-End-Vernetzung zu einem fehlerlos funktionierenden Workflow optimieren.

Durch die Entwicklung der Geschäftsfelder werden Telekommunikationsunternehmen das Gesundheitssystem nachhaltig entlasten und gleichzeitig das Bedürfnis der Kunden nach Bequemlichkeit erfüllen. Patienten müssen sich nicht mehr zum Arzt bemühen, um sich eine Krankmeldung abzuholen, und akute Notfälle können schneller erkannt und behandelt werden. Auch im Hinblick auf den demografischen Wandel und die Zunahme altersbedingter Krankheiten wird die Digitalisierung das Gesundheitswesen vorantreiben, da eine Betreuung der zunehmend älter werdenden Gesellschaft von Jahr zu Jahr schwieriger wird.

Intermodale Verkehrslösungen werden in Zukunft durch flexible Pay-per-Use Möglichkeiten lückenlos möglich sein. Die notwendige Konnektivität und Infrastruktur mithilfe vom Internet of Things bieten die Telekommunikationsunternehmen schon heute. Ein Kundenerlebnis zu erschaffen, in der eine Barrierefreiheit zwischen einzelnen Transportmitteln herrscht, gilt es allerdings umzusetzen. Positiver Nebeneffekt ist die Entlastung feinstaubbelasteter Innenstädte, da durch das wachsende Mobilitätsangebot weniger Bewohner von Großstädten ein eigenes Auto besitzen werden. Neben der intermodalen Mobilität wird auch das autonome Fahren durch den Ausbau der digitalen Infrastruktur deutschlandweit einsetzbar sein. Dank Edge-Computing und 5G können autonom fahrende Autos in Bruchteilen einer Sekunde auf unerwartete Ereignisse reagieren und ihre Passagiere vollautomatisch von einem Ort zu einem anderen transportieren. Dadurch ergeben sich neue Zielgruppen für Mobilität: Beispielsweise können Kinder, Senioren oder gehandicapte Personen vollautonome Fahrzeuge alleine bedienen. Dies ist allerdings unter der Auflage zu entwerfender Gesetze zu betrachten.

Ein weiteres Wertangebot, das die Telekommunikationsunternehmen durch den Ausbau der 5G-Netzinfrastruktur anbieten kann, sind detaillierte Bewegungsprofile ihrer Kunden. Diese sind aufgrund der höheren Dichte der Masten wesentlich genauer als noch bei der 4G-Netztopologie. Diese Daten könnten externen Unternehmen anonymisiert zur Nutzung zur Verfügung gestellt werden und bieten eine Vielzahl an Anwendungsfeldern.

**Beispielhaftes Anwendungsfeld**
Mithilfe anonymisierter Auswertung der Daten von Mobilfunkkunden können Taxizentralen in China den potenziellen Taxibedarf an verschiedenen Orten der Stadt vorhersagen und entsprechend dem Bedarf die Taxis anweisen, sich zu positionieren. Hier profitieren sowohl die Taxibetreiber als auch die Kunden, die ausreichend Taxis zur Verfügung haben.

Darüber hinaus können die Telekommunikationsunternehmen selbst von diesen Daten profitieren und den Kunden verhaltensangepasste, standortabhängige Services bieten. Nicht nur Kunden, auch Städte werden smart: Durch Smart-City-Lösungen wird sich das Leben in der Großstadt nachhaltig verändern. Parksensoren signalisieren dem vernetzten Auto, wo sich der nächste freie Parkplatz befindet, smarte Straßenleuchten fungieren als WLAN-Hotspot und das Internet of Things vernetzt Mülltonnen, um diese entsprechend ihrem Füllstand ausleeren zu lassen.

Telekommunikationsunternehmen sind die Enabler der Digitalisierung und schaffen mit ihrer Infrastruktur den Grundpfeiler für eine digitale Transformation der Gesellschaft. Zusammenfassend lässt sich also sagen, dass die Telekommunikationsbranche aus ihren bestehenden Assets Wertangebote in verschiedenen Branchen und Märkten anbieten kann. Dafür bedarf es einer engen Zusammenarbeit mit externen Unternehmen, Start-ups und Kunden. Die Digitalisierung bietet der Gesellschaft die Möglichkeit, ihre Zeit besser und effektiver zu nutzen und übernimmt unsere Arbeit in Bereichen des täglichen Lebens. Für Telekommunikationsunternehmen bieten sich die in Tab. 7.2 aufgeführten Ansätze zur Entwicklung zukünftiger Wertangebote:

## 7.3 Erfolgsfaktoren für eine Transformation

Das Internet of Things fördert die Vernetzung von Maschinen, Computern und Menschen und wird die Zukunft der Telekommunikationsbranche nachhaltig verändern (Militano et al. 2015). Durch sinkende Produktionskosten und neue Netztechnologien wird es sich stetig weiterentwickeln und proportional wachsen. Zunehmende Vernetzung und sinkende Produktionspreise von IoT-Modulen werden für einen Boom sorgen. Alle Geräte, die Potenzial zur Vernetzung bieten, werden vernetzt. Dies kann aus verschiedenen Motivationsgründen geschehen: Effizienzsteigerung und Kostenreduktion (wie bei der Industrie 4.0 oder der Agrarwirtschaft) oder aus Gründen der Bequemlichkeit (wie beim Smart Home). Das Wachstumspotenzial bis 2030 beträgt 700 Milliarden US-Dollar (Lück 2015) und sollte damit im Mittelpunkt der Transformation stehen.

**Tab. 7.2** Geschäftsmodellentwicklung Telekommunikationsbranche. (Quelle: eigene Darstellung)

| | |
|---|---|
| Kundensegmente | • Differenzierung durch Service<br>• Klare Unique Value Proposition<br>• Konvergenz beim Kunden schaffen |
| Allianzen | • Vor- und Rückwärtsintegration zur Qualitätssteigerung<br>• Cross-Industry-Agreements für neue Vertriebskanäle<br>• Joint Ventures für bessere Infrastrukturversorgung |
| Kanäle | • Multikanal-Strategie für flexible Kundenkontakte<br>• Continuous Engagement<br>• Consultative Selling |
| Finanzen | • Investition in Innovation<br>• Smart Capex durch Artificial Intelligence<br>• Pay-per-Use Geschäftsmodelle |
| Organisationsstruktur | • Agile Organisation mit flachen Hierarchien<br>• Innovations- und Fehlerkultur<br>• Fachkräfteaufbau im Bereich Big Data & Analytics |
| Wertangebote | • Customer-focused Development<br>• Effizienzsteigerung der Gesellschaft durch Datenanalyse<br>• Telko-Branche als Enabler der Digitalisierung |

Durch exponentielle Vernetzung von Geräten entstehen entsprechend mehr Daten. Daten ('Data is the new Gold') werden in den kommenden Jahren Ausgangsbasis für nahezu alle Geschäftsmodelle sein, denn sie erlauben es, Rückschlüsse zu ziehen und Vorhersagen zu treffen. Risikominimierung und Effizienzsteigerungen sind die Folgen. Die Telekommunikationsbranche befindet sich in einer optimalen Ausgangslage. Dafür bedarf es allerdings die Expertise im Bereich Big Data und Data Analytics. Nicht nur für die Eigennutzung können Telekommunikationsunternehmen zukünftig einen Mehrwert aus der Analyse großer Datenmengen ziehen. Die Möglichkeit, Kunden anhand von Datenauswertungen einen Mehrwert in Form von Service zu bieten oder im Geschäftskundenbereich dem Kunden zu helfen, sein Geschäftsmodell profitabler zu machen, sind kaum begrenzt. Die Kompetenz im Datengeschäft erlaubt es, sich ein vollkommen neues Standbein im Telekommunikationsmarkt aufzubauen. Entscheidende Erfolgsfaktoren für die Umsetzung sind die Datenschutzregularien in Deutschland sowie die interne Expertise, die Telekommunikationsunternehmen proaktiv aufbauen müssen, um nicht den Anschluss im Datengeschäft zu verpassen.

Darüber hinaus muss die Gesellschaft sich daran gewöhnen, dass Daten permanent von künstlicher Intelligenz verarbeitet werden. Artificial Intelligence ist ein weiter Erfolgsfaktor im Telekommunikationsmarkt. Neben der Analyse von Big Data kann Artificial Intelligence in der Kommunikation eingesetzt werden. Im Falle eines Telekommunikationsunternehmens im First-Level-Kundendienst. Darüber hinaus lässt sich die Artificial Intelligence für Smart Capex und Smart Investments bei der Planung der Infrastruktur nutzen. Infrastruktur ist die Minimumvoraussetzung für alle Erfolgsfaktoren.

Der Grad der Digitalisierung steht in starker Abhängigkeit zur Entwicklung der digitalen Infrastruktur. Daher muss der Fokus auf dem Ausbau liegen, um das Core Asset der Branche weiter zu stärken. Eine flächendeckende Versorgung mit einer Geschwindigkeit von 1 Gbit/s kann zukünftig mithilfe von Fixed Wireless Access geschaffen werden. Dabei werden entlang von Glasfasertrassen Mobilfunkantennen angeschaltet, die Router über Millimeter Wave Communication mit Gigabitgeschwindigkeiten versorgen können. Dadurch wird die sogenannte letzte Meile, die Leitung ins Haus, mithilfe von 5G überbrückt und ermöglicht es auch Privatkunden ohne erforderliche Baumaßnahmen an der Digitalisierung teilzuhaben.

Mobile Endgeräte, wie wir sie heute kennen, werden in Zukunft durch Smart Wearables wie Smart Glasses oder im Körper getragene Chips, beim sogenannten Biohacking, verdrängt (Lucero et al. 2015). Augmentierte Informationen werden somit ubiquitär präsent sein. Erste Modelle befinden sich bereits in der Entwicklung.

Customer Centered Development ist die Zukunft der Kundenbindung. Der Kunde steht bei der Entwicklung der Lösungen im Mittelpunkt und kann abhängig von seinem Bedarf flexible Lösungen abrufen. Eine Entwicklung vom Box-Selling zum Continuous Engagement ist der Schlüssel für langfristige Kundenbindung. Kunden müssen ihre Lösungen permanent auswerten, verbessern oder durch neue Lösungen ersetzen können. Dafür muss eine agile Kultur in der Telekommunikationsbranche geschaffen werden.

Big Data und Artificial Intelligence bieten große Möglichkeiten zur Entwicklung der Geschäftsfelder, allerdings ist Deutschland in den letzten Jahren politisch nicht fortschrittlich für die Digitalisierung gewesen. Datenbezogene Anwendungen benötigen aufgrund der Datenschutzgrundverordnung die Zustimmung jedes Individuums. Daher bedarf es einer entsprechenden Digitalstrategie der Regierung, die neben der Subventionierung des Infrastrukturausbaus auch einen Fokus auf die Aufklärung der Bürger legt und den Weg zur Digitalisierung ebnet.

Subsummierend lassen sich die in Tab. 7.3 aufgeführten Erfolgsbausteine für die Zukunft der Telekommunikationsunternehmen festhalten.

**Tab. 7.3** Erfolgsfaktoren Telekommunikationsbranche. (Quelle: eigene Darstellung)

| | |
|---|---|
| Infrastruktur | • Grundlage für Digitalisierung und Core Asset der Branche<br>• Neue Technologien wie Fixed Wireless Access und Millimeter Wave Communication für flächendeckende Vernetzung |
| Internet of Things | • Sinkende Produktionskosten für IoT Module<br>• Großer Wachstumsmarkt |
| Big Data & Data Analytics | • Exponentieller Wachstum erfasster Daten<br>• Effizienzsteigerung und Risikominimierung als Service |
| Artificial Intelligence | • Interne Einsatzbereiche in: Datenanalyse, Service und Investitionsentscheidungen<br>• Anwendungsmöglichkeiten bei Kunden nahezu unbegrenzt |
| Mobile Endgeräte | • Smart Wearables und Biohacking<br>• Ubiquitäre Verfügbarkeit augmentierter Daten |
| Customer Centered Development | • Kundenbedürfnisse im Fokus<br>• Continuous Engagement als Schlüssel langfristiger Kundenbindungen<br>• Permanente Weiterentwicklung der Lösungen |
| Digitalstrategie der Politik | • Politik muss Fokus auf die Digitalisierung legen<br>• Staatliche Subventionen des Infrastrukturausbaus |

## Literatur

Apple. (2019). *Herzfrequenz-Mitteilungen auf Ihrer Apple Smart Watch*. https://support.apple.com/de-de/HT208931. Zugegriffen am 31.05.2019.

Bundesverband CarSharing. (2019). *Datenblatt CarSharing in Deutschland*. https://carsharing.de/sites/default/files/uploads/datenblatt_carsharing_in_deutschland_stand_01.01.2019_final.pdf. Zugegriffen am 31.05.2019.

Ebke, H. (2016). *Kundenakzeptanz von Geschäftsmodellen im Bereich der Sharing Economy*. München: GRIN.

Frees, B., & Koch, W. (2019). ARD/ZDF-Onlinestudie 2018: Zuwachs bei medialer Internetnutzung und Kommunikation. *Studienreihe „Medien und ihr Publikum" (MiP), Media Perspektiven*. 9/2018, 398–413.

Kietzmann, J., Paschen, J., & Treen, E. (2018). Artificial intelligence in advertising: How marketers can leverage artificial intelligence along the consumer journey. *Journal of Advertising Research, 58*(3), 263–267.

KPMG. (2019). *Ethic und Unternehmenskultur. CGO – Das Governance Magazin*. 5. Berlin: KPMG.

Lucero, A., Clawson, J., Lyons, K., Fischer, J. E., Ashbrook, D., & Robinson, S. (2015). Mobile collocated interactions: From smartphones to wearables. *Proceedings of the 33rd Annual ACM Conference Extended Abstracts on Human Factors in Computing Systems*. ACM, 2437–2440.

Lück, M. A. (2015). *Accenture-Studie: Internet der Dinge sorgt für Wachstumsschub: Weiteres politisches und wirtschaftliches Handeln nötig, um das volle Potenzial zu heben*. https://www.accenture.com/de-de/company-newsroom-accenture-studie-internet-wachstumsschub. Zugegriffen am 31.05.2019.

Militano, L., Araniti, G., Condoluci, M., Farris, I., & Iera, A. (2015). Device-to-device communications for 5G internet of things. *EAI Endorsed Transactions on Internet of Things, 15*(1), 1–15.

Scheller, T. (2017). *Auf dem Weg zur agilen Organisation: Wie Sie Ihr Unternehmen dynamischer, flexibler und leistungsfähiger gestalten*. München: Vahlen.

Schröder, C., Schlepphorst, S., & Kay, R. (2015). *Bedeutung der Digitalisierung im Mittelstand*. Nr. 244. IfM-Materialien. Bonn: Institut für Mittelstandsforschung (IfM).

Statista. (2019). *Anzahl registrierter Carsharing-Nutzer in Deutschland in den Jahren 2008 bis 2019*. https://de.statista.com/statistik/daten/studie/324692/umfrage/carsharing-nutzer-in-deutschland/. Zugegriffen am 31.05.2019.

Tewes, S., Tewes, C., & Jäger, C. (2018). The 9×9 of future business models. *International Journal of Innovation and Economic Development, 4*(5), 39–48.

Wybranietz, D. (2003). Die Zukunft der Telekommunikation – Convenience als Wachstums- und Innovationstreiber. In F. Mattern (Hrsg.), *Total vernetzt*. Berlin/Heidelberg: Springer.

**Michael Reinartz** verantwortet seit Februar 2016 als Director Innovation & Consumer Services die Entwicklung einer ganzheitlichen, geschäftsbereichsübergreifenden Innovationsstrategie und -Roadmap sowie die Steuerung des Innovationsmanagements bzw. des Consumer Services Portfolios bei Vodafone Deutschland. Sein Ziel ist es, neue Trends in der Telekommunikationsbranche frühzeitig zu erkennen, die Umsetzung in starke Produkte und Services vorzubereiten sowie Vodafone als Innovationsführer am Markt zu positionieren. Michael Reinartz war vor seiner Tätigkeit bei Vodafone Deutschland mehr als zwölf Jahre in den verschiedensten Bereichen und Unternehmen der Telekom Austria AG (A1 Group) tätig. Er studierte Betriebswirtschaft und Informationsmanagement an der Fachhochschule Salzburg. Zudem absolvierte er Executive Management Programme am INSEAD (Frankreich) sowie MIT (USA).

**Christian Nopper** Seit mehr als zwei Jahren ist Christian Nopper im Geschäftskundenbereich innerhalb der Vodafone Gruppe tätig. Innerhalb dieser Zeit übernahm er zunächst eine Position innerhalb der Public Affairs Abteilung und wechselte später in die Geschäftskundenvermarktung. Hier lag der primäre Fokus auf der Vermarktung von Glasfaserprodukten innerhalb von unterversorgten Gewerbegebieten. Neben dieser Tätigkeit engagiert sich Christian Nopper ehrenamtlich als Assistent des Vorstandsvorsitzenden der Digitalen Stadt Düsseldorf e.V. Fachlich bildet er sich aktuell im Rahmen eines berufsbegleitenden Masterstudiums an der Fachhochschule für Ökonomie und Management im Fachbereich Business Consulting & Digital Management weiter.

# Schöne neue Steuerberatung

## Mischa Müller und Nicolai Müller

**Zusammenfassung**

Der Steuerberatungsmarkt wird sich durch Digitalisierung, Globalisierung und die Skalierbarkeit von Leistungen erheblich verändern – mit der Konsequenz einer Halbierung der Praxen in den nächsten Jahren. Um auf dem Markt bestehen zu können, ist es erforderlich, interdisziplinäre Mitarbeiterteams zu beschäftigen, die innovative Dienstleistungen für die Kunden von morgen entwickeln. Schwerpunkte werden Implementierung, Überwachung und Outsourcing hochautomatisierter Prozesse sein. Gleichzeitig gilt es, ein attraktiver Arbeitgeber zu sein und die lebenslange Qualifizierung der Mitarbeiter sicherzustellen – die Halbwertzeit eines Dienstleistungsangebots wird sich sehr stark reduzieren. Andererseits bieten diese Veränderungen für zukunftsorientierte Steuerberaterpraxen herausragende Chancen, um durch Innovationen zu wachsen, wenn sie einen ihrer wichtigsten Wettbewerbsvorteile nutzen: Das Vertrauen ihrer Kunden.

## 8.1 Status Quo

In der Studie „The Future of Employment: How susceptible are jobs to computerisation" kommen die Autoren Carl B. Frey und Michael A. Osborne zum Ergebnis, dass die Tätigkeiten rund um die Steuerdeklaration mit einer Wahrscheinlichkeit von 95 Prozent beziehungsweise 99 Prozent bis Anfang der 30iger Jahre von Computern erledigt werden (Frey und Osborne 2013). In den klassischen Steuerberatungsdienstleistungen wie Finanzbuchhaltung, Jahresabschluss und Steuererklärungen entfällt bereits heute ca. 80 Prozent der

---

M. Müller · N. Müller (✉)
Dr. Müller, Hufschmidt Steuerberatungsgesellschaft mbH, Straelen, Deutschland
E-Mail: m-mueller@stb-straelen.de; n-mueller@stb-straelen.de

Arbeitszeit auf die Klassifikation von Dokumenten. Diese Klassifikation von Dokumenten ist eine der Kernfunktionalitäten der künstlichen Intelligenz – entsprechend trainierte Algorithmen werden solche Aufgaben besser und schneller lösen als jeder Mensch (Egner 2018).

Die Möglichkeiten gehen dabei weit über die Zuordnung von Rechnungsangaben und Bankkontoumsätzen hinaus.

> **Beispiel**
>
> Wenn der Steuerpflichtige die Rechnung eines Physiotherapeuten für seine Einkommensteuererklärung mit seinem Mobiltelefon abfotografiert, erkennt die Software, dass es sich eventuell um eine außergewöhnliche Belastung handelt. Sie kennt darüber hinaus die Regeln, dass ein ärztliches Attest erforderlich ist. Dann überprüft sie, ob sie das ärztliche Attest schon gespeichert hat und wenn nein, wird der Benutzer automatisch aufgefordert, dieses beizubringen.
>
> Im zweiten Fall wurde für ein Ladenlokal eine Umsatzmiete vereinbart. Der Buchungsroboter extrahiert aus dem Mietvertrag alle wichtigen Parameter und verbucht nicht nur die Miete, sondern erkennt die Umsatzmiete und bildet in Abhängigkeit von der Umsatzentwicklung Rückstellungen oder aktiviert Forderungen.

Diese technologische Entwicklung bedeutet: Innerhalb der nächsten zehn Jahre wird mehr als die Hälfte der derzeit rund 54.000 Steuerberaterpraxen in Deutschland schließen. Die Branche ist in einem radikalen Umbruch. Um in der Zukunft ein wettbewerbsfähiges Geschäftsmodell zu entwickeln, werden nachfolgend zunächst die generellen Trendeinflüsse auf die Branche beschrieben. Darauf aufbauend wird die Veränderung wichtiger Bausteine des Geschäftsmodells spezifisch dargelegt. Abschließend werden wesentliche Erfolgsfaktoren für die Steuerberatung 2030 beschrieben.

## 8.2 Die Megatrends

Die Megatrends mit dem größten Einfluss auf die Steuerberatung sind die Digitalisierung, die Globalisierung und die Skalierbarkeit von Leistungen (Egner 2018). Oftmals wird unter Digitalisierung vor allem das Einscannen von Belegen verstanden – doch das ist lediglich ein wichtiger Baustein von vielen.

Die Finanzverwaltung, andere Behörden und inzwischen auch Banken fordern die Übertragung von Rechnungswesen- und Besteuerungsdaten in digitaler Form. Gleichzeitig werden dem Bürger zunehmend Daten als Serviceleistung in digitaler Form von diesen Institutionen bereitgestellt: Stichworte sind die vorausgefüllte Steuererklärung, Bescheiddatenrückübertragung und der Austausch mit den Sozialversicherungsträgern. Auch der Bankkontenzugriff wird mit der europäischen Zahlungsdiensterichtlinie PSD2 auf eine neue Dimension gehoben. Der Steuerberater wird somit zur Datendrehscheibe, der aus verschiedenen Quellen digitale und nicht digitale Daten entgegennehmen und sie nach entsprechender Aufbereitung in digitaler Form weiterleiten muss. Viele Arbeitsschritte von Steuerberatern beruhen auf Belegen. Diese lassen sich in zwei große Gruppen unterteilen:

- Belege, die der Kunde des Steuerberaters selbst erzeugt, z. B. Ausgangsrechnungen und
- Belege, die der Kunde des Steuerberaters erhält, z. B. Eingangsrechnungen.

Noch heute werden bei Ausgangsrechnungen die Belege ausgedruckt und anschließend manuell verbucht, weil Schnittstellen nicht vorhanden oder falsch konfiguriert sind. Die vollständige Automatisierung scheitert hier an den Prioritäten und nicht an der Technologie – aufgrund erheblicher Kosteneinsparungsmöglichkeiten ist es jedoch eine Frage der Zeit, bis die fehlenden Funktionen implementiert sind.

Komplexer ist die Situation bei eingehenden Belegen. Diese erreichen das Unternehmen in Papierform oder elektronisch über verschiedene Wege. Der Dokumentenaufbau ist nicht standardisiert.

Ein Kunde kann die eingehenden Belege auf drei Wegen erhalten:

- per E-Mail,
- aus einem von über 4500 Portalen wie Amazon oder
- es werden Papierbelege per Scan-App digitalisiert.

Die Digitalisierung von Papierbelegen erfolgt per Handy-App oder über einen Scanner mit anschließender Texterkennung und Klassifizierung. Bei digitalen Belegen gibt es verschiedene Zugangswege. Die wichtigsten sind E-Mail, Portale wie Amazon und Schnittstellen wie EDIFACT/ZUGFeRD. Während Belege in Formaten wie EDIFACT/ZUGFeRD über Plattformen wie DATEV Smarttransfer unmittelbar in die Buchhaltung übernommen werden können, gibt es für die ersten beiden Zugangswege Anbieter wie GetMyInvoices oder Candis, die den Belegfluss automatisieren. Wie ein optimaler Ablauf aussieht, wird deutlich, wenn die Funktionen dieser Produkte miteinander kombiniert werden.

Die Rechnungen werden nicht mehr ausgedruckt, sondern es erfolgt eine Online-Rechnungsprüfung durch die zuständigen Personen. Soweit Rechnungen nicht bearbeitet werden, erhält der Hauptverantwortliche eine Erinnerungsmail. Sobald die Rechnungen geprüft sind, werden sie zur Bezahlung freigegeben – die Überweisung erstellt das Programm vollautomatisch, falls der Betrag nicht geändert werden muss. Soweit es sich um Kundenrechnungen oder um andere Zahlungsarten als Überweisung handelt, gleicht die Software die Zahlungsvorgänge von Bankkonten, Kreditkarten, Paypal oder anderen Zahlungsdienstleistern mit den Belegen ab. Sollte zu einem Zahlungsvorgang kein Beleg vorhanden sein, erhält der Benutzer eine Benachrichtigung. Entstehen Rückfragen, stellt die Software einen Chat zur Verfügung. Die anschließende Verbuchung der bereits analysierten Belege erfolgt in einem Bruchteil der bisher benötigten Zeit, da nur noch in Ausnahmefällen manuell eingegriffen werden braucht. Die Produktivität einer Buchhaltungskraft steigt hierdurch mindestens um den Faktor 5.

▶ Ein wichtiges Datum für die nächste Optimierungsstufe ist der 27. November 2020. Durch die E-Rechnungs-Verordnung, die europäisches Recht umsetzt, sind bis auf wenige Ausnahmen zumindest alle Auftragnehmer des Bundes verpflichtet, ihre Rechnungen ab diesem Zeitpunkt elektronisch zu stellen. Das dabei verwendete XRechnungs-Format enthält die erforderlichen Angaben nicht in Bildform, sondern in strukturierter Form, sodass eine vollautomatische Verbuchung dieser Rechnungen einfacher ist. Der Quellcode für die Integration dieses europäischen Rechnungsstandards in eigene Software wird über die Koordinierungsstelle für IT-Standards der Freien Hansestadt Bremen als freie Software zur Verfügung gestellt. Hierdurch könnten Rechnungen im XRechnungs-Format innerhalb von kurzer Zeit einen erheblichen Marktanteil erlangen (Peters et al. 2018).

Die nächste Stufe der Automation sind Dienste wie Wundertax (https://www.wundertax.de). Auf den ersten Blick ist die Webplattform für die Erstellung von Einkommensteuererklärungen unspektakulär – Software wie das Wiso-Sparbuch oder Smartsteuer gibt es bereits seit vielen Jahren. Aber Wundertax passt die Benutzeroberfläche an verschiedene Zielgruppen wie Studenten, Soldaten oder Lehrer an. Apple hat als prominentes Beispiel auch ‚nur' die Usability und User Experience verbessert – sowohl leistungsfähige MP3-Player als auch Smartphones mit Apps gab es schon viele Jahre vor den Apple Produkten. Wundertax macht sich dabei die Skalierbarkeit von Leistungen zunutze. Für einen einzelnen Steuerberater ist es unwirtschaftlich, für Kundengruppen individuelle Dokumente zu entwickeln – wird Deutschland als Markt betrachtet, wird dieser Ansatz wirtschaftlich sehr interessant.

In wenigen Jahren werden auch bestimmte steuerrechtliche Fragen mithilfe von künstlicher Intelligenz beantwortet werden können. In einer Studie von LawGeex (2018) wurden 20 Rechtsanwälte und die von LawGeex entwickelte Softwarelösung mit der Analyse von Verträgen betraut. Die Künstliche Intelligenz (KI) war den Rechtsanwälten deutlich überlegen. Voraussetzung für den erfolgreichen Einsatz einer KI ist, dass die Sachverhalte klar vorgegeben sind und Rechtsfragen geklärt werden müssen. Beispielsweise wird eine KI in naher Zukunft umsatzsteuerliche oder bestimmte internationale Sachverhalte besser beurteilen können als menschliche Experten. Hingegen sind bei Aufgabenstellungen wie der Unternehmensnachfolge so viele außersteuerliche Aspekte zu berücksichtigen, dass diese auf lange Zeit eine Vorbehaltsaufgabe von Menschen bleiben werden (LawGeex 2018).

Was vielen nicht bewusst ist: Der Einsatz der hier beschriebenen Technologien ist nicht mehr wie früher großen Softwareherstellern vorbehalten. Dank leistungsfähiger freier Softwarebibliotheken und Cloud Services wie GINI, Abbyy, SMACC, IBM Watson, Microsoft Cognitive Services oder Google Cloud Vision können auch junge Start-ups innovative Lösungen entwickeln und am Markt anbieten.

## 8.3 Wie werden sich die Kundensegmente verändern?

Die meisten Kunden mögen keine Steuern, sondern interessieren sich für Lösungen. Gleichzeitig können sie oftmals die fachliche Qualität einer Beratung nicht beurteilen, da ihnen Vergleichsmöglichkeiten fehlen. Das Internet trägt hier eher zur Verunsicherung bei als dass es Transparenz schafft. Google liefert auf viele steuerliche Fragen Antworten. Die Antworten sind sogar grundsätzlich richtig, allerdings sind die zugehörigen Prämissen und Zusammenhänge für einen steuerlichen Laien schwer einzuordnen – manchmal fehlen sie ganz. Hierdurch widersprechen sich in einigen Fällen scheinbar die Aussagen von Steuerberater und Internet, was das Vertrauensverhältnis nicht unbedingt verbessert.

Die größte Herausforderung aus Sicht der Kunden ist jedoch, dass die in diesem Buch beschriebenen Veränderungsprozesse im Kerngeschäft der Kunden ebenfalls stattfinden und die Organisation des Rechnungswesen/der Besteuerung nur eine von vielen Hausforderungen für sie ist. Die Dienstleistung Steuerberatung muss folglich in Zukunft noch viel stärker auf die Bedürfnisse bestimmter Kundengruppen zugeschnitten werden. Wie die folgenden Beispiele zeigen, müssen Steuerberater ihre Dienstleistungsprozesse stark spezialisieren und stetig an neue Anforderungen des Marktes anpassen.

> **Praxisbeispiel**
>
> Das erste Beispiel ergibt sich aus dem demografischen Wandel: Franz und Elfriede sind Rentner. Sie möchten sich mit dem ‚neumodischen Kram' nicht auseinandersetzen und suchen einen Steuerberater, der sich um ihre vermieteten Häuser, Banküberweisungen, Steuern und den anderen Papierkram kümmert.
>
> Auch wenn diese Kundengruppe unstreitig vor einem enormen Wachstum steht, ist zu bezweifeln, dass sie bereit und/oder in der Lage ist, die Rund-um-sorglos-Dienstleistung eines Steuerberaters zu bezahlen. Ausgehend von einem eher niedrigen Stundensatz von 100 Euro für einen Berufsträger und einem durchschnittlichen wöchentlichen Zeitaufwand von einer Stunde einschließlich Fahrtzeiten, kostet diese Dienstleistung einschließlich Umsatzsteuer etwa 6000 Euro im Jahr.

> **Praxisbeispiel**
>
> Das zweite Beispiel ist die Einhorn AG, ein Softwareentwicklungsunternehmen. Die Einhorn AG wächst sehr schnell und hat ihre Hilfsprozesse Rechnungswesen und Lohnbuchhaltung an den Steuerberater ausgelagert. In den letzten drei Jahren wurden Tochtergesellschaften in zehn Ländern gegründet – die entsprechende steuerliche Expertise wurde eingefordert. Außerdem steht ein Unternehmenskauf an und Mitarbeitende sollen über virtuelle Anteile beteiligt werden.

Bei der betreuenden Kanzlei der Einhorn AG sind in Zukunft deutlich höhere Anforderungen an die Prozesse zu erwarten. Während es derzeit ausreichend ist, wenn die Buchhaltung 40 Tage nach Monatsende zur pünktlichen Abgabe der Umsatzsteuervoranmeldung fertiggestellt ist, liegt die Zukunft in einer täglichen Verbuchung der Belege einschließlich der Übernahme von Zahlungsverkehr und Mahnwesen für den Kunden. Der Steuerberater wird zur Belegsammelstelle und er muss beispielsweise vertraglich zusichern, dass alle Belege, die bis 17:00 Uhr ankommen, am nächsten Tag bis 11:00 Uhr verbucht sind.

Im Bereich der Lohnbuchhaltung übernimmt der Steuerberater in Zukunft unter anderem Freigabe und Kontrolle von Reisekostenabrechnungen sowie die Verwaltung von Zeiterfassungsdaten und Fehlzeiten nach den Vorgaben des Unternehmens. Im Gegensatz zu heute wird somit bei dieser Kundengruppe fast die gesamte Verwaltung an den Steuerberater ausgelagert, damit sich der Kunde auf sein Kerngeschäft konzentrieren kann.

> **Praxisbeispiel**
>
> Die S-GmbH, ein Hersteller und Händler für Spezialschrauben, hat sich dazu entschieden, ihre Verwaltung nicht vollständig auszulagern. Buchführung und Lohnbuchhaltung werden durch die S-GmbH erledigt, Jahresabschluss und Steuererklärungen sind Aufgabe des Steuerberaters. Durch den hohen Automatisierungsgrad innerhalb des Rechnungswesens ergeben sich für die S-GmbH neue Herausforderungen: Wie kann sich die Geschäftsführung sicher sein, dass die Künstliche Intelligenz alle Belege vollständig, richtig und in der richtigen Periode verbucht? Alle bisher entwickelten Algorithmen für die Automatisierung des Rechnungswesens haben den Nachteil, dass ihre Fehlerfreiheit nicht beweisbar ist.
>
> Diese Kontrolle möchte die S-GmbH gerne an ihren Steuerberater auslagern. Da die vollständige Überprüfung aller Buchungen teurer wäre als die manuelle Verbuchung der Belege, muss der Steuerberater Wissen zum Aufbau eines internen Kontrollsystems und zur Anwendung von statistischen Methoden bis hin zur Forensik mitbringen. Über diese Kenntnisse verfügen derzeit nur große Wirtschaftsprüfungsgesellschaften.

In eine ähnliche Richtung gehen die Anforderungen der Finanzverwaltung bei der risikoorientierten Betriebsprüfung. Bei der risikoorientierten Betriebsprüfung sucht die Finanzverwaltung unter anderem Auffälligkeiten im Rechnungswesen mit Hilfe der statistischen Analyse des Datenbestands. Der Kunde erwartet vom Steuerberater, dass dieser im Vorfeld vergleichbare Analysen durchführt und Auffälligkeiten klärt, um unberechtigte Steuerforderungen zu vermeiden.

Gleichzeitig fordert die Finanzverwaltung eine Verfahrensdokumentation, in der Datenherkunft und Abläufe von der Belegentstehung bis zur Darstellung im Jahresabschluss nachvollziehbar dokumentiert werden. Beispielsweise muss dokumentiert werden, welche Parameter in der Warenwirtschaft auf die Preisfindung eines Artikels Einfluss haben und wie sich diese Parameter in der Historie verändert haben.

> **Praxisbeispiel**
>
> Der Kunde Meyer hat am 03.02.2019 ein Paket Schrauben gekauft. Aufgrund der Einzelabnahme gilt Preisstaffel 3, der Lieferort Schweiz führt zu 20 Prozent Zuschlag und der Kunde Meyer bekommt 5 Prozent Rabatt. Aufgrund der guten Geschäftsentwicklung erhöht sich dieser Rabatt ab dem 01.03.2019 auf 7 Prozent. Diese Daten – einschließlich der Wechselkursänderungen in Bezug auf den Schweizer Franken – müssen auch nach zehn Jahren nachvollziehbar sein.

Diese von der Finanzverwaltung geforderten Aufbewahrungszeiten stehen im Widerspruch zur Realität. Untersuchungen zeigen, dass agile Softwareentwicklung sowie die kontinuierliche Auslieferung neuer Softwareversionen zu einer höheren Produktivität sowie besserer Zuverlässigkeit in der Softwareentwicklung führen. Dabei wird propagiert, mehrmals in der Woche neue Softwareversionen auszuliefern (Wolff 2019).

Aus Sicht der Finanzverwaltung muss für jeden Beleg über einen Zeitraum von zehn Jahren dokumentiert werden, welche Algorithmen bei der Erstellung/Verarbeitung des Belegs angewendet wurden – wenn diese sich im Extremfall mehrmals in der Woche verändern können, ist das eine große Herausforderung.

Die nächste Stufe sind Cloud-Lösungen, bei denen vollkommen unklar ist, wie lange ein Anbieter existiert und wie lange die eingesetzten SAAS-Versionen angeboten werden. Auch hier wünschen sich Anwender die Unterstützung des Steuerberaters, um die Anforderung der Finanzverwaltung erfüllen zu können.

▶ Zusammenfassend kann gesagt werden: Während sich viele Steuerberater auch heute noch auf steuerliche Fragestellungen konzentrieren, sind in Zukunft neue Kompetenzen gefragt, die in der derzeitigen Ausbildung nicht enthalten sind. Vom Steuerberater wird erwartet, dass er die Veränderung in allen von ihm betreuten Branchen mitgeht und sich in der neuen Welt auskennt, um seine Kunden optimal unterstützen zu können. Das ist für kleinere Kanzleien nur noch in Ausnahmefällen abbildbar.

## 8.4 Wer sind die zukünftigen Wettbewerber?

In § 2 ff. des Steuerberatungsgesetzes (Steuerberatungsgesetz 2017) ist definiert, wer dazu befugt ist, geschäftsmäßige Hilfeleistungen in Steuersachen anzubieten. Diese strengen Zulassungsbeschränkungen sind nach herrschender Meinung bis auf Details auch europarechtskonform. Andererseits ist es in Deutschland erlaubt und üblich, sich selbst gegenüber den Finanzbehörden im Besteuerungsverfahren zu vertreten. Hierzu wurde vor wenigen Jahren der Syndikus-Steuerberater in § 58 Nr. 5a StBerG geschaffen, damit Unternehmen zu diesem Zweck auch Steuerberater anstellen dürfen. Diese Regelung hat ebenfalls zur Folge, dass jeder Steuerpflichtige eigenverantwortlich Software einsetzen darf, um seinen steuerlichen Pflichten nachzukommen.

▶ Das bedeutet: Um einen Kunden mit Unterstützung von Menschen steuerlich zu beraten, gelten strenge Zulassungsbeschränkungen. Erfolgt diese Beratung durch die Lizenzierung einer KI, gibt es diese Zulassungsbeschränkungen nur in eingeschränktem Umfang.

Als 1998/1999 die Dienste Confinity und X.com, die Vorläufer von PayPal, gegründet wurden, glaubte niemand in der Bankenwelt, dass diese Dienste für das eigene Geschäftsmodell gefährlich werden könnten. Trotz zahlreicher Skandale sind heute Paypal, N26 und Wirecard Zahlungsdienstleister mit hohen Marktbewertungen, während die verbleibenden großen Privatbanken wie Deutsche Bank/Commerzbank um ihr Überleben kämpfen.

Da auch die Banken neue Geschäftsmodelle suchen, bieten beispielsweise die Volksbanken mit dem VR-SmartGuide eine eigene automatisierte Buchhaltungssoftware an. Auch Amazon hat für seine Marketplace-Händler aus der Not eine Tugend gemacht und bietet mit den Umsatzsteuer-Services die Abwicklung der Umsatzsteuer in vielen europäischen Ländern an. Im Bereich der Rechtsberatung gibt es für Standardsachverhalte Portale wie www.geblitzt.de bei Geschwindigkeitsüberschreitungen oder www.flightright.de für Flugausfälle. Nach dem gleichen Muster wären Portale für Kindergeldangelegenheiten denkbar. Nach heutigem Stand ist es ungewiss, wer neben Softwareanbietern die künftigen Wettbewerber von Steuerberatern sein werden. Die Antwort auf diese Frage hängt auch mit der Art der zukünftigen Dienstleistung zusammen.

## 8.5 Wie verändern sich Allianzen?

Schon seit vielen Jahren empfehlen Steuerberater Notare, Rechtsanwälte oder Wirtschaftsprüfer, mit denen sie regelmäßig zusammenarbeiten. Einige Berater sind sogar Teil eines nationalen oder internationalen Netzwerks. Dieser Trend wird sich verstärken und auf andere Branchen ausweiten. Kunden haben den Anspruch des One-Stop-Shopping – das kennen sie von Anbietern wie Amazon. Sie beauftragen den Steuerberater mit der Lösung eines Problems, wie der Gründung einer Niederlassung in Bulgarien. Danach soll der idealtypische Steuerberater wie ein Architekt alle Experten koordinieren, um einen optimalen Start der Tochtergesellschaft zu ermöglichen.

Als zusätzliche Herausforderung erweist sich für den Berufsstand die steigende Komplexität der rechtlichen und wirtschaftlichen Rahmenbedingungen, die zu einer immer stärkeren Spezialisierung führt. Gebiete, die früher ein Experte abdecken konnte, werden schon heute von drei bis fünf Experten betreut (z. B. Unternehmensnachfolge oder Unternehmensumwandlungen). Das stellt erhöhte Anforderungen an die Netzwerkpflege – es wird immer zeitaufwendiger, zu allen wichtigen Experten Kontakt zu halten, um sie entsprechend der Kundenwünsche zusammenstellen zu können. Gleichzeitig werden neue Allianzen entstehen. Naheliegend sind lockere Allianzen mit Softwareherstellern – der Steuerberater vertreibt die Produkte der Softwarehersteller und verbessert im Gegenzug seine Arbeitsabläufe. Beispiele sind Vimcar, Candis oder Fileee. Viel umfassendere Allianzen sind vorstellbar. Beispielsweise könnte sich die Start-up-Betreuung, angesiedelt bei einer Hochschule zusammensetzen aus:

- Steuerberatern,
- Rechtsanwälten,
- Experten für internationale Märkte,
- CoWorking Space Anbieter,
- Business Angles und
- Investoren

Zu einem zukünftigen Personalkompetenzzentrum gehören unter anderem (Personalkompetenzzentrum als Weiterentwicklung der Lohnbuchhaltung in Richtung One-Stop-Shopping):

- Steuerberater,
- Rechtsanwälte,

- Personalvermittler/Headhunter,
- Hochschulen für Mitarbeitergewinnung und kontinuierliche Qualifizierung,
- Pädagogen für den Aufbau der innerbetrieblichen Wissensvermittlung,
- Coaches für Führungskräftetraining,
- Spezialisten für betriebliches Gesundheitsmanagement,
- Psychologen und
- Marketingagenturen für den Aufbau einer Arbeitgebermarke.

Der Fantasie sind fast keine Grenzen gesetzt. Allianzen werden für Steuerberater eine überragende Bedeutung erhalten, um dem Kunden Problemlösungen aus einer Hand anbieten zu können.

## 8.6 Was ändert sich aus der Sicht von Arbeitnehmern?

Viele verwaltende Tätigkeiten, die heute von Arbeitnehmern mit mittlerer Qualifikation erledigt werden, werden ersatzlos wegfallen – das gilt nicht nur für Steuerberater. Für hoch qualifizierte Arbeitnehmer werden zusätzliche Aufgaben entstehen – insbesondere bei der Überwachung der Automation. Auch durch die Internationalisierung wird sich die Komplexität der Tätigkeit erhöhen. Um die Leistungsfähigkeit der Arbeitnehmer zu erhalten, ist eine viel anspruchsvollere Führung erforderlich. Der Mitarbeiter der Zukunft ist dann besonders leistungsstark, wenn er sinnvolle und spannende Aufgaben bearbeitet und die Vereinbarkeit von Familie und Beruf durch eine hohe Flexibilität gefördert wird. Auch für Männer dürfen Elternzeit und eine daran anschließende mehrjährige Teilzeittätigkeit keine Fremdworte sein. Zugleich wird die durchschnittliche Betriebszugehörigkeit der Arbeitnehmer in vielen Fällen sinken. Um hierbei den Verlust von Erfahrungswissen zu vermeiden, müssen Dokumentation und Weitergabe von Wissen in der Praxisorganisation verankert werden.

Eine der größten Veränderungen aus Arbeitnehmersicht besteht darin, dass es keine Tätigkeiten mehr geben wird, die ein Arbeitnehmer sein ganzes Arbeitsleben über ausführt. Eine idealtypische Ausbildung zum Steuerberater sieht heute so aus, dass nach dem Abitur ein duales Studium absolviert wird, um mit 26 oder 27 Jahren die Steuerberaterprüfung abzulegen. In den dann folgenden 40 Jahren bis zur Rente sind Tagesseminare, Literaturstudium und eventuell eine Fachberaterprüfung als Wissenserhalt vorgesehen. Dabei erfordern die sich ständig verändernden Geschäftsmodelle in der Zukunft eine viel stärkere Verzahnung von Berufsleben und Weiterbildung.

Ein Aspekt, der häufig unterschätzt wird, ist, dass durch die hohe Automation die körperliche und mentale Fitness der Mitarbeitenden für die Steuerberaterpraxen viel wichtiger wird: Fehler haben viel umfassendere Auswirkungen als bisher.

**Beispiel**

Wenn bei konventioneller Buchführung ein Arbeitnehmer an einem Tag etwas unkonzentriert arbeitet, sind vielleicht 40 Buchungen falsch, von denen zehn steuerliche Auswirkungen haben. Durch Abstimmungsarbeiten in den Folgemonaten und die Endkontrolle bei der Jahresabschlusserstellung fallen alle Fehler bis auf einen oder zwei auf – der echte Schaden liegt meistens eher im zwei- als im dreistelligen Bereich.

Bei einem hohen Automatisierungsgrad verantwortet ein Mitarbeiter die fünf- bis zehnfache Menge an Buchungen. Die künstliche Intelligenz legt nur die für sie nicht eindeutig lösbaren Fälle dem Menschen vor. Gleichzeitig entfällt größtenteils die Zweitkontrolle in den Folgemonaten und beim Jahresabschluss, da die Buchungsautomatik einmal vom Menschen entschiedene Vorgänge konsequent zu Ende führt. Der potenzielle Schaden steigt dadurch um den Faktor 50 bis 100!

Das Gefährliche an dieser Entwicklung ist, dass sie langsam, stetig und häufig unbemerkt erfolgt. Neuerungen werden kontinuierlich eingeführt und die Geschäftsführung hofft bei jeder Neuerung, dass danach die allgemeine Überforderung nachlässt. Solange die eigentlichen Ursachen nicht abgestellt werden, wird die Überforderung stattdessen zunehmen.

## 8.7 Welche generellen Erfolgsfaktoren existieren für die Branche in der Zukunft?

Die in den bisherigen Kapiteln aufgezeigten Veränderungen bergen für zukunftsorientierte Steuerberatungspraxen Chancen, wie es sie zuletzt bei der Wiedervereinigung von Deutschland gegeben hat.

Noch vor zehn Jahren war für die meisten Kanzleien die einzig realistische Wachstumsmöglichkeit die Übernahme von anderen Kanzleien. Da die steuerliche Qualität der Beratung von Kunden nur in Ausnahmefällen umfassend beurteilt werden kann und gleichzeitig immer weniger legale echte Möglichkeiten zum Sparen von Steuern innerhalb von Deutschland existierten, konnten sich Steuerberater inhaltlich nur schwer von anderen Berufsträgern abgrenzen. Die enormen Veränderungen in den nächsten Jahren ermöglichen wieder Wachstum durch Innovationen. Steuerberater sollten dabei auf ihrem wichtigsten Wettbewerbsvorteil gegenüber anderen Berufsgruppen aufbauen: Dem Vertrauen ihrer Kunden.

Die Kunden des Steuerberaters stehen vor der Herausforderung, dass sie auf die sich verändernden Rahmenbedingungen reagieren müssen. Dafür benötigen sie Allianzen. Am liebsten geht ein Mensch Allianzen mit anderen Menschen ein, denen er vertraut. Das bedeutet: Wenn ein Steuerberater Lösungen für die Aufgaben des Kunden anbieten kann, ist die Wahrscheinlichkeit sehr hoch, dass der Kunde diese Dienstleistungen in Anspruch nimmt. Aufgrund der immer größer werdenden allgemeinen Unsicherheit sind die meisten Kunden bereit, für eine gute Dienstleistung faire Preise zu bezahlen.

Allerdings wird die Halbwertzeit einer Dienstleistung erheblich sinken – es ist nicht mehr möglich, jahrzehntelang die gleichen Dienstleistungen erfolgreich am Markt anzubieten. Deswegen ist einer der wichtigsten Erfolgsfaktoren die Innovationsfähigkeit. Die hiermit in Zusammenhang stehenden Eigenschaften ‚Dinge infrage zu stellen' und ‚Kreativität' haben laut dem World Economic Forum bei den wichtigsten Fähigkeiten eines Managers erheblich an Bedeutung gewonnen. In 2020 stehen sie auf den Plätzen 2 und 3 (World Economic Forum 2016).

Um Innovationen umsetzen zu können, benötigt die Steuerberatungspraxis der Zukunft interdisziplinäre Teams: Es reicht nicht mehr aus, Steuerfachleute einzustellen, sondern wünschenswert wäre die Ergänzung um Juristen, Informatiker, Mathematiker, Pädagogen, Psychologen, Medienexperten bis hin zu Fachleuten für betriebliches Gesundheitsmanagement. Wissensvermittlung wird auf zwei Ebenen wichtig: Die Mitarbeitenden der Steuerberatungspraxis müssen sich stetig in steuerlichen und außersteuerlichen Themen weiterqualifizieren. Ebenfalls werden Wissensdokumentation und -vermittlung eine wichtige Aufgabe des Steuerberaters in Bezug auf seine Kunden sein. Beispielsweise könnte die Einarbeitung einer Personalsachbearbeiterin beim Kunden in Zukunft durch den Steuerberater erfolgen, weil bei ihm das Prozesswissen des Kunden vorhanden ist.

Um den Kunden umfassende Lösungen bieten zu können, ist ferner ein Netzwerk aus nationalen und internationalen Experten hilfreich. Auch hier ist relevant, dass die Probleme, die einen Kunden am meisten beschäftigen und am meisten vom (wirtschaftlichen) Erfolg abhalten, nicht unbedingt steuerlicher/betriebswirtschaftlicher Natur sind. Angefangen von Konflikten bei den Mitarbeitenden über Herausforderungen bei den eigenen Kindern/Eltern bis hin zu gesundheitlichen Problemen ist alles denkbar. Der Steuerberater der Zukunft wird auch danach ausgesucht, ob hierfür Lösungen angeboten werden.

Schließlich ist als Erfolgsfaktor Vertriebskompetenz erforderlich. Der Steuerberater ist ein freier Beruf, für den ursprünglich ein strenges Werbeverbot galt. Aufgrund der Globalisierung und der allgemeinen Informationsüberflutung fehlt es potenziellen Kunden an Markttransparenz. Deswegen müssen sie eine Chance erhalten, von dem Leistungsangebot des Steuerberaters zu erfahren.

▶ Was zum Abschluss noch wichtig ist: Fast alle in diesem Kapitel aufgezeigten Entwicklungen sind keine Prototypen, sondern real existierende Anwendungen, die bereits erfolgreich genutzt werden. Hinzu kommen niedrige Markteintrittsbarrieren für innovative Start-ups – Geld für gute Ideen ist kein Engpassfaktor.

**Subsummierend lässt sich für die schöne neue Steuerberatung festhalten**
- Die **Megatrends** sind Digitalisierung, Globalisierung und die zunehmende Skalierbarkeit von Leistungen.
- Die **Kunden** der Zukunft erwarten vom Steuerberater bereichsübergreifende Beratung im Sinne von One-Stop-Shopping, Outsourcing-Angebote auf der Grundlage von Service Level Agreements und Dienstleistungen, die derzeit als System- und Einzelfallprüfung von Wirtschaftsprüfern erbracht werden.
- **Wettbewerb**: Es ist noch nicht absehbar, wer neben Steuerberatern und Wirtschaftsprüfern die zukünftigen Wettbewerber sein werden. Mit Sicherheit gehören neben Softwareunternehmen auch Banken und Finanzdienstleister hinzu, aber auch Unternehmen wie Amazon werden einzelne Aufgaben übernehmen.

- **Arbeitnehmer**: Es wird keine Tätigkeiten mehr geben, die ein Arbeitnehmer sein ganzes Arbeitsleben über ausführen wird – die Verzahnung von Berufsleben und Weiterbildung wird eine überragende Bedeutung erhalten. Die Ansprüche an die Führung der Arbeitnehmer werden deutlich steigen. Außerdem ist es von entscheidender Bedeutung, dass sich Arbeitgeber um die körperliche und mentale Fitness ihrer Arbeitnehmer kümmern.
- **Erfolgsfaktoren**: Der wichtigste Wettbewerbsvorteil gegenüber anderen Berufsgruppen ist das Vertrauen der Kunden. Die Halbwertzeit einer Dienstleistung wird erheblich sinken – Innovationsfähigkeit ist sehr wichtig. Steuerberater benötigen interdisziplinäre Teams aus verschiedenen Berufsgruppen sowie nationale und internationale Netzwerke. Außerdem ist es für Steuerberater erforderlich, Vertriebskompetenz aufzubauen.

## Literatur

Egner, T. (2018). *Digitale Geschäftsmodelle in der Steuerberatung – Zukunftsfähig bleiben im Spannungsfeld zwischen Tradition und Legal Tech.* Wiesbaden: Springer Gabler.

Frey, C. B., & Osborne, M. A. (2013). *The future of employment: How susceptible are jobs to computerization?* https://www.oxfordmartin.ox.ac.uk/downloads/academic/future-of-employment.pdf. Zugegriffen am 14.04.2019.

LawGeex. (2018). *Comparing the performance of artificial intelligence to human lawyers in the review of standard business contracts.* New York: LawGeex.

Peters, Schönberger & Partner mbB. (Hrsg.). (2018). *Die elektronische Rechnung in der öffentlichen Verwaltung – Ein Leitfaden für die praktische Umsetzung.* Version 1.2 vom 28.08.2018. München.

Steuerberatungsgesetz in der Fassung der Bekanntmachung vom 4. November 1975 (BGBl. I S. 2735), das zuletzt durch Artikel 8 des Gesetzes vom 30. Oktober 2017 (BGBl. I S. 3618) geändert worden ist.

Wolff, E. (2019). *Keine Silver Bullets – außer Continuous Delivery?* heise developer vom 21.03.2019. https://www.heise.de/developer/artikel/Keine-Silver-Bullets-ausser-Continuous-Delivery-4341288.html. Zugegriffen am 14.04.2019.

World Economic Forum. (2016). *The 10 skills you need to thrive in the Fourth Industrial Revolution.* https://www.weforum.org/agenda/2016/01/the-10-skills-you-need-to-thrive-in-the-fourth-industrial-revolution/. Zugegriffen am 14.04.2019.

**Dr. Mischa Müller** ist Steuerberater, Wirtschaftsprüfer und geschäftsführender Gesellschafter bei der Dr. Müller, Hufschmidt Steuerberatungsgesellschaft mbH. Er studierte und promovierte an der Universität zu Köln. Bereits mit 17 Jahren gehörte er zu den Bundessiegern beim Bundeswettbewerb Informatik. Hier liegt auch sein persönliches Interesse. Somit ist es kaum verwunderlich, dass er im eigenen Unternehmen die treibende Kraft ist, wenn es um Softwareentwicklung und Prozessoptimierung geht. Technologische Entwicklungen besonders im Bereich der Digitalisierung und der Künstliche Intelligenz werden hier in der Praxis geprüft und ergänzen das Portfolio um maßgeschneiderte, innovative Software-Lösungen, die auf die Unternehmensprozesse abgestimmt sind.

**Nicolai Müller** Nicolai Müller absolvierte nach seinem Studium der Betriebswirtschaft am FONTYS VENLO UNIVERSITY OF APPLIED SCIENCES in den Niederlanden seine Mediatorenausbildung bei der Centrale für Mediation. Im Anschluss daran legte er seinen Master of Mediation an der FernUniversität Hagen mit der Masterthesis „Mediation in jungen Familienunternehmen. Chancen und Grenzen mediativer Begleitung im Rahmen der Unternehmensnachfolge" ab.

Seit 2008 ist er Gesellschafter-Geschäftsführer und Steuerberater bei der Dr. Müller, Hufschmidt Steuerberatungsgesellschaft mbH, deren Schwerpunkt die Beratung von Familienunternehmen darstellt. Seine Hauptaufgaben liegen in den Bereichen Personalentwicklung und werteorientierte Unternehmensführung. Hierzu hat er die Clever Führen GmbH gegründet, welche unter anderem das Portal www.jobsuche-niederrhein.de betreibt. Weiterhin ist er Veranstalter der www.durchblick-konferenz.de und Vorstand der „Du bist wertvoll"-Stiftung die sich die Unterstützung von heranwachsende Persönlichkeiten und damit die Entdeckung und Entfaltung ihrer Potenziale zur Aufgabe gemacht.

Seinen Ansatz, gute Mitarbeiter an das Unternehmen zu binden, ihre Potenziale zu nutzen und ein angenehmes Arbeitsumfeld zu schaffen, in dem sich alle wohlfühlen, lebt Nicolai Müller im eigenen Familienunternehmen und entwickelt ihn stetig weiter. Das Credo des Niederrhein verbundenen Unternehmers: Man muss Menschen mögen.

# Wie die Luft- und Raumfahrtindustrie von digitalen Geschäftsmodellen und Megatrends profitiert

9

Torsten Welte, Frank Klipphahn und Katharina Schäfer

**Zusammenfassung**

Welche Konzepte und Ideen bestimmen in den kommenden Jahren die Geschäftsmodelle der Luft- und Raumfahrtindustrie? Zwei Megatrends treiben den Wandel rasant voran: Mit dem Internet der Dinge sammeln Unternehmen in ihrer gesamten Wertschöpfungskette automatisiert riesige Datenmengen. Zugleich befähigt künstliche Intelligenz die Algorithmen, selbstständig Schlüsse aus diesen Daten zu ziehen. So lassen sich unter anderem Engpässe voraussehen, Reparaturen gezielter durchführen und Kunden per Chatbot beraten. Noch wichtiger: Neben Prozessoptimierungen ermöglicht die Digitalisierung auch völlig neue Geschäftsmodelle. Unternehmen verlegen ihren Fokus vom Produktverkauf hin zu hochflexiblen Dienstleistungsmodellen wie Data-, Digital-Product- und Mobility-as-a-Service sowie leistungsorientierten Serviceverträgen und additiver Fertigung. Dieser Artikel erörtert die daraus resultierenden Chancen und gibt Einblicke in die Strategien der technologischen Vorreiter.

## 9.1 Die Luft- und Raumfahrt im Wandel

Autonome Lufttaxis, bemannte Marsflüge, kommerzieller Weltraumtourismus: Visionen wie diese beflügeln die Luft- und Raumfahrt. Die spektakulären Innovationen eröffnen Unternehmen nicht zuletzt die Chance auf lukrative neue Geschäftsmodelle.

---

T. Welte (✉)
SAP SE, Seattle, USA
E-Mail: t.welte@sap.com

F. Klipphahn · K. Schäfer
SAP SE, Walldorf, Deutschland
E-Mail: frank.klipphahn@sap.com; katharina.schaefer@sap.com

© Springer Fachmedien Wiesbaden GmbH, ein Teil von Springer Nature 2020
S. Tewes et al. (Hrsg.), *Geschäftsmodelle in die Zukunft denken*,
https://doi.org/10.1007/978-3-658-27214-2_9

Wer die Zukunft der Branche verstehen will, sollte sich bei SpaceX oder dem deutschen Startup Volocopter umsehen. Diese Vorreiter verkaufen nicht länger Produkte, sondern Mobilität als Dienstleistung. Ihr Fernziel ist es, die physische und digitale Infrastruktur für das gesamte Luft- bzw. Weltraumtransportsystem bereitzustellen. Auch etablierte Player treiben den Wandel der Branche voran: Airbus, Boeing und Lufthansa erfinden sich derzeit neu. Zusätzlich zu ihrem Kerngeschäft – Flugzeuge verkaufen und Passagiere befördern – entwickeln sich die Unternehmen zu Betreibern von Datenplattformen. Die Luftfahrt ist im Big-Data-Zeitalter angekommen.

Die Digitalisierung erreicht die Branche zu einem Zeitpunkt, da sie ihr klassisches Kerngeschäft massiv herausgefordert sieht. Die kommerzielle Luftfahrt ist vollauf damit beschäftigt, ihre Auftragsbücher mithilfe durchoptimierter Produktionspläne kosteneffizient und mit möglichst hohen Durchsatzraten abzuarbeiten. Zugleich erwarten Kunden jedoch immer neue Innovationen, sodass die Unternehmen fortlaufend Konfigurationen, Designs und Lieferanten ihrer Produkte ändern müssen. Die Branche steht also unter Zugzwang: Eigentlich müsste sie sich agiler aufstellen – eigentlich. Denn eingefahrene Prozesse und veraltete IT-Systeme bremsen den Fortschritt. Die starren Strukturen stoßen angesichts immer rasanterer Marktdynamiken an ihre Grenzen, insbesondere wenn es darum geht, Innovationen möglichst schnell und kosteneffizient umzusetzen. Auch erschweren es die komplexen Systeme, die extrem hohen Sicherheitsstandards der Branche zu erfüllen. Globale Lieferketten und volatile Partnerschaften mit wechselnden Lieferanten erfordern massive Investitionen in Tracking-Lösungen. Nur so können die Unternehmen weiterhin lückenlose Transparenz und Qualität sicherstellen.

Um die digitale Disruption zu ihrem Vorteil zu nutzen, brauchen die Unternehmen neben technologischen Innovationen auch Mitarbeitende und Experten mit den entsprechenden Kompetenzen. Und nicht zuletzt gilt es, rechtliche und sicherheitsrelevante Fragen zu klären. Fragen, für die es keine vorgefertigten Antworten gibt.

Die Herausforderungen der Transformation sind zweifellos groß. Doch es gibt kein Zurück: Nur wer jetzt konsequent digitalisiert, kann die aktuellen Megatrends in konkrete Anwendungen übersetzen und sein Unternehmen in den relevanten Zukunftsmärkten aufstellen.

## 9.2 Zwei Megatrends verändern die Industrie für immer

Wie sieht die Luft- und Raumfahrt von morgen aus? Getrieben von der Digitalisierung rücken neue Themen in den Vordergrund: städtische Luftmobilität (Urban Air Mobility, UAM), Kundenerlebnis (Customer Experience) und Nachhaltigkeit (Sustainability).

Früher gab es unbemannte fliegende Elektrotaxis nur in Hollywoodfilmen – heute sehen wir die ersten Prototypen abheben. Deutschland hat in diesem Bereich gleich zwei globale Vorreiter vorzuweisen: die Start-ups Lilium aus München und Volocopter aus Bruchsal. Volocopter erhielt als weltweit erstes Unternehmen im Jahr 2016 die Zulassung für den bemannten Einsatz eines vollelektrischen Multicopters. Nach erfolgreichen Testflügen in Dubai eröffnete das Unternehmen in diesem Jahr in Singapur einen ersten Landeplatz für öffentliche Testflüge (Schimroszik 2018; Stüber 2019). Auch Airbus arbeitet an einem vollelektrischen, autonom fliegenden Flugtaxi: Der CityAirbus absolvierte im Mai 2019 seinen ersten Demonstrator-Testflug (Kucinski 2019). All diese Unternehmen setzen auf den Trend der urbanen Luftmobilität. Dieser Markt verspricht laut der NASA ein Potenzial von 500 Milliarden US-Dollar (NASA 2018a, b).

Neben der Entwicklung technologischer Innovationen fokussieren sich die Luft- und Raumfahrthersteller aktuell stark auf den Endkunden und die Umwelt. Sie sammeln systematisch das Feedback von Airlines und Passagieren – das geht im Zeitalter von Smartphones und Social Media sehr einfach und kostengünstig. Die Analyse dieser Daten liefert wertvolle Rückschlüsse auf Verbesserungspotenziale im Produktbetrieb und für die Entwicklung neuer Produkte: Es wird nur entwickelt, was der Markt auch wirklich fordert. Einen noch größeren Mehrwert erzielen Unternehmen, wenn sie diese sogenannten Experience-Daten mit ihren operativen Daten verknüpfen. Denn so erkennen sie Zusammenhänge zwischen der Unternehmensperformance, beispielsweise den Absatzzahlen in einer bestimmten Region, und den Kundenrückmeldungen. Auf diese Weise können sie schnell nachjustieren (SAP 2019).

Auch das Thema Nachhaltigkeit rückt durch die virulente Klimadiskussion wieder in den Fokus. Aktuelle Studien prognostizieren eine Verdopplung des Lufttransportverkehrs in den nächsten 15 Jahren (Airbus 2018). Diese Entwicklung soll jedoch nicht auf Kosten der Umwelt und der Gesellschaft gehen. In ihren Luftverkehrsstrategien fordert darum die Europäische Union (European Commission 2011) eine nachhaltige Entwicklung des Luftverkehrs unter Einhaltung ökologischer und sozialer Werte. So sollen gemäß der Innovationsstrategie ‚Flightpath 2050' im Vergleich zum Jahr 2000 die CO2-Emissionen pro Personenkilometer um 75 Prozent sinken, die Stickoxid-Emissionen (NOx) um 90 Prozent, der Fluglärm um 65 Prozent. Diese Forderungen sind in doppelter Hinsicht sinnvoll: Die Umwelt wird entlastet und es eröffnen sich neue wirtschaftliche Potenziale. So kann ein drastisch reduzierter Fluglärm dazu beitragen, dass Start- und Landerestriktionen zu bestimmten Tageszeiten wegfallen und sich Kapazitätsengpässe trotz des wachsenden Passagieraufkommens entschärfen lassen. Darüber hinaus lassen sich durch umweltfreundlichere Technologien sowohl Lärm- und Emissionsgebühren als auch Ressourcen wie Kerosin und Herstellungsmaterial einsparen. Das setzt einen starken monetären Anreiz für die Luftfahrtindustrie, ökologische Belange entschlossener anzupacken (Schäfer 2018). Auch ist das Image der Unternehmen an das Thema Nachhaltigkeit geknüpft, was zu indirekten monetären Effekten führt.

Die Digitalisierung liefert die Werkzeuge für diese urbane und nachhaltige Mobilität. Unternehmen können mithilfe intelligenter Technologien heute die Prozesse in der gesamten Wertschöpfungskette effizienter und ressourcenschonender gestalten. Internet der Dinge und künstliche Intelligenz ermöglichen zukünftig neue Geschäftsmodelle für eine nachhaltige städtische Mobilität.

**Künstliche Intelligenz und maschinelles Lernen**
Maschinelles Lernen als Teilbereich der künstlichen Intelligenz ermöglicht es Algorithmen, anhand existierender Daten zu ‚lernen'. Die Systeme optimieren Prozesse, ohne eigens dafür programmiert worden zu sein. Ein systembasiertes Training versetzt die Algorithmen in die Lage, selbstständig Schlussfolgerungen aus Daten zu ziehen und die Folgen

möglicher Szenarien vorherzusagen. Maschinelles Lernen bietet zahlreiche Anwendungsmöglichkeiten. So lassen sich Engpässe von Beständen und kritischen Ersatzteilen vorhersagen oder Risiken basierend auf großen Datenmengen automatisiert erkennen und bewerten – beispielsweise für komplexe Entwicklungsprogramme oder zur Justierung von globalen Lieferketten.

Intelligente Bild-, Video- und Texterkennung wird schon heute eingesetzt, um beispielsweise Komponenten in der Instandhaltung präzise zu identifizieren und gezielt Reparaturmaßnahmen einzuleiten. Immer leistungsfähigere Chatbots und virtuelle Assistenten vereinfachen die Mensch-Maschine-Kommunikation, bringen Mobilität und Produktivität deutlich voran und helfen den Endnutzern dabei, neue betriebswirtschaftliche Anwendungen zu bedienen.

In der Summe werden diese Ansätze das Arbeitsumfeld sowie die Aus- und Weiterbildung in der Industrie grundlegend verändern. Instandhaltungstechniker beispielsweise blenden technische Anleitungen per Augmented Reality direkt über ihr Mobilgerät oder Wearable in die physische Welt ein. Bei Fragen kontaktieren sie per Liveübertragung in Bild und Ton andere Experten und gewähren ihnen Datenzugriff in Echtzeit, um das Problem schnell zu lösen.

Dank künstlicher Intelligenz und maschinellem Lernen agieren Luft- und Raumfahrtfirmen in Zukunft wie Flugzeuge auf Autopiloten – effizient, sicher und hochflexibel bei neuen Anforderungen.

**Das Internet der Dinge (Internet of Things, IoT)**

Das Internet der Dinge ermöglicht es Unternehmen, die enormen Datenmengen ihrer gesamten Wertschöpfungskette effizient zu sammeln. Dazu werden einzelne Objekte, wie Endgeräte oder Maschinen, vernetzt. Das Ziel ist es, die Entscheidungsfindung auf eine klare Datenbasis zu stellen oder sogar zu automatisieren. Neue offene Standards erlauben es, detaillierte Zustandsinformationen über IoT-Sensoren in den menschlichen Entscheidungsprozess einfließen zu lassen.

Bis zum Jahr 2025 werden schätzungsweise 75 Milliarden Geräte in IoT-Netzwerke integriert sein (Electronics Weekly 2018). Unternehmen verfügen dann über gewaltige Datenmengen. Doch wie können sie diese analysieren? Indem sie zugleich Big Data Analytics und maschinelles Lernen vorantreiben. Nur so können sie die IoT-generierten Daten auch betriebswirtschaftlich sinnvoll nutzen. Zwar setzt die Luft- und Raumfahrtindustrie schon lange auf IoT, doch legt sie erst in jüngster Zeit den Schwerpunkt auf eine ganzheitliche Vernetzung der Wertschöpfungskette von Entwicklung über Fertigung und Lieferkette bis zum Betrieb beim Kunden. Auf dieser Basis simulieren Unternehmen die Auswirkungen von Entscheidungen in der gesamten Wertschöpfungskette. Kosten, Risiken und Zeitfenster lassen sich optimieren und messbare Erträge aus Innovationen erzielen.

IoT-basierte Systeme zur Fernüberwachung und Frühwarnung stellen Echtzeitdaten zur Verfügung, mit denen Unternehmen die Wartungsbedarfe von technischen Systemen oder mögliche Qualitätsprobleme im Fertigungsprozess vor deren Auftreten prognostizieren. Maschinen und Geräte lassen sich als digitale Zwillinge von Herstellern, Kunden und Partnern gemeinsam und zeitgleich verwalten. So arbeiten alle auf demselben Datenstand.

## 9.3 Die vier Geschäftsmodelle der Zukunft

Die Masse an verfügbaren detaillierten Daten steigt exponentiell. Das eröffnet Luft- und Raumfahrtunternehmen die Chance, ihre gesamte Wertschöpfungskette neu zu denken. Zukünftig gilt: Wer heterogene und stark volatile Datensammlungen in wertvolle Informationen verwandeln kann, liegt im Wettbewerb klar vorn. Denn nur diese ‚intelligenten' Unternehmen sind in der Lage, auf klarer Datenbasis zu entscheiden und ihre Services konsequent kundenorientiert aufzustellen.

Das Wettrennen um die Datendominanz in der Branche ist noch nicht entschieden. Tatsächlich nutzen die Unternehmen weniger als zehn Prozent ihrer Daten (IDC 2017). Hier liegt bereits heute ein riesiges Nutzenpotenzial brach. In Zukunft werden die Unternehmen noch deutlich mehr Daten generieren. Um daraus Nutzen zu ziehen, braucht es Technologien, mit denen sich die Daten automatisiert verarbeiten und auswerten lassen.

Die Unternehmen müssen ihre Geschäftsprozesse im gesamten Lebenszyklus weitgehend digitalisieren. Ein Schlüssel dazu ist der Aufbau zukunftssicherer Data-Management-Infrastrukturen, die sich nahtlos in die verteilten IT-Landschaften, Systeme und Plattformen integrieren lassen. Diese Infrastruktur sollte über Funktionen verfügen, die eine Echtzeitanalyse großer Datenmengen und maschinelles Lernen ermöglichen. Auf diese Weise können die Unternehmen optimale Instandhaltungsmodelle und -prozesse identifizieren, gezielte Serviceempfehlungen automatisch generieren, leistungsbasierte Serviceverträge anhand von Detailinformationen abwickeln und vieles mehr. Kurz: Datengetriebene Geschäftsmodelle werden zu Umsatztreibern. Sehen wir uns einige der vielversprechendsten an.

**Data-as-a-Service und Digital-Products-as-a-Service**
Mit Ansätzen wie Data-as-a-Service und Digital-Products-as-a-Service können Unternehmen digitale Informationen integrieren, bereitstellen und kommerzialisieren. Die Unternehmen erfassen die Präferenzen ihrer B2B- und B2C-Kunden (beispielsweise Fluglinien, Frachtanbieter, Flugpassagiere) und nutzen diese, um ihre Services und Produktdesigns weiter zu optimieren und auszugestalten. Ihre digitalen Services verkaufen und steuern sie über Online-Plattformen. Zugleich fokussieren die Unternehmen immer stärker Softwareinnovationen, ob als Bestandteil des Endproduktes oder als modulare Business-Services.

Airbus, Boeing und Lufthansa Technik haben diesen Wandel längst eingeleitet und entwickeln sich zum Daten- und Plattformanbieter weiter. Airbus verfügt heute mit ‚Skywise' über eine Plattform, mit der sich Flugzeugdaten sammeln, auswerten und nutzen lassen – im gesamten Lebenszyklus, von der Entwicklung über die Produktion bis hin zum Betrieb. Ende 2019 soll die Plattform bereits 10.000 Flugzeuge von 100 Airlines erfassen (Koenen und Hanke 2019). Lufthansa Technik verkauft auf seiner Plattform ‚Aviatar' eigene Anwendungen für vorausschauende Wartung, ermöglicht es aber auch anderen Luftfahrtunternehmen, ihre Applikationen dort zu vertreiben. Boeing konzentriert sich mit ‚Boeing AnalytX' darauf, Analysetools und -services bereitzustellen. Die Auswertung von Flugbetriebsdaten soll vor allem Wartungen vereinfachen, für welche Airlines heute rund 80 Milliarden US-Dollar im Jahr ausgeben (Koenen 2019). Aktuell generiert Boeing ein Terabyte an Daten pro Flugstunde, mit der nächsten Flugzeuggeneration wird die Datenmenge noch weiter ansteigen.

Das Kalkül der genannten Unternehmen: Wer jetzt das Wettrennen um die Kontrolle der Lebenszyklusdaten gewinnt, dominiert über Jahrzehnte hinaus den Wettbewerb. Ähnlich wie es Amazon im Einzelhandel vorgemacht hat.

Die neuen digitalen Services ermöglichen es den Luft- und Raumfahrtunternehmen sogar, über ihre Branche hinaus neue Märkte zu erschließen. Anwendungsmöglichkeiten finden sich in den verschiedensten Industrien. Beispielsweise nutzen Versicherungen bereits heute Satellitendaten für ihre Risikomodelle. Die European Space Agency (ESA) hat gemeinsam mit SAP einen digitalen Service geschaffen, der es Versicherungen ermöglicht, mithilfe geografischer Satellitendaten die Risiken und Kosten von Naturkatastrophen präziser zu bewerten. Der Service kombiniert Geodaten wie Wetter, Topografie und Vegetation mit Daten aus den Kernprozessen von Versicherungen. Das erlaubt völlig neue Formen der Risikoanalyse und -prognose. Die ESA stellt im Rahmen dieser Partnerschaft aufbereitete Datenextrakte von bis zu zehn Terabytes pro Tag aus ihrem Satellitenprogramm ‚Sentinel Earth Observation' als Cloudservice zur Verfügung. Digitale Serviceangebote machen die Daten einem breiteren Markt verfügbar und schaffen damit eine weiter differenzierbare Wertsteigung.

Die Luft- und Raumfahrtindustrie verfügt damit über eine exzellente Möglichkeit, ihre Satellitendaten in kommerziell nutzbaren Formaten bereitzustellen. Das geht entweder als reiner Datenservice, der bei jedem Aufruf Umsatz generiert, oder als vollwertige Cloudanwendung (,Software-as-a-Service'). In beiden Fällen benötigt das Unternehmen jedoch interne Ressourcen für die Softwareentwicklung oder entsprechende strategische Partnerschaften.

**Mobility-as-a-Service**
Mobility-as-a-Service ist die Vision, Mobilität als Service zu verkaufen, also beispielsweise pro Landung oder Sitz abzurechnen, statt das Fluggerät als solches zu verkaufen. Konzepte wie die Flugtaxis sind Vorboten dieser neuen Märkte, in denen traditionelle Branchengrenzen verwischen und an denen industrieferne Player teilnehmen.

So arbeiten aktuell Airbus und Audi an einem gemeinsamen Flugtaxi-Prototyp, der selbstfahrendes Elektroauto und Passagierdrohne kombiniert. Das Konsortium will damit einen neuen On-Demand-Service als Mobilitätsdienst aufbauen – ein Markt übrigens, der auf bis zu 500 Milliarden US-Dollar jährlich anwachsen könnte (NASA 2018a, b). Kein Wunder, dass auch neue Anbieter ein Stück vom Kuchen haben wollen: Die deutschen Start-ups Lilium und Volocopter entwickeln ebenfalls autonome Flugtaxen. Bei dem Konzept geht es um mehr als ein futuristisch anmutendes Transportmittel. Die Anbieter wollen gemeinsam eine ganzheitliche physische und digitale Infrastruktur anbieten und das Geschäftsmodell ‚Mobility-as-a-Service' verwirklichen. Dafür benötigen sie eine Infrastruktur, die neben dem Produktlebenszyklus des Transportmittels auch die Kundenbeziehung abbildet, und zwar von Buchung bis Abrechnung (Stüber 2019; Reuters 2018; Stüber und Schmiechen 2018).

### Leistungsorientierte Serviceverträge

Leistungsorientierte Serviceverträge (auch bekannt als Performance-based Logistics (PBL) und Power-by-the-Hour) richten sich nach der Verfügbarkeit und Leistungsfähigkeit des Endproduktes. Sie kommen schon seit einigen Jahren in der zivilen und der militärischen Luftfahrtindustrie zum Einsatz.

In dem traditionellen Ansatz produziert und verkauft der Original Equipment Manufacturer (OEM) das Endprodukt. Sein Kunde ist verantwortlich für den operativen Betrieb, die Wartung und die Instandhaltung. Ersatzteile oder Servicedienstleistungen betrachten OEMs dabei als separate Umsatzquelle.

Anders bei leistungsorientierten Serviceverträgen: In diesem Modell liegen Verantwortung und Risiken stärker auf den OEMs, um eine höhere Produktleistung zu geringeren Kosten zu erzielen. Das bedeutet konkret: Der Kunde zahlt nicht mehr für Teile und Services, wenn das Produkt nicht funktioniert, sondern nur dann, wenn es (das Produkt) funktioniert. Das geschieht im Rahmen klar definierter vertraglicher Bedingungen. Die Entlohnung des Herstellers richtet sich in erster Linie nach den SLAs (Service Level Agreements), die der Anbieter dem Kunden zusichert, und messbaren Zielen wie Betriebsbereitschaft, Zuverlässigkeit, Nutzbarkeit. Darüber hinaus liegt der Schwerpunkt stärker auf der Leistungserfüllung des Produkts oder Systems über die gesamte Lebensdauer hinweg. Man spricht daher auch von ‚Pay-for-Performance'. Ob sich ein solcher Vertrag als profitabel erweist, hängt primär von der Fähigkeit des Anbieters ab, die zugesicherten Ziele kostengünstig und effektiv zu erreichen. Wenn das gelingt, verfügen Hersteller mit leistungsorientierten Serviceverträgen über eine sehr lukrative zusätzliche Einnahmequelle (vgl. Abb. 9.1).

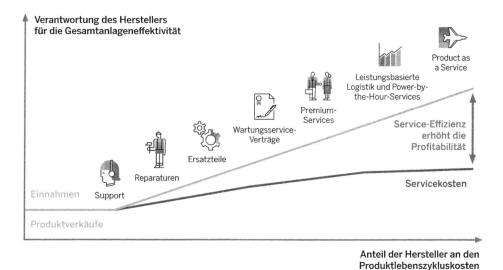

**Abb. 9.1** Neue Geschäftsmodelle steigern den Anteil der Hersteller an Kosten, Verantwortung und Potenzialen im gesamten Produktlebenszyklus. (Quelle: In Anlehnung an SAP 2019)

Diese Art von Geschäftsmodell stellt jedoch hohe Anforderungen an die Geschäftsprozesse und die IT-Infrastruktur. Hersteller müssen über einen langen Zeitraum komplexe integrierte Logistikprozesse effizient gestalten, inklusive der Planung und Durchführung von Wartungen, Reparaturen und Betrieb, der Ersatzteilplanung, dem Konfigurationsmanagement und der Vor-Ort-Instandhaltung. Außerdem müssen sie Kosten, Risiken und Leistungskennzahlen fortlaufend messen und optimieren. Gerade dieser Mehraufwand aber eröffnet Herstellern die Chance, sich zu differenzieren und bei Kunden als strategischer Partner für den gesamten Lebenszyklus zu positionieren. Das geht beispielsweise mit speziell konfigurierten ‚Total Lifecycle Care'-Paketen, die gezielt auf technologische Innovationen in der jeweils neuesten Produktgeneration abgestimmt sind.

Das Modell funktioniert aber nur, wenn die Industrie ihre Struktur und Kultur überdenkt und neue Möglichkeiten auslotet. Die Unternehmen können beispielsweise Services als ‚Profit Center' betreiben, neue Kompetenzen in Vertrieb und Marketing aufbauen, Partner und Lieferanten einfacher digital einbinden, die kommerziellen Aspekte der Geschäftsplanung und Vertragsabwicklung effizienter abwickeln und sich generell stärker auf ihre Kunden fokussieren.

Ein entscheidender Faktor für die Profitabilität von leistungsorientierten Instandhaltungs- und Wartungsmodellen: Hersteller achten bereits in der Designphase darauf, dass sich ihr neues Produkt im gesamten Lebenszyklus einfach warten und optimieren lässt. Dieses ‚Design for Service' stellt sicher, dass das Produkt nicht nur den Anforderungen der Herstellung, sondern auch des späteren Produktbetriebs genügt.

Lockheed Martin beispielsweise setzt im Rahmen einer Umstrukturierung ihrer globalen Lieferkette auf eine ganze Reihe von langfristigen PBL-Verträgen mit ihren Lieferanten (Reim 2019). Das Ziel: die Gesamtkosten für die Erhaltung seiner F-35-Kampfflugzeuge zu reduzieren und deren Verfügbarkeit zu erhöhen. Erste Erfolge sind bereits spürbar: Die Verfügbarkeit eines elektronischen Kampfführungssystems stieg seit 2017 um 25 Prozent. Bis zum Jahr 2025 sollen die durchschnittlichen Betriebskosten des Flugzeugs von stündlich 35.000 auf 25.000 US-Dollar sinken.

**Additive Fertigung**

Additive Fertigung, besser bekannt als 3D-Druck, hat das ‚Tal der Enttäuschungen' in Gartners Hype-Zyklus schon seit Jahren überwunden (Gartner 2015) und befindet sich aktuell in einem enormen Wachstumszyklus (Gartner 2018). Der Umsatz soll in Zukunft um jährlich mehr als zehn Prozent steigen (Deloitte 2018). Die Technologie verändert traditionelle Geschäftsmodelle und die Unternehmenslandschaft grundlegend.

Das immense Potenzial von 3D-Druck besteht darin, Kosten in der Entwicklung, der Fertigung und dem Ersatzteilgeschäft einzusparen, Innovationen schneller und flexibler auf den Markt zu bringen und leichtere oder auch komplexere Teile zu fertigen. Luft- und Raumfahrtunternehmen tätigen strategische Investitionen, um die entsprechenden Fähigkeiten zu erlangen – indem sie interne Ressourcen aufbauen oder Partnerschaften mit spezialisierten Technologieanbietern eingehen.

Additive Fertigungstechnologien revolutionieren darüber hinaus die Komposition der gesamten Wertschöpfungskette, inklusive der Produktions- und Lieferantenlandschaft. Unternehmen können beispielsweise Ersatzteile über cloudbasierte Dienste innerhalb kürzester Zeit global verfügbar machen. Überdies können Unternehmen der Luft- und Raumfahrt ihre Produkte auf völlig neue Weise entwerfen und produzieren. Dadurch werden zukünftig in manchen Bereichen Design und additive Fertigung stärker abgegrenzt. Beispielsweise kann der OEM ein fertiges Produktdesign an einen 3D-Druckspezialisten zur Produktion geben, jedoch vollständig eingebettet in seinen eigenen Fertigungsablauf. Denkbar ist es auch, lediglich die Entwürfe für hochkonfigurierte Komponenten bereitzustellen. Diese lassen sich dann in einem Markt von externen 3D-Druck-Anbietern deutlich agiler herstellen als im eigenen Haus. In Kombination mit der Blockchain-Technologie können OEM und 3D-Druck-Anbieter in Zukunft auch kritische IP- und Designdaten sicher austauschen und eine digitale Rechteverwaltung einführen. Dabei sind jedoch noch Fragen zu kommerziellen Modellen, geistigen Eigentumsrechten und der Haftung zu klären. Auch besteht für neue Technologiepartner, die aus dem professionellen 3D-Druck-Dienstleistungssektor kommen, eine hohe Eintrittshürde in die Luft- und Raumfahrt. Schließlich müssen sie sehr strenge Regularien und Sicherheitsanforderungen einhalten und die notwendigen Zertifizierungen erbringen.

Unter diesen Vorzeichen ist der flexible und kostengünstige 3D-Druck ein entscheidender Wettbewerbsvorteil. Lieferanten von Komponenten und Baugruppen, für die additive Fertigung zukünftig eine realistische Alternative darstellt, sehen sich künftig verstärktem Wettbewerbsdruck ausgesetzt – durch 3D-Druck-Anbieter, aber auch andere OEMs, die ihrerseits entsprechende Kapazitäten aufbauen, um ihre Abhängigkeit von Lieferanten zu verringern. Die Moog Aircraft Group beispielsweise stellt zukünftig Befestigungen für spezielle Messgeräte (Coordinate Measuring Machine Fixtures) per 3D-Druck selbst her, statt diese wie bisher extern fertigen zu lassen. Mit phänomenalen Ergebnissen: Die Gesamtfertigungszeit sank von über einem Monat auf wenige Stunden, die Prozesse in der Produktionssteuerung verbesserten sich deutlich (Davies 2018).

Die Entwicklung hin zu datengetriebenen Geschäftsmodellen erfordert mehr softwarebezogene Engineering-Ressourcen, Know-how in der Softwareentwicklung, Cloudservices, Cloudplattformen sowie agile Entwicklungsumgebungen und Methoden. Cyber Security und Datensicherheit sind in der hochregulierten Branche ein weiterer entscheidender Erfolgsfaktor. Hier werden neue Partnerschaften entstehen.

## 9.4 Fazit

Die Luft- und Raumfahrtindustrie wandelt sich auf mehreren Ebenen. Hersteller sehen sich einem ständig zunehmenden Druck ausgesetzt, Produktinnovationen für heterogene Kundensegmente und -anforderungen kostengünstig und schnell, aber auch unter Berücksichtigung höchster Qualitäts- und Sicherheitsanforderungen sowie weitreichender Regularien, bereitzustellen.

Diesen Innovationsdruck gilt es in Einklang zu bringen mit dem technologischen Wandel, der gänzlich neue Möglichkeiten eröffnet, interne Abläufe und die Interaktion mit Mitarbeitern, Kunden und Partnern massiv zu vereinfachen. Auch entstehen neue Wachstumschancen, etwa über neue Dienstleistungen und Angebote wie ‚Data-as-a-Service' oder ‚Digital Products-as-a-Service', dem Erschließen von angrenzenden Märkten, oder des gezielten Portfolioausbaus für bestehende Kunden.

Neue Akteure drängen in den Markt, den seit Jahrzehnten das Duopol Airbus und Boeing dominierte. Darüber hinaus wandeln sich die Hersteller von Anbietern technischer Produkte zu Mobilitätsdienstleistern und langfristigen strategischen Partnern, die umfassende Verantwortung für den optimalen Betrieb des Endprodukts im gesamten Lebenszyklus übernehmen.

Die Werkzeuge dazu stehen bereit: Eine umfassende Digitalisierung ermöglicht beispielsweise eine effiziente Live-Kollaboration zwischen mehreren Geschäftspartnern in Netzwerken mit Echtzeitdatenaustausch. Intelligente Technologien machen Prozesse in der gesamten Wertschöpfungskette effizienter und ressourcenschonender.

Von entscheidender Bedeutung wird sein, wie gut es den Luft- und Raumfahrtunternehmen gelingt, ihre immensen Datenbestände intelligent einzusetzen und sich zu datenzentrischen Organisationen zu entwickeln.

## Literatur

Airbus. (2018). *Global market forecast: Global networks, global citizens. 2018–2037.* https://www.airbus.com/content/dam/corporate-topics/publications/media-day/GMF-2018-2037.pdf. Zugegriffen am 31.05.2019.

Davies, S. (2018). *MoogAircraft Group harnesses 3D printing to manufacture CMM fixtures.* tct Magazin vom 22.01.2018. https://www.tctmagazine.com/3d-printing-news/moog-aircraft-group-3d-printing-cmm-fixtures/. Zugegriffen am 31.05.2019.

Deloitte. (2018). *Technology, media, and telecommunications predictions 2019.* https://www2.deloitte.com/content/dam/insights/us/articles/TMT-Predictions_2019/DI_TMT-predictions_2019.pdf?_ga=2.188031784.1260486393.1553594209-1673649371.1553594209. Zugegriffen am 31.05.2019.

Electronics Weekly. (2018). *A vision of the future of the tech industry.* Electronics Weekly vom 24.01.2018. https://www.electronicsweekly.com/news/vision-future-tech-industry-2018-01/. Zugegriffen am 31.05.2019.

European Commission. (2011). *Flightpath 2050 Europe's vision for aviation.* https://ec.europa.eu/transport/sites/transport/files/modes/air/doc/flightpath2050.pdf. Zugegriffen am 31.05.2019.

Gartner. (2015). *What's new in gartner's hype cycle for emerging technologies, 2015.* https://www.gartner.com/smarterwithgartner/whats-new-in-gartners-hype-cycle-for-emerging-technologies-2015. Zugegriffen am 31.05.2019.

Gartner. (2018). *Hype cycle for emerging technologies, 2018.* https://blogs.gartner.com/smarterwithgartner/files/2018/08/PR_490866_5_Trends_in_the_Emerging_Tech_Hype_Cycle_2018_Hype_Cycle.png. Zugegriffen am 31.05.2019.

IDC. (2017). *Future scrape: Worldwide IT industry 2018 predictions.* https://www.idc.com/research/viewtoc.jsp?containerId=US43171317. Zugegriffen am 31.05.2019.

Koenen, J. (2019). *In der Luftfahrt tobt der Kampf um die Datenhoheit.* Handelsblatt vom 18.02.2019. https://www.handelsblatt.com/unternehmen/industrie/lufthansa-technik-und-airbus-in-der-luftfahrt-tobt-der-kampf-um-die-datenhoheit/24007658.html. Zugegriffen am 31.05.2019.

Koenen, J., & Hanke, T. (2019). *Gemeinsame Datenplattformen – die Rivalen Lufthansa Technik und Airbus nähern sich an.* Handelsblatt vom 31.03.2019. https://www.handelsblatt.com/unternehmen/handel-konsumgueter/luftfahrt-gemeinsame-datenplattformen-die-rivalen-lufthansa-technik-und-airbus-naehern-sich-an/24161338.html. Zugegriffen am 31.05.2019.

Kucinski, W. (2019). *CityAirbus urban air mobility vehicle completes first flight.* SAE Mobilius News vom 06.05.2019. https://www.sae.org/news/2019/05/cityairbus-urban-air-mobility-vehicle-completes-first-flight. Zugegriffen am 31.05.2019.

NASA. (2018a). *Executive briefing: Urban Air Mobility (UAM) market study.* https://www.nasa.gov/sites/default/files/atoms/files/bah_uam_executive_briefing_181005_tagged.pdf. Zugegriffen am 31.05.2019.

NASA. (2018b). *NASA urban air mobility studies point to USD500 billion market but large regulatory hurdle.* Unmanned Airspace vom 08.11.2018. https://www.unmannedairspace.info/urban-air-mobility/nasa-urban-air-mobility-studies-point-usd500-billion-market-large-regulatory-hurdles/. Zugegriffen am 31.05.2019.

Reim, G. (2019). *Lockheed tries reducing F-35 costs with new supplier contracts.* Flight Global vom 22.04.2019. https://www.flightglobal.com/news/articles/lockheed-tries-reducing-f-35-costs-with-new-supplier-457615/. Zugegriffen am 31.05.2019.

Reuters. (2018). *Der Markt für Lufttaxis nimmt Fahrt auf.* https://ngin-mobility.com/artikel/lufttaxis-hintergrund. Zugegriffen am 31.05.2019.

SAP. (2019). *Industries White Paper. Aerospace and Defense.* https://www.sap.com/documents/2016/03/32eb69d0-627c-0010-82c7-eda71af511fa.html. Zugegriffen am 31.05.2019.

Schäfer, K. (2018). *Conceptual Aircraft Design for Sustainability. Berichte aus der Luft- und Raumfahrttechnik.* Aachen: Shaker.

Schimroszik, N. (2018). *Markt für Lufttaxis nimmt Fahrt auf – Deutsche Vorreiter.* https://de.reuters.com/article/deutschland-flugtaxis-idDEKCN1GN0AM. Zugegriffen am 31.05.2019.

Stüber, J. (2019). *Volocopter eröffnet dieses Jahr ersten Flugtaxi-Airport.* Gründerszene vom 23.05.2019. https://www.gruenderszene.de/automotive-mobility/volocopter-singapur-voloport-skyports?interstitial. Zugegriffen am 31.05.2019.

Stüber, J., & Schmiechen, F. (2018). *Kommt ein Taxi geflogen ...* Die Welt, vom 04.06.2018. https://www.welt.de/sonderthemen/noahberlin/article176977914/Flugtaxis-werden-Realitaet-Start-up-Volocopter-fliegt-bald.html. Zugegriffen am 31.05.2019.

**Torsten Welte** ist Global Vice President für die Industrien Aerospace and Defense und Travel and Transportation bei SAP. Die Bereiche fokussieren industriespezifische Themen und Trends. Unter der Federführung von Torsten Welte entwickelte SAP mehrere neue Lösungen und Innovationen für den Aerospace- und Defense-Bereich. Seit 25 Jahren ist Welte bei SAP in verschiedenen Bereichen tätig, vom Solution Management über die Beratung und den Vertrieb bis hin zum Program Management. Zuvor verantwortete Welte bei Deloitte Consulting strategische SAP-Implementierungen in verschiedenen Branchen sowie die Entwicklung von Aftermarket-Roadmaps. Neben seiner Rolle bei SAP engagiert sich Torsten Welte in verschiedenen Luft- und Raumfahrtvereinigungen, beispielsweise als Board Member für die Pacifc Northwest Aerospace Association und die Aerospace Industries Association (AIA) sowie seit 2014 in verschiedenen Führungspositionen bei SAP Americas.

**Frank Klipphahn** ist seit 2004 als Solution Manager bei SAP im Bereich Aerospace and Defense tätig. In dieser Funktion verantwortet er die Themen Supply Chain Management, Aftermarket und Anwendung neuer Technologien. Er studierte Business Management an der Wharton Business School, University of Pennsylvania, USA sowie Systemanalyse an der FH Bremerhaven. Von 1997 bis 2004 war Klipphahn bei SAP als Softwarearchitekt, Projektmanager und Entwicklungsingenieur in verschiedenen Bereichen tätig, unter anderem im Umfeld von Airline MRO.

**Dr. Katharina Schäfer** ist seit 2017 als Solution Manager bei SAP im Bereich Aerospace and Defense tätig. Dort verantwortet sie das Thema Product Lifecycle Management sowie diverse

Forschungskooperationen. Dr. Schäfer studierte Maschinenbau mit Schwerpunkt Luftfahrt sowie Wirtschaftsingenieurwesen an der RWTH Aachen und promovierte am Institut für Luft- und Raumfahrtsysteme in Aachen zum Thema ‚Nachhaltigkeitsorientierter Flugzeugvorentwurf'. Nach ihrer Tätigkeit als Wissenschaftlerin an der RWTH übernahm sie die Vorstandsassistenz im Bereich Luftfahrt beim Deutschen Zentrum für Luft- und Raumfahrt (DLR). Seit 2018 ist Dr. Katharina Schäfer Senatsmitglied der Deutschen Gesellschaft für Luft- und Raumfahrt (DGLR), Mitglied des BDLI-Kompetenznetzwerks Digitalisierung und seit 2019 auch Jurymitglied des Innovationspreises der Deutschen Luftfahrt.

# Die Zukunft der Banken – Wie neue Geschäftsmodelle Banken grundlegend verändern

**10**

Georg Knöpfle, Fedi El Arbi, Dirk Stein und Eric Frère

> **Zusammenfassung**
>
> Dieser Beitrag setzt sich mit den Herausforderungen der Digitalisierung und veränderten Wettbewerbsbedingungen und Geschäftsmodellen für den Bankensektor auseinander. Der Fokus liegt auf der Erläuterung aktueller Entwicklungen und deren Auswirkungen auf das Betriebsmodell der Banken, insbesondere in den Bereichen Organisation, Prozesse, Personal und IT. Technologische Trends wie Plattformökonomie und Automatisierung sowie neue Wettbewerber zwingen bestehende Banken zur Innovation ihrer Geschäftsmodelle. Hier kristallisieren sich vier Modelle heraus, wie Banken auch in Zukunft relevant bleiben können: Die Bank als Plattformanbieter, die Bank als Anbieter von Speziallösungen, die Bank als Technologie-Anbieter und die Bank als ‚Trusted Advisor'. Die Implikation dieser strategischen Alternativen auf die Dimensionen Organisation, Prozesse, IT-Infrastruktur und Personal werden erläutert.

## 10.1 Einleitung

Wie alle Industrien steht auch die Bankenwelt vor tief greifenden Änderungen durch die Digitalisierung und die daraus resultierende Entstehung von neuen Technologien, Geschäftsmodellen und Kundenanforderungen. Digitale Dienstleistungen werden zur Nor-

---

G. Knöpfle (✉) · F. El Arbi
KPMG AG Wirtschaftsprüfungsgesellschaft, München, Deutschland
E-Mail: GKnoepfle@kpmg.com; felarbi@kpmg.com

D. Stein · E. Frère
FOM Hochschule für Oekonomie & Management, Essen, Deutschland
E-Mail: dirk.stein@fom.de; eric.frere@fom.de

© Springer Fachmedien Wiesbaden GmbH, ein Teil von Springer Nature 2020
S. Tewes et al. (Hrsg.), *Geschäftsmodelle in die Zukunft denken*,
https://doi.org/10.1007/978-3-658-27214-2_10

malität und wirken sich auf alle Bankenfunktionen wie Zahlungen, Einlagen, Kredite, Investitionsmanagement, Marktbereitstellung und Kapitalbeschaffung aus.

Wesentliche Treiber und Gestalter von innovativen Produkten und Dienstleistungen und somit auch neuer Geschäftsmodelle im Finanz-Sektor sind sogenannte FinTechs (abgeleitet vom Begriff Financial Technology). Sie automatisieren Bankgeschäfte, gestalten flexible und individuelle Lösungen für spezifische Kundengruppen und stellen Plattformen für andere Anbieter und/oder Kunden bereit. Hierzu lösen sie Teile aus der Wertschöpfungskette traditioneller Finanzintermediäre heraus, automatisieren diese und kombinieren sie neu. FinTechs sind oftmals auch Start-ups, dies ist jedoch keine zwingende Voraussetzung. Auch Aktivitäten bereits etablierter Unternehmen können unter den Begriff FinTech fallen.

Folgende ausgewählte technologische Trends stehen im Zentrum des Wandels:

**Blockchain und Mobile Payment**
Die Blockchain-Technologie bietet das Potenzial, die Effizienz und Geschwindigkeit im Zahlungsverkehr und in den sonstigen Transaktionen signifikant zu erhöhen. Eine Blockchain ist eine dezentrale Datenstruktur, die Transaktionen transparent, zusammenhängend und unveränderbar in einem Netzwerk aus verschiedenen verteilten Rechner-Knoten speichert. Ein wesentliches Merkmal der Blockchain ist die Nutzung von kryptografischen Verfahren zur netzwerkweiten Verifikation und zur Sicherstellung der Datenintegrität. Das Bitcoin-Netz gilt als eines der größten und bekanntesten Blockchains. Ein wesentlicher Vorteil der Blockchain-Technologie, neben der Senkung der Transaktionskosten, ist die Möglichkeit zur Nutzung digitaler Signaturen zur sicheren Abwicklung von Transaktionen (Alt und Puschmann 2016). Die Blockchain bedeutet aber auch, dass neue Wege zur Abwicklung von Zahlungen oder zur Beschaffung von Krediten ohne Beteiligung der Banken entstehen können. Weitere FinTech-Start-ups und sogar etablierte Technologie-Unternehmen (z. B. Apple, Google, PayPal) arbeiten an Lösungen für Mobile Payment und schaffen somit Alternativen zu klassischen Bankprodukten. Apple Pay beispielsweise etabliert sich schrittweise zu einer digitalen Alternative für die Kreditkarte.

**Robo-Advisors**
Digitale Anlagelösungen wie beispielsweise Robo-Advisors ermöglichen eine automatisierte Anlageberatung. Der Begriff Robo-Advisor ist ein Sammelbegriff für Firmen, die eine automatisierte Form der Geldanlage anbieten. Ein Beispiel im deutschen Markt ist die Firma Scalable Capital. In der vollen digitalen Ausprägung interagieren Robo-Advisors digital mit den Kunden, von der Kundeninteraktion mithilfe von Text oder Spracherkennung bis zur Entwicklung der Anlagestrategie. Solche Anbieter sprechen Kunden an, die moderne, schlanke, digitale und kosteneffiziente Anlagelösungen suchen (Seidel 2017). Durch den hohen Grad der Automatisierung sind Anbieter von Robo-Advisor-Lösungen skalierungsfähig und kosteneffizient. Durch den Einsatz von künstlicher Intelligenz für die Entwicklung der Portfolio-Strategie sind sie zudem effektiv und somit ein neuer Wettbewerber für die klassischen Banken im Bereich der Kapitalanlage.

**Crowdfunding-Plattformen**
Crowdfunding ist eine Form der Finanzierung (engl. funding) durch eine Menge (engl. crowd) von Internetnutzern. Zur Spende oder Beteiligung (z. B. für neue Produkte oder neue Geschäftsideen) werden spezielle Plattformen oder mobile Apps aufgerufen. Manche Crowdfunding-Plattformen wenden sich auch an Unternehmenskunden. Mit Crowdfunding steht eine neue Alternative für kapitalintensive Unternehmen und Anleger zur Verfügung, ihre Mittel einzusetzen (Schramm und Carstens 2014). Für Kreditabnehmer entstehen neue Möglichkeiten der Finanzierung mit oft geringerem Aufwand und höheren Erfolgschancen. Das bedeutet für Banken neue Wettbewerber im Kreditbereich, die aber selbst die Risiken nicht tragen und lediglich die Vermittlungsrolle einnehmen.

**Automatisierung, künstliche Intelligenz (KI) und Big Data & Analytics**
Mit neuen Automatisierungstechnologien wie Robotic Process Automation (RPA) und künstlicher Intelligenz werden Maschinen befähigt, bisherige manuelle Tätigkeiten zu übernehmen. RPA ist eine Technologie, die menschliche Nutzer in ihrer Interaktion mit IT-Systemen automatisiert nachahmt (Istel und Jradi 2017). Das bedeutet insbesondere, dass die RPA-Technologie auf die bestehenden Systeme aufsetzt und keine technologischen Änderungen, wie z. B. Eingriffe in die Basis-IT oder neue Schnittstellen, benötigt. Die RPA-Technologie ist somit für die Automatisierung regelbasierter und wiederkehrender Prozesse geeignet (,Automatisierungspflaster'). Durch den einfachen Bau und die unproblematische Integration von RPA-Lösungen (auch als Bots bezeichnet) lässt sich in den meisten Fällen ein Return on Investment innerhalb von drei bis sechs Monaten erzielen (s. Abb. 10.1).

**Abb. 10.1** Robotics Process Automation (RPA): Per eMail ausgelöste Änderung G/L. (Quelle: https://www.youtube.com/watch?feature=youtu.be&v=2-Su3B-cTVA)

Mit KI können das menschliche Gedächtnis, sein Lernverhalten und seine Entwicklung nachgebildet werden. Zum Beispiel kann in Portfolio-Optimierungsprozessen bei Banken KI genutzt werden, um intelligentere sowie schnellere Geschäftsprozesse und IT-Werkzeuge im Bereich des algorithmischen Handels zu entwickeln. Die genutzten IT-Werkzeuge sind dann in der Lage zu lernen und unstrukturierte Informationen wie etwa Nachrichten-Feeds zu verarbeiten. Dies hat signifikante Auswirkungen auf die Informationsverarbeitung in Bezug auf Volumen und Volatilität. KI kann auch genutzt werden, um Entscheidungen basierend auf historischen und/oder externen Informationen zu optimieren (wie z. B. Kreditvergabe-Entscheidungen). In diesem Zusammenhang bezeichnet man ‚Big Data & Analytics' als Technologien zur Analyse großer Datenvolumen, die dafür sowohl strukturiert als auch unstrukturiert vorliegen (teilweise auch in Echtzeit) (Hoser und Scham 2017). Die Datenmenge, die von den Banken gespeichert wird, steigt exponentiell. Dies ermöglicht schnelle und effiziente Analysen in verschiedenen Bereichen, wie z. B. Ausgabemuster der Kunden, Kundensegmentierung sowie Produkt-Cross-Selling auf Basis des Kundenprofils (Lechte und Leclaire 2017). Der Einsatz von RPA, KI und Big Data & Analytics wird daher für Banken aufgrund der damit verbundenen Effizienz- und Effektivitätsvorteile zunehmend zum Wettbewerbsvorteil. Daten werden zum Rohstoff für effektive Entscheidungsfindung. Über die aktuellen Geschäftsmodelle hinaus lassen sich damit auch immer weitere neuartige (datengetriebene) Geschäftsmodelle entwickeln. Ein Ansatz, um Kundendaten sammeln zu können ist ‚Gamification'. Bei Kunden wird mit spieltypischen Elementen der Spieltrieb und damit das erhöhte Interesse am Bankenprodukt geweckt. Dieses Designprinzip ist bereits aus dem Teilen von Fitnessinformationen über Smart-Watches und Fitnessarmbänder bekannt. Teilnehmer legen in Communities ihre Informationen offen (z. B. bezüglich Laufdauer, Laufstrecke, Puls, Kalorienverbrauch etc.) und werden für alle Teilnehmer transparent in Ranglisten eingetragen. Der daraus resultierende Wettbewerb ist für die Teilnehmer – insbesondere für die Entwicklung eines gesünderen Lifestyles – äußerst motivierend. Durch Gamification versprechen sich Anbieter mehr Nutzeraktivität und -zulauf in ihrem Geschäftsmodell. Ein Anwendungsfall für Gamification zur Sammlung für Kundendaten ist die Gestaltung der monatlichen Einsparungsziele als Spiel, um Anreize für den Kunden zu schaffen, Daten aus anderen Bankkonten freizugeben. Dies kann beispielsweise durch einen Punkte-Score und eine grafische Umsatzanzeige erreicht werden. Je nach erreichtem Sparziel in einem Monat steigt oder fällt der Score. Die Relevanz von RPA, KI und Big Data & Analytics ist im Markt hinreichend bekannt, jedoch für zukunftsfähige Geschäftsmodelle noch nicht ausreichend ausgeprägt.

**Cloud-Computing**
bezeichnet die Bereitstellung von Diensten (Server, Speicher, Datenbanken, Netzwerkkomponenten, Software etc.) über das Internet (‚die Cloud'). In der Regel bezahlen Kunden nur für die Clouddienste, die sie tatsächlich nutzen (‚Pay per Use'). So können Banken ihre IT-Betriebskosten flexibel und damit oft günstiger gestalten und Skalierungen bei sich ändernden Geschäftsanforderungen leichter vornehmen. Cloud-Computing liefert Banken oft ein kostengünstigeres IT-Betriebsmodell bei minimalem Anlagevermögen, indem es unter anderem die Möglichkeit bietet, eine Reihe von Nicht-Kernbankaktivitäten auszulagern (Steidl und Heidkamp 2017).

**Cyber Security**
Der technologische Wandel und die Digitalisierung erfordern neue und veränderte IT-Sicherheitsstrategien. Cyber Security ist der Schutz von Computersystemen vor Diebstahl oder Beschädigung ihrer Hardware, Software oder elektronischen Daten sowie vor einer Störung oder Fehlleitung der von ihnen bereitgestellten Dienste. Gefordert sind umfassende technische und organisatorische Lösungen, die einen optimalen Schutz gegen Cyber-Risiken bieten (Steidl et al. 2017). Jüngste Beispiele zeigen, dass Bankdienstleister – vor allem Neueinsteiger am Markt – vermehrt Opfer von Betrug, beispielsweise durch Identitätsdiebstahl werden. Vertrauen ist im Banken-Geschäft essenziell. Aus diesem Grund spielt die Cyber Security eine herausragende Rolle zur Beibehaltung des Vertrauens.

Europäische Regulierungsbehörden wenden sich vermehrt der Anwendung von Technologien im Bankengeschäft zu. Ein Beispiel ist die Zahlungsdiensterichtlinie PSD2 (Abkürzung PSD von englisch Payment Services Directive). Sie ist eine EU-Richtlinie der Europäischen Kommission im Zahlungsdiensterecht zur Regulierung von Zahlungsdiensten und Zahlungsdienstleistern in der gesamten Europäischen Union. Sie zielt auf einen besseren Verbraucherschutz bei Online-Zahlungen sowie die Förderung der Entwicklung und Nutzung innovativer Online- und Mobilfunkzahlungen. Zudem soll sie grenzüberschreitende europäische Zahlungsdienste sicherer zu machen und FinTechs stärken. Die Banken werden verpflichtet, Schnittstellen einzurichten, über die Drittdienstleister auf die Zahlungskonten der Bankkunden zugreifen können. Banken müssen Drittanbietern entweder eine eigene dedizierte Schnittstelle bieten oder sie dieselbe nutzen lassen, wie sie ihren eigenen Kunden bereitstellen. Dadurch entfällt eine weitere Markteintrittsbarriere für die neuen Banken-Wettbewerber (Korschinowski 2017).

Generell haben diese technologischen Trends unter anderem folgende Auswirkungen auf die Bankenfunktionen (KPMG AG Wirtschaftsprüfungsgesellschaft 2017):

**Zahlungen**
Dezentrale Währungen (basierend auf der Blockchain-Technologie) bieten überzeugende Alternativen zu herkömmlichen Wertübertragungssystemen. Durch die Optimierung der Transaktionen zwischen den Banken und zwischen Banken und Kunden wird die Zukunft des Werttransfers globaler, transparenter, schneller und billiger. Umgekehrt reduziert die nahtlose Integration des Zahlungsverkehrs in den Kaufprozess (z. B. bei Amazon oder Uber) die Berührungspunkte zwischen Zahlungsanbietern und Kunden, was es für Banken schwerer macht, sich von den neuen Wettbewerben abzuheben.

**Kredite, Einlagen und Kapitalbeschaffung**
Neue Kreditplattformen verwenden alternative Entscheidungsverfahren und schlanke, automatisierte Prozesse, um einer breiteren Kundenbasis Darlehen und Investitionsmöglichkeiten zur Verfügung zu stellen. Dies verringert letztendlich die Abhängigkeit von Banken als Finanzintermediäre. Zugleich ebnet eine erhöhte Nachfrage nach flexiblen und alternativen Banklösungen den Weg für den Aufstieg virtueller Banken (z. B. N26) und die Schaffung kundenorientierter Erweiterungen, die standardisierte Applikationsschnittstellen verwenden.

**Investitionsmanagement**
Eine Reihe von neuen Wettbewerben, von automatisierten Vermögensverwaltungsdiensten bis hin zu sozialen Handelsplattformen, haben sich herausgebildet, um kostengünstigere und ausgereiftere Alternativen als traditionelle Vermögensverwalter anzubieten. Diese Lösungen bedienen eine breitere Kundenbasis und ermöglichen dieser mehr Kontrolle über die Verwaltung ihres Vermögens.

**Marktdatenbearbeitung**
Die Entwicklung intelligenter, schneller Systeme im Bereich des algorithmischen Handels, die lernen, unstrukturierte Informationen wie Newsfeeds zu verarbeiten, wird unvorhersehbare Auswirkungen auf die Marktdatenbearbeitung haben. Neue Informationsplattformen verbessern die Konnektivität und den Informationsaustausch zwischen Marktteilnehmern, wodurch die Märkte liquider, zugänglicher und effizienter werden.

**Kapitalbeschaffung**
Angesichts des wachsenden Interesses an Start-ups und einer digitalen Demokratisierung haben sich internationale Finanzierungsplattformen (wie z. B. Crowd-Funding-Plattformen) entwickelt, die den Zugang zu Kapitalquellen erweitern und eine größere Anzahl von Unternehmen und Projekten finanzieren. Diese Plattformen ermöglichen es den Unternehmen, die Gewinne für die Anleger zu optimieren.

Banken müssen auf diese disruptiven Veränderungen reagieren und sowohl ihr Geschäftsmodell, ihre strategische Positionierung als auch ihr Betriebsmodell anpassen. Das nachfolgende Kapitel stellt vier strategische Optionen für nachhaltige Bank-Geschäftsmodelle aus heutiger Sicht vor und erläutert ihre Implikationen auf das Betriebsmodell.

## 10.2 Erfolgversprechende Geschäftsmodelle für Banken im digitalen Zeitalter

Um den Herausforderungen der Digitalisierung und veränderter Wettbewerbsbedingungen zu begegnen und die Chancen, die sich daraus ergeben, nutzen zu können, sollten sich Banken neu erfinden und sich für eine der nachfolgenden Strategien entscheiden. Getragen werden diese Strategien durch die konsequente Ausrichtung der Betriebsmodell-Dimensionen Organisation, Prozesse, IT-Infrastruktur und Personal.

**Die Bank als Plattformanbieter**
Die Bank orientiert sich in diesem Szenario an der umfassenden Erfüllung der Kundenbedürfnisse und richtet daran die digitale Plattform aus. Plattformanbieter zielen darauf ab, den Kunden in den Mittelpunkt zu stellen und Anbieter eines Ökosystems aus eigenen Produkten und aus Produkten, Dienstleistungen und Technologien von Fremdherstellern aufzutreten. Bei den eigenen Produkten konzentriert sich die Bank auf ihre Kernkompetenzen und Stärken, beispielsweise in der Anlageberatung (u. a. durch jahrelange Marktex-

pertise und bereits eigenentwickelter Algorithmen für die Portfolio-Entwicklung). Die Produkte anderer Unternehmen werden zugekauft, wenn die Produkte, Dienstleistungen oder Technologien günstiger sind oder aus der Kundenperspektive einen höheren Mehrwert bieten. Der Kunde erkennt bei der Interaktion mit der Bank den Fremdbezug nicht, es sei denn es entsteht ein Branding-Vorteil wie beispielsweise bei der Integration von Apple Pay. Entscheidend für das Plattform-Modell ist die reibungslose Integration von Technologien und Prozessen (Plug and Play-Prinzip).

Im Hinblick auf die **Organisation** verwischt die Grenze des Unternehmens. Die (Projekt-)Teams setzen sich aus internen und externen Mitarbeitern zusammen, die gemeinsam an Lösungen und deren Integration arbeiten und gemeinsam eine Dienstleistung an den Kunden erbringen.

Die **Prozesse** sind sehr standardisiert und werden auf einer einheitlichen Plattform abgewickelt, um die Integration leichter zu gestalten. Das Handling im Middle- und Backoffice ist hoch standardisiert und automatisiert, da durch die Realtime-Erwartung des Kunden manuelle Eingriffe nur noch bedingt möglich sind.

Der **IT- bzw. Technologiefokus** liegt bei Plattformanbietern auf der Integrationsschicht. Ziel hierbei ist die schnellstmögliche Integration neuer Services, egal ob diese intern entwickelt oder von außen zugekauft werden (Schumacher et al. 2017).

Im Hinblick auf das **Personal** werden hier vor allem Technologieexperten, Programmierer und IT-Integratoren benötigt. Die Arbeitsweise wird tendenziell stärker unternehmens- und fächerübergreifend, da eine Produktentwicklung für die Plattform sowohl Banking- als auch Technologie-Wissen benötigt. Durch Kundenwünsche als dem neuen Ausgangspunkt der Weiterentwicklung sind in der Zusammenarbeit vor allem agile Entwicklungsverfahren notwendig. Dies führt auch zu neuen Berufsbildern wie dem ‚Customer Experience Manager'. Er ist für eine nahtlose Kundenerfahrung zuständig und sorgt zusammen mit dem Produktmanager, der für die Entwicklung und den Betrieb des Produkts zuständig ist, für die Erfüllung der (digitalen) Kundenanforderungen.

**Die Bank als Anbieter von Speziallösungen**
Die Bank als Anbieter von Speziallösungen verfolgt eine klare Fokussierungsstrategie. Sie bietet kein umfassendes Produktportfolio an, sondern setzt auf einzelne Produkte und Dienstleistungen, bei denen sie gegenüber integrierten Banken entweder qualitativ oder kostenmäßig überlegen ist. Die Bank agiert als Entwickler innovativer Produkte, wodurch sie sich am Markt differenzieren kann. Der Kundenfokus steht hier klar im Vordergrund. Basis hierfür ist ein produktspezifischer Vorsprung bezüglich Technologie und Erfüllung von Kundenanforderungen im Vergleich zum Wettbewerb.

Hinsichtlich der **Organisation** ist die Bank ähnlich aufgebaut wie ein Technologie- bzw. Softwareunternehmen und arbeitet in agilen, virtuellen Teams.

Die **Prozesse** sind fokussiert auf die Produktentwicklung und -innovation. Mittel- und Backoffice-Prozesse werden im Hintergrund standardisiert und automatisiert abgewickelt (Gasser et al. 2017). Innovationsmethoden (wie Design Thinking) sowie agiles Projektmanagement prägen die Unternehmenskultur.

Damit das Unternehmen die Speziallösungen dem Kunden anbieten und bestmöglich an seine Bedürfnisse anpassen kann, ist Agilität ein unabdingbarer Faktor auch im Bereich IT. Kurze Ausfallzeiten und eine schnellstmögliche Reaktion auf Probleme einerseits und neue Anforderungen andererseits sind hier wettbewerbskritisch. Um die Speziallösungen für den Kunden attraktiv zu halten, muss ein laufender Fortschritt und damit weiterer Mehrwert der Lösung für die Kunden erkennbar sein.

Im Bereich **Personal** bedarf es hier einer klaren Spezialisierung auf die jeweiligen Funktionen. So braucht es Customer Experience Manager, die Kundenanforderungen verstehen, Fachabteilungen, die Wissen über klassische Finanz- und Banking-Themen haben und maßgeschneiderte Fachanforderungen zur Erfüllung der Kundenwünsche erstellen, Programmierer und KI-Spezialisten, welche die Anforderungen in Code übersetzen, UX-Designer, die eine bestmögliche Usability im Frontend gewährleisten sowie Produktmanager, die an der Schnittstelle der jeweiligen Bereiche koordinieren. Allen vorangestellt bedarf es Visionären, die das Produkt in die Zukunft denken und eine Idee für neuen Kundenmehrwert generieren.

### Die Bank als Technologie-Anbieter

Die Banken als Technologieanbieter im B2B-Bereich können am Markt bestehen, wenn sie ihre Lösungen entweder günstiger, technologisch führend oder passend für eine Nische anbieten. Die Herausforderungen bezüglich der vier Dimensionen sind je nach strategischer Ausrichtung unterschiedlich.

#### Preisführer

Preisführer sind Technologie-Anbieter, die aufgrund von technologischem Vorsprung oder von Skalen-Effekten Dienstleistungen effizienter erbringen können als ihre Konkurrenz. Die **Organisation** muss dementsprechend sehr schlank (lean) und tendenziell zentralisiert aufgebaut sein. Die **Prozesse** sind hoch effizient und stark standardisiert. Die **IT-Architektur** ist dementsprechend sehr konsolidiert oder wird alternativ via Cloud-Lösung bezogen. Softwarelösungen werden ‚out of the shelf' benutzt (Coenen 2017). Das **Personal** wird mithilfe von Schulungsmaßnahmen in den neu entstandenen Services integriert und bei der Transformation vom Banking-Geschäft zum Service-Geschäft begleitet.

#### Technologieführer

Der Technologie-Führer bietet B2B-Dienste an weitere Banken an – in Bereichen wo er technologisch führend ist oder von der Brand-Perspektive einen Vorteil für die Bank hinsichtlich Kundenwahrnehmung darstellt (z. B. ApplePay). Im Hinblick auf die **Organisation** sind Mitarbeitende in virtuellen Teams organisiert und gehen neue Ideen agil und kreativ an. Bei den **Prozessen** liegt das Hauptaugenmerk auf der Produktentwicklung und dem Kundenservice. Alle anderen Prozesse und Funktionen laufen hochautomatisiert im Hintergrund. Die ist unabdingbar, da die Services oft transaktionsbezogen abgerechnet werden. Das Backoffice muss dementsprechend so automatisiert werden, dass das Geschäftsmodell skalierbar bleibt (Gasser et al. 2017). Die **IT** erfüllt keine Back-Office-Funktion, sondern wird zum Teil der Wertschöpfungskette. IT ist Teil des Kernprodukts, das angeboten wird und bildet dementsprechend das Fundament für die Geschäftsprozesse. Sie muss modular in die Systeme von Plattformanbietern integrierbar sein (Schumacher et al. 2017). Das **Personal** hat eine interdisziplinäre Ausrichtung und besitzt sowohl eine IT- und Technologie- als auch einen Banking/Financial Services-Background. Es muss sowohl die technischen als auch die fachlichen Anforderungen verstehen und umsetzen können.

**Nischenanbieter**

Nischenanbieter fokussieren ihre Strategie auf ein eingegrenztes Marktsegment (z. B. Payment-Dienstleistungen basierend auf Ripple). Je nachdem, ob sich innerhalb seiner Nische das Unternehmen als Preisführer oder Technologieführer positioniert, gelten die gleichen Anforderungen hinsichtlich Organisation, Prozesse, IT und Personal wie oben beschrieben – nur eben im jeweiligen Nischenmarkt.

**Die Bank als ‚Trusted Advisor'**

Die Bank positioniert sich hier als Premiumanbieter und adressiert ein Kundensegment mit einer überdurchschnittlichen Zahlungsbereitschaft. Hier steht der persönliche Kontakt zum Bankberater im Vordergrund. Entscheidend ist ein Premium-Kundenerlebnis über die komplette Customer Journey, das heißt vom Kundengespräch in der Filiale bis hin zum Kundenservice. Die Filialen unterstreichen dabei den Premium-Charakter. Hier sind ähnliche Konzepte wie im Retail sehr wahrscheinlich: Einrichtung, Licht-, Sound- und Geruchskonzepte unterstreichen sowohl Image als auch Qualität des Anbieters und sorgen für eine angenehme Kundenerfahrung. Kern des Erfolgs sind jedoch Berater mit langjähriger Erfahrung, die maßgeschneiderte Lösungen entwickeln und anbieten. Ein Beispiel für diese Entwicklung liefert American Express mit den Services rund um die Platinum Card. Neben klassischen Bezahlfunktionen genießen Kunden weitere Vorteile. Bei Flugreisen erhalten sie beispielsweise Zugang zu Airport-Lounges sowie zur Fast Lane beim Sicherheitscheck. Zudem gewährt American Express einen umfangreichen Versicherungsschutz bei Flugverspätungen, Gepäck-Schwierigkeiten, Krankheit oder Reise-Ausfall. Daneben bietet der Platinum Card Service Leistungen im Bereich Lifestyle, bei dem sich ein Mitarbeiter 24 Stunden am Tag um Anfragen zu Tickets für Events und Konzerte, Restaurant-Reservierungen, einen Wagen mit Chauffeur oder ein Privatjet kümmert.

Solche Leistungen werden in Zukunft vermehrt zu beobachten und noch individueller auf die einzelnen Kunden zugeschnitten sein. Trotz der Digitalisierung stehen der persönliche Kontakt und die menschliche Interaktion weiter im Fokus dieses Geschäftsmodells. Generell sind höchste Standards bezüglich der Customer Experience der Leitfaden zur Gestaltung des Betriebsmodells.

Die **Organisation** ist mit heutigen Banken vergleichbar und wird um weitere Funktionen für das Customer Experience Management erweitert.

Die **Prozesse** sind auf kürzeste Reaktionszeiten und hundertprozentige Kundenorientierung ausgerichtet. Die Backoffice-Prozesse müssen reibungslos laufen und die Erfüllung der Anforderungen anspruchsvoller Kunden steht bei deren Gestaltung im Fokus.

Der Kontakt mit der IT-Infrastruktur muss den Premium- und Vertrauensaspekt betonen. Dies spiegelt sich sowohl im Design der Mensch-Maschine-Interaktionspunkte (z. B. Homepages oder Apps) als auch im Bereich Sicherheit wieder.

Das **Personal** als Hauptinteraktionspunkt mit den Kunden ist fachlich auf höchstmöglichen Niveau und betrachtet den Kunden stets als Mittelpunkt des Handelns.

## 10.3 Deep Dive – Beispiele aus der Praxis

Nachfolgend zeigen drei Praxisbeispiele, wie Banking-Anbieter sich aufstellen, um den Herausforderungen der digitalen Transformation gerecht zu werden. Ein prominentes Beispiel ist die Fidor Bank AG Gruppe, die eine Plattform-Strategie verfolgt und als Technologie-Anbieter mit einem eigenen Betriebssystem auch Wettbewerben ohne Banklizenz den Eintritt in den Finanzsektor ermöglicht. Bestehenden Banken bietet sie wiederum die Mittel, mit PSD2- und Open-Banking-Standards einhergehende Geschäftsmodelle zu verwirklichen. Auch die Direktbank N26 integriert eigene Produkte und Services anderer Unternehmen in ihre Plattform, um ihren Kunden einen Mehrwert zu liefern. Am Beispiel der HypoVereinsbank wird zudem verdeutlicht, welchen Herausforderungen sich die Personalabteilungen etablierter Universalbanken stellen müssen und welche Maßnahmen sie ergreifen, um das Potenzial ihrer Mitarbeitenden für Transformationsprozesse freizusetzen.

**Fidor Bank AG Gruppe – Die Bank als Plattform und Technologieanbieter**
Die Fidor Bank setzt zusammen mit der Technologie-Tochter Fidor Solutions strategisch auf das sogenannte API Banking. APIs (Application Programming Interfaces; gleichbedeutend mit Programmierschnittstellen) ermöglichen die schnelle Integration von eigenen und Drittangeboten, ebenso wie den real-time Datenaustausch mit angebundenen Partnern. Die technologische Grundlage für die API-Plattform schafft Fidor Solutions mit dem eigenentwickelten Bank-Betriebssystem fidorOS. Dessen Technologie ist modular aufgebaut und umfasst unter anderem Kommunikationsplattformen für den direkten Austausch mit den Kunden via Web- oder Mobile-Anwendung, Community-Lösungen, Redaktionssysteme, Datenanalyse, Treueprogramme für Kunden, Prognosemodelle und Payment-Lösungen. So können Apps und Finanzdienstleistungen unbegrenzt integriert werden. Auf diese Weise können Partner jeder Größe ihr bestehendes Angebot gezielt ausbauen bzw. ein neues Angebot einfach erweitern und etablieren.

Dementsprechend vielfältig sind die Services und Leistungen der Fidor Gruppe. Die Fidor-Bank bietet als Online-Direktbank klassische Banking-Leistungen wie Kontoführung, Sparprodukte und Kredite für Privat- und Geschäftskunden. In der Fidor Smart Community diskutieren Kunden und Bankberater über Finanzfragen, geben Spartipps oder bewerten Produkte. Das Angebot an die Geschäftskunden umfasst ein für den E-Commerce geschaffenes Firmenkonto. Geschäftskunden können über Fidor APIs ihre täglichen Transaktionsprozesse automatisieren und zum Beispiel ihre E-Commerce Shops mit ihrem ERP-System verknüpfen. Dies ermöglicht beispielsweise einen Echtzeit-Überblick über offene Rechnungen oder systemgesteuerte Massenzahlungen direkt über das ERP-System. Im B2C-Bereich ermöglichen Fidor Pay und die Anbindung von ApplePay das bargeldlose Zahlen. Der Fidor Market ist ein digitaler Finanzmarktplatz, der Angebote zu Finanz- und Versicherungsprodukten sowie finanznahen Services enthält. Fidor bietet hier eine Vorauswahl an unterschiedlichen Produkten in den Bereichen Geldanlage, Kredit, Versicherung, Tools (z. B. im Bereich Steuererklärung) und Services für Unternehmen (wie Reisekostenabrechnung, Buchhaltung usw.).

Ein weiteres Geschäftsfeld, das auf Basis der Fidor APIs erschlossen wird, ist Fidor's sogenanntes ‚Crypto as a Service'. Hier werden Krypto-Währungs-Transaktionen, für die Fidor eine Transaktionsgebühr verlangt, auf API-Basis angestoßen und durchgeführt. Unterschieden wird zwischen kryptobezogenen Anlage- und Handelsbereichen. Hierzu kooperiert Fidor mit Bitcoin-Börsen wie Payward Inc. aus San Francisco (kraken.com) oder Bitcoin Deutschland AG aus Herford (bitcoin.de). Diese verfügen über ein Bankkonto bei der Fidor Bank AG in Deutschland, auf dem die meisten Euro-Transaktionen der Börsen abgewickelt werden. Ziel dieser Kooperationen ist es, eine weltweit tätige Bankplattform für virtuelle Währungen zu schaffen, in der die Produkte und Services verschiedener Anbieter für virtuelle Vermögenswerte wie z. B. Bitcoins gebündelt werden. Vonseiten der Bitcoin-Börsen kommen technologisches Know-how im Bereich der sicheren Verwahrung von virtuellen Währungen, die Handels- und Börsenabwicklung sowie die Erfahrung und das Netzwerk im Bereich der virtuellen Währungen.

Dem Shared Infrastructure-Modell folgend bieten Fidor Bank und Fidor Solutions zusammen Banking-as-a-Service-Leistungen an. Fidor agiert hier global als Partner bei Aufbau und Umsetzung von digitalen Bank-Konzepten. Kernprodukte sind das No-Stack-Banking als eine umfassende Lösung für digitales Banking sowie der Digital Banking Accelerator. Bei Ersterem übernimmt die Fidor Bank, je nach Bedürfnissen der Kunden, einen kompletten Business-Outsourcing-Service, der beispielsweise Bankprodukte, Erfahrung im Bereich Risiko und Compliance, Kundenservice und auch eine Banklizenz für Europa enthält. Dies ermöglicht beispielsweise FinTechs ohne eigene Banklizenz einen schnellen Markteintritt. Der Digital Banking Accelerator ist eine Produkt- und Service-Sammlung modularen Aufbaus, der auf jedes Kernbankensystem beziehungsweise Altsystem situativ zugeschnitten werden kann. Er ermöglicht es etablierten Banken, digitale Banking-Produkte zu integrieren.

Die Idee hinter diesen Produkten ist es, die gesammelten Erfahrungen und die bereits entwickelten Produkte als Dienstleistungen anzubieten und somit weitere Einnahmequellen zu generieren. Strategisch könnte das eine Herausforderung sein, wenn Wettbewerber im Banking-Bereich zu Kunden von Service-Leistungen werden. Somit setzt die Bank auf zwei mögliche Zukunftsmodelle und kann je nach Erfolg und Marktentwicklung entscheiden, ob diese beiden Geschäftsmodelle parallel bestehen sollen oder ob eine Fokussierung notwendig ist.

### N26 – Die Bank als Plattform

Die N26 Bank bietet als Plattform eine Mischung aus eigenen Produkten und Produkten von Fremdherstellern an. Als zentraler Ankerpunkt steht aus Kundensicht die Smartphone-App im Mittelpunkt. Zum einen ist die N26 eine Direktbank im Privatkunden-Bereich, die sich auf die mobile Kontoführung per Smartphone spezialisiert hat. Während bestimmte Kundengruppen weiterhin die persönliche Betreuung in Filialen vorziehen, fokussiert sich N26 auf digital-affine Kunden. Die Lösungen von N26 ermöglichen ihnen die Integration von privaten Banking-Themen in einen mobilen und digitalen Alltag. So bietet die Bank ihren Kunden beispielsweise die Kombination eines Girokontos mit einer Reiseversicherung oder exklusive Partnerangebote in Kombination mit einer Kreditkarte. Bei Letzterem bekommen die Kunden unter anderem kostenlosen Zugang zu Coworking Spaces, Online-Shopping-Vorteilen und einem mobilen Reinigungsservice. Das N26-Geschäftskonto wiederum zielt auf Freiberufler (Freelancer) ab, die von einem Cashback-Programm profitieren und ihre geschäftlichen und privaten Ausgaben einfach und schnell trennen können. All diese Services werden über einen personalisierten Bereich in der App gesteuert. Die Fokussierung auf Kunden mit einem modernen, urbanen und mobilen Lebensstil spiegelt sich auch im Design der Produkte wieder. Sowohl die Homepage und die App als auch die Giro- und Kreditkarten heben sich mit einem reduzierten und modernen Design von anderen Banken ab.

Zum anderen integriert die N26-Bank Produkte und Services anderer Unternehmen auf ihrer Plattform, wo diese aus der Kundenperspektive einen klaren Mehrwert liefern. Vom Branding her klar zu erkennen ist zum Beispiel die Kooperation mit den Bezahldiensten Google Pay und Apple Pay.

Zudem kooperiert N26 mit dem Versicherungsmakler Clark. Über Clark haben Kunden Zugriff auf mehr als 150 Versicherungsanbieter in Deutschland. So können sich Kunden in der N26-App ihr persönliches Versicherungsportfolio (Privathaftpflicht, Unfall, Altersvorsorge etc.) zusammenstellen.

Des Weiteren können sie über die App Festgeld anlegen. Je nach gewähltem Sparbetrag und gewünschter Laufzeit erhalten Kunden einen Vergleich der für sie optimalen Sparkonten der Partnerbanken First Save Europe, InBank AS und Grenke Bank AG sowie einen Überblick über den am Laufzeitende ausgezahlten Betrag und den erzielten Zinsgewinn.

Im Dezember 2018 wurde die N26-App etwa 190.000-mal heruntergeladen (jeweils zur Hälfte auf iOS- und Android-Geräten). Die Zahl der durchschnittlichen Downloads pro Tag stieg von 300 im Jahr 2016 auf 3000 im Jahr 2018. Diese Zahlen spiegeln nicht das genaue Kundenwachstum wieder, denn einige potenzielle Kunden brechen den Prozess bei der zwingend erforderlichen Identitätsprüfung ab. Sie geben aber einen Eindruck, wie stark das Wachstum von N26 in den letzten Jahren verlief. Nach eigenen Angaben zählt N26 insgesamt mehr als zwei Millionen Kunden. N26 wird voraussichtlich weiter wachsen: Neue Finanzierungsrunden ermöglichen die Expansion auf den US-amerikanischen Markt (Schlenk 2019).

Das rasante Wachstum ist zwangsläufig mit Herausforderungen im Bereich IT-Security und Kundenservice verbunden. Auch in diesem Bereich verfolgt N26 eine Plattform-Strategie. Das N26 ‚Bug Bounty Program' stellt Geldprämien in Aussicht, um Sicherheitsexperten zu motivieren, das Unternehmen auf Schwachstellen im System hinzuweisen, sodass diese noch vor Entstehung eines Schadens behoben werden können.

### HypoVereinsbank/UniCredit (HVB) – Die Weiterentwicklung von heutigen Universalbanken

In diesem Interview beschreibt Georg Rohleder, Head of Human Capital der HypoVereinsbank, welchen zukünftigen Herausforderungen sich Universalbanken stellen müssen und wie sie diesen in Bezug auf Strategie und Personal begegnen (Interview vom 25. April 2019).

**Aus der Praxis**

**Welche sind die wesentlichen Treiber, die die Geschäftsmodelle der Banken in Zukunft beeinflussen werden?**

Der wesentliche Treiber ist ein verändertes Kundenverhalten, das sich durch alle Kundengruppen zieht. Im Privatkundengeschäft findet schon jetzt nur noch ein Bruchteil der Interaktion mit den Kunden über das Filialnetzwerk statt. Generell ist über alle Kundengruppen hinweg zu beobachten, dass die Kommunikation interaktiver, direkter, aufgeklärter und digitaler wird. Daneben gibt es weitere Einflüsse, die auf das Geschäftsmodell und die Handlungsmöglichkeiten einwirken. Das sind neue Wettbewerber am Markt, geopolitische Risiken, aber insbesondere auch Fragestellungen, die sich durch Regulierungen mittel- und langfristig auf das Kundenverhalten und somit auf das Geschäftsmodell auswirken.

**Wie sehen Sie den Wettbewerb, der durch den Eintritt neuer Formen von Finanzdienstleistern entsteht?**

Neue Wettbewerber aus dem Nicht-Banken-Segment haben die Möglichkeiten, nach einem ‚Greenfield-Approach' vorzugehen. Sie können ohne wesentliche Beschränkungen neue Dienstleistungen exakt nach Kundenwunsch implementieren. Wie jüngste Beispiele aber zeigen, haben diese Anbieter damit zu kämpfen, die berechtigt hohen Anforderungen zum Schutz der Kunden im Sinne von Datensicherheit, Erreichbarkeit und Schutz des Vermögens zu gewährleisten. Grundsätzlich ist die Integrität eines Instituts ein extrem hoher Wert an sich und damit ein Wettbewerbsvorteil für bestehende Banken.

**Wie sehen Sie die Zukunft der bisherigen Universalbanken?**

Universalbanken wie unser Institut werden immer mehr zu Banken-Plattformen, bei denen der Kunde im Fokus steht und über den gesamten Lebenszyklus begleitet wird. Die große Kunst dabei ist es, auf der Produktseite gleichzeitig zu individualisieren und zu standardisieren. Ein Beispiel aus unserem Haus ist unsere Optionsscheinplattform onemarkets, die individuelle Kundenbedürfnisse über Standardprodukte abbildet. Zudem bietet die HypoVereinsbank eine Finanzplattform für Privatkunden, über welche alle Anlagen der Kunden integriert dargestellt werden. Diese Dienstleistungen werden stetig auf Basis des Kundenfeedbacks verbessert und weiter ausgebaut.

**Geschäftstransformationen stehen oft in enger Beziehung mit Veränderungen auf der Personalseite. Welche sind die großen Herausforderungen für den Personalbereich?**

In einem zyklischen Umfeld müssen Banken in der Lage sein, zeitnah, qualitativ hochwertig und parallel Transformationsmaßnahmen umzusetzen. Die Parallelität betrifft insbesondere Aufbau, Umbau, Abbau und Re-Priorisierungen (z. B. bei der Digitalisierung der Kundenschnittstelle und den Vertriebskanälen). Transformationsmaßnahmen können nicht mehr sequenziell und linear ablaufen, sondern müssen parallelisiert werden – dies ist ein wesentlicher Paradigmenwechsel in der Branche.

Der zweite wesentliche Paradigmenwechsel ist der Wechsel von Einzelmaßnahmen auf eine umfassende Unternehmensveränderung (Revolution statt Evolution).

**Was bedeuten die neuen Herausforderungen für das Betriebsmodell von Banken?**

Die größte Herausforderung ist es, eine klassisch hierarchische und starre Spezialisten-Organisation in eine kundenorientierte und flexible Organisation zu transformieren. Für Bankprozesse besteht die Herausforderung, End-to-End-Verantwortlichkeiten für Prozesse zu etablieren. Auf Ebene der Mitarbeitenden ist es entscheidend, deren Fähigkeiten über die ursprünglichen Aufgaben hinaus zu nutzen. Eine zwingende Voraussetzung, um diese Transformation zu ermöglichen, ist die Etablierung einer offenen und unmittelbaren Kommunikation anstelle einer an Hierarchien orientierten und damit oft langsameren Kommunikation. Wir sind in unserem Haus einen großen Schritt gegangen, indem wir Silos durchbrochen und uns direkt auf die Kunden ausgerichtet haben.

**Welche Veränderungen sind wichtig in Bezug auf Mitarbeitende?**

Neue Fähigkeiten und Fertigkeiten sollen dazu führen, bei Mitarbeitenden eine partizipative Haltung zu erreichen. Jeder Einzelne soll die Möglichkeit erhalten, das Geschäft nachhaltig beeinflussen zu können. Das bedingt, dass Mitarbeiter neugierig sind, sich trauen neue Dinge auszuprobieren und im Falle eines Scheiterns wieder ermutigt werden weiterzumachen. Hierfür brauchen sie die Gewissheit, bei neuen Ideen nicht belächelt, sondern über alle Hierarchieebenen hinweg ernstgenommen zu werden.

**Wie kann den Ängsten von Mitarbeitenden vor Jobverlust und Überforderung vorgebeugt werden?**

In unserem Haus machen wir unseren Mitarbeitenden klar, dass sie den Unterschied ausmachen. In Bezug auf die Angst vor Jobverlust durch Digitalisierung ist es wichtig zu verstehen, dass menschliche Intelligenz und Empathie im Bankengeschäft noch ein wesentlicher Faktor in Bezug auf die Kundeninteraktion sind und diese zum Erlebnis für unsere Kunden machen. Roboter schaffen es nicht, zwischen den Zeilen zu lesen oder Ironie wahrzunehmen. Weitere wichtige Faktoren, die auch wir für unsere Mitarbeitende sichergestellt haben, sind die soziale Absicherung, die gesicherte Altersvorsorge, die Unterstützung in Gesundheitsfragen sowie die Flexibilisierung von Arbeitszeitmodellen. Mitarbeitende sollen sich voll auf Veränderungsprozesse und ihren Beitrag dafür konzentrieren können. Nur so sind wir schnell genug, Marktchancen zu ergreifen und unsere eigene Transformation voranzutreiben.

## 10.4 Fazit – Der Weg in die Zukunft

In der Übergangszeit werden bisherige Modelle und neue Modelle parallel existieren. Die große Herausforderung ist die Weiterentwicklung des Bisherigen in ein neues Modell mit schnellen Return on Investment-Zyklen (z. B. durch Digitalisierung des bestehenden Kreditprozesses). Veränderungsprozesse werden idealerweise durch die Optimierung der bestehenden Prozesse und Geschäftsmodelle finanziert (z. B. Optimierung des Filialnetzes, Digitalisierung von Prozessen, Veräußerung von Geschäftsbereichen, Einstellen von Dienstleistungen). Dabei stehen die Universalbanken vor der Entscheidung, (1) das digitale Geschäft mit eigenen Mitteln aufzubauen, (2) im Rahmen von Akquisitionen und Investitionen digitale Fähigkeiten zu erwerben oder (3) als Plattform zu fungieren und fremde digitale Produkte einzubinden. Diese Entscheidung sollte pro Produkt getroffen werden und die Marktposition der Bank bei jedem Produkt berücksichtigen.

Intelligente Technologien, die regelbasierte Prozesse übernehmen und zur Optimierung von Entscheidungen massenhaft Daten erfassen und auswerten, leiten einen tief greifenden Wandel für die Arbeit in den Banken ein und bieten neue Optionen zur Effizienz- und Effektivitätssteigerung. Sie werden Mitarbeitende von Routinetätigkeiten entlasten und ihnen mehr Zeit für anspruchsvolle Gestaltungs- und Strategie-Aufgaben verschaffen. Der Einsatz dieser Technologien wird zunehmend zu einem Differenzierungsfaktor zum Wettbewerb.

Digitale Transformation wird von Menschen vorangetrieben. Dafür müssen Ressourcen bereitgestellt und Know-how aufbaut werden. Solche Transformationsprojekte sind zu einem großen Anteil Change-Management-Projekte. Die wesentliche Weiterentwicklung der Unternehmen muss von den Mitarbeitenden und Führungskräften erbracht werden – und das unter erheblichem Zeitdruck. In vielen Fällen wird dadurch die digitale Transformation eher zu einer reinen Personal-Transformation. Digitalisierung wird in vielen Häusern weniger ein Technologie-Thema als ein HR-Change-Management-Thema sein. Insbesondere die Weiterqualifizierung bzw. Kompetenzentwicklung wird der Mittelpunkt der HR-Veränderung in der digitalen Transformation sein. Die Mitarbeitende müssen grundsätzlich überhaupt in die Lage versetzt werden, um das neue sowie unternehmensindividuelle digitale Bankengeschäftsmodell auch strategiekonform effektiv entwickeln und betreiben zu können. Insbesondere auch für Bankendienstleister gilt in diesem Kontext, dass das Geschäftsmodell und die dafür notwendigen Kompetenzen identifiziert und aufgebaut werden müssen, um nachhaltig am Erfolg im Bankendienstleistungsgeschäft partizipieren zu können.

**Literatur**

Alt, R., & Puschmann, R. (2016). *Digitalisierung der Finanzindustrie: Grundlagen der Fintech-Evolution*. Wiesbaden: Springer Gabler.

Coenen, U. (2017). Die Digitalisierung der Bank aus IT-Sicht. In KPMG AG Wirtschaftsprüfungsgesellschaft (Hrsg.), *Digitalisierung im Maschinenraum der Finanzdienstleister* (S. 37–42). Stuttgart: Schäffer-Poeschel.

Gasser, U., Gassmann, O., Hens, T., Leifer, L. Puschmann, T., & Zhao, L. (2017). *Digital Banking 2025*. https://www.alexandria.unisg.ch/253962/1/Digital%20Banking%202025%20FINAL%20 Version.pdf. Zugegriffen am 29.04.2019.

Hoser, M., & Scham, T. (2017). Die Lage der Versicherer im Digitalisierungszeitalter. In KPMG AG Wirtschaftsprüfungsgesellschaft (Hrsg.), *Digitalisierung im Maschinenraum der Finanzdienstleister* (S. 23–26). Stuttgart: Schäffer-Poeschel.

Istel, T., & Jradi, F. (2017). Die Digitalisierung der CFO-Funktion in Banken. In KPMG AG Wirtschaftsprüfungsgesellschaft (Hrsg.), *Digitalisierung im Maschinenraum der Finanzdienstleister* (S. 101–114). Stuttgart: Schäffer-Poeschel.

Korschinowski, S. (2017). Payment und Innovation. In KPMG AG Wirtschaftsprüfungsgesellschaft (Hrsg.), *Digitalisierung im Maschinenraum der Finanzdienstleister* (S. 61–66). Stuttgart: Schäffer-Poeschel.

KPMG AG Wirtschaftsprüfungsgesellschaft (Hrsg.). (2017). *Digitalisierung im Maschinenraum der Finanzdienstleister*. Stuttgart: Schäffer-Poeschel.

Lechte, T., & Leclaire, J. (2017). Data & Analytics – Kapitän vieler Möglichkeiten. In KPMG AG Wirtschaftsprüfungsgesellschaft (Hrsg.), *Digitalisierung im Maschinenraum der Finanzdienstleister* (S. 53–60). Stuttgart: Schäffer-Poeschel.

Schlenk, C. T. (2019). *N26 vs. Revolut – welches Banking-Startup wächst schneller?* https://www.gruenderszene.de/fintech/n26-revolut-wachstum. Zugegriffen am 29.04.2019.

Schramm, D. M., & Carstens, J. (2014). *Startup-Crowdfunding und Crowdinvesting: Ein Guide für Gründer. Mit Kapital aus der Crowd junge Unternehmen online finanzieren*. Wiesbaden: Springer Gabler.

Schumacher, B., Rösener, O., & Wagenknecht, D. (2017). IT-Sourcing in der digitalen Finanzwelt. In KPMG AG Wirtschaftsprüfungsgesellschaft (Hrsg.), *Digitalisierung im Maschinenraum der Finanzdienstleister* (S. 37–42). Stuttgart: Schäffer-Poeschel.

Seidel, E. (2017). InvestTechs und KVGs – Konkurrenz, Koexistenz oder Symbiose? In KPMG AG Wirtschaftsprüfungsgesellschaft (Hrsg.), *Digitalisierung im Maschinenraum der Finanzdienstleister* (S. 13–22). Stuttgart: Schäffer-Poeschel.

Steidl, S., & Heidkamp, P. (2017). Compliance und Sicherheit für Cloud-Computing. In KPMG AG Wirtschaftsprüfungsgesellschaft (Hrsg.), *Digitalisierung im Maschinenraum der Finanzdienstleister* (S. 151–156). Stuttgart: Schäffer-Poeschel.

Steidl, S., Giesen, P., & Woerle, C. (2017). Informationssicherheit als Stabilisator digitaler Wertschöpfungsketten. In KPMG AG Wirtschaftsprüfungsgesellschaft (Hrsg.), *Digitalisierung im Maschinenraum der Finanzdienstleister* (S. 133–141). Stuttgart: Schäffer-Poeschel.


**Georg Knöpfle** ist Partner in der IT-Beratung von KPMG und spezialisiert auf die Digitalisierung und Automatisierung von Prozessen (Robotic Process Automation und künstliche Intelligenz). In diesem Zusammenhang entwickelt er für Kunden und Mandanten moderne Organisationsformen zur Unterstützung der Digitalisierung. Er hat über 19 Jahre Beratungserfahrung in der Management- und Systemberatung.

**Dr. Fedi El Arbi** ist Senior Manager in der IT-Beratung von KPMG und spezialisiert auf die Entwicklung von digitalen Betriebs- und Geschäftsmodellen. Promoviert hat er zum Thema „Strategisches Projektmanagement" in der Finanzbranche. Er hat über 10 Jahre Beratungserfahrung in der Management- und Systemberatung.

**Prof. Dr. Dirk Stein** studierte nach seiner Ausbildung der Informationselektronik an der RWTH Aachen Wirtschaftswissenschaften mit Schwerpunkten Organisationsentwicklung und Wirtschaftsinformatik, dann folgte ein MBA Studium der FOM Hochschule für Oekonomie & Management und Pfeiffer University in Charlotte, North Carolina USA. Anschließend folgte ein berufsgeleitendes Promotionsstudium an der UCAM Murcia, Spanien zum Thema Digital Due Diligence in M&A. Zunächst war er viele Jahre für eine Unternehmensgruppe von General Electric Capital als Führungskraft international tätig. Seit mehr als 18 Jahren ist Dirk Stein Unternehmensberater mit den Schwerpunkten Digital Business Strategy/Transformation, M&A und Zukunftskompetenzen für nationale und internationale Organisationen erfolgreich tätig. 2018 wurde er zum Professor an der FOM Hochschule für Oekonomie & Management berufen und ist Mitglied der Forschungsgruppe Digitale Transformation am isf Institute for Strategic Finance der FOM Hochschule.

**Prof. Dr. Dr. habil. Eric Frère** studierte nach seiner Ausbildung zum Bankkaufmann VWL und BWL in Würzburg und Köln, promovierte dann am Lehrstuhl für Wirtschaftspolitik der Ruhr-Universität Bochum und habilitierte 2012 an der Westungarischen Universität Sopron. 2016 erhielt er die Ehrendoktorwürde Dr. h.c. von der Universität Banja Luka. Nach Tätigkeiten beim Credit Commercial de France, bei Bayer UK und beim Bankhaus Lampe ist er seit mehr als 20 Jahren selbstständiger Unternehmensberater für Corporate Finance und Asset Management und hat u. a. mehrere Börsengänge im geregelten Markt organisiert. Darüber hinaus ist er Mitglied einiger Aufsichtsräte und Beiräte. An der FOM Hochschule wurde er 2001 zum Professor berufen und ist seit 2003 Dekan für BWL II sowie seit 2007 Direktor des isf Institute for Strategic Finance.

# Herausforderungen für den Standort Deutschland

11

Stefan Bielmeier und Michael Holstein

#### Zusammenfassung

Die Grundpfeiler des deutschen Wachstumsmodells verschieben sich und erodieren sogar teilweise. Politische und gesellschaftliche Veränderungen sind hierfür die treibenden Kräfte. Auch die demografischen Verschiebungen hinterlassen immer tiefere Spuren in den sozialen und wirtschaftlichen Systemen in Deutschland. Das Wirtschafts- und Wachstumsmodell wird sich hierauf einstellen, wenn die politischen Rahmenbedingen dies auch in Zukunft zulassen werden. Am Ende dürfte sich der Standort Deutschland von einem Produktionsstandort zu einem Innovations- und Entwicklungsstandort gewandelt haben. Gleichzeitig wird der Servicesektor an Bedeutung gewinnen, als Antwort auf die Verschiebung im Bevölkerungsaufbau. Damit dies gelingt, darf bei der Digitalisierung und der Vernetzung in Deutschland nur wenig schief gehen. Auch der internationale Handel darf nicht nachhaltig infrage gestellt werden.

## 11.1 Deutschland: Die globalisierte soziale Marktwirtschaft

**Soziale Stabilität als Erfolgsmodell unter Druck**
Die Nachkriegszeit in Deutschland war über viele Jahre geprägt durch einen beispiellosen Wirtschaftsaufschwung, der das Land sowohl im Wohlstandsniveau als auch in der Technologie zu den globalen Spitzenrängen aufschließen ließ. Das kräftige Wachstum wurde durch eine liberale Wirtschaftsordnung ermöglicht, die gleichzeitig Wert auf eine soziale Grundausrichtung legt. So entwickelte Deutschland sich bereits in den 1960er- und

S. Bielmeier (✉) · M. Holstein
DZ BANK AG, Frankfurt, Deutschland
E-Mail: stefan.bielmeier@dzbank.de; michael.holstein@dzbank.de

1970er-Jahren zu einer der führenden Exportnationen der Welt. Ein weiteres Erfolgsmodell in diesem Kontext war die soziale Partnerschaft von Arbeitnehmern und Arbeitgebern. Diese Partnerschaft brachte einen hohen Grad an sozialem Frieden und Planbarkeit in fast allen Belangen des wirtschaftlichen Lebens. Das machte Deutschland im Vergleich zu vielen anderen Ländern in Europa, neben den wirtschaftlichen Faktoren, zu einem attraktiven Investitionsstandort.

Anfang der 2000er-Jahre geriet Deutschland allerdings in eine strukturelle Krise, die sich besonders in einem schwachen Wachstum und einer anhaltend hohen Arbeitslosigkeit niederschlug. Die von der rot-grünen Koalition in den Jahren 2003 bis 2005 weitgehend umgesetzte Agenda 2010 hat als Reform des deutschen Sozialsystems und Arbeitsmarktes großen Anteil an der positiven Entwicklung des Arbeitsmarktes in den folgenden Jahren (Sachverständigenrat 2013).

Allerdings gab und gibt es Kritik an der Abschaffung des vorangegangenen Sozialsicherungssystems bzw. der Ausgestaltung des aktuellen Systems (z. B. Bemessung des Existenzminimums). Nicht alle Bürger fühlen sich als Gewinner des Wirtschaftswachstums der vergangenen Jahre. So ist die Verteilungsfrage – nicht zuletzt im Zusammenhang mit der fortgeschrittenen Globalisierung – wieder mehr ins Zentrum der politischen Debatte gerückt.

**Globalisierung als Chance und Risiko**
In der jüngeren Vergangenheit war die vorschreitende Globalisierung sicherlich die stärkste strukturelle Veränderung in der Weltwirtschaft und sorgte für erhebliche Umwälzungen. Seit Anfang der 1990er-Jahre entwickelte sich der Welthandel besonders expansiv. Die Öffnung Osteuropas und der Reformprozess in China waren wichtige Treiber für eine intensivere internationale Vernetzung. Gleichzeitig wuchsen auch die EU-Länder wirtschaftlich immer enger zusammen.

Die Globalisierung prägte auch die Entwicklung in Deutschland stark. Deutsche Exporte wuchsen in den Jahren vor und auch nach der Finanzkrise dynamischer als der globale Handel, wovon die deutsche Wirtschaft stark profitierte.

Die Internationalisierung von Produktionsprozessen bringt für die deutschen Unternehmen große Effizienzpotenziale mit sich. So können etwa die erheblichen Unterschiede bei den Lohnkosten, die zwischen Deutschland und seinen osteuropäischen Nachbarländern weiterhin existieren, durch eine Produktionsverlagerung innerhalb der EU genutzt werden. Der in einigen Branchen bereits spürbare Fachkräftemangel kann durch Zuwanderung abgefedert werden. In den vergangenen Jahren ist fast die Hälfte aller neuen Stellen in Deutschland von einem Ausländer bzw. einer Ausländerin besetzt worden (Bundesagentur für Arbeit 2018).

In den letzten Jahren hat sich der Welthandel aber merklich abgeschwächt. Schuld daran sind unter anderem die protektionistischen Tendenzen der US-Regierung. Das Erfolgsmodell der Globalisierung gerät aber nicht nur in den USA unter Druck: In Großbritannien hat man sich mit der Entscheidung für den BREXIT für eine geringer vernetzte Volkswirtschaft entschieden. Weltweit gewinnen nationalistische und/oder populistische Parteien an Bedeutung. Auch in Deutschland nahm seit der Finanzkrise 2008 die Zahl der Menschen zu, die eine Abschottung des Landes der Globalisierung vorziehen.

## 11.2 Die gesellschaftliche Alterung als wirtschaftspolitische Herausforderung

Bereits seit Anfang der 1970er-Jahre liegt die Geburtenziffer in Deutschland bei weniger als zwei Kindern je Frau. Dass die Bevölkerung in Deutschland angesichts der niedrigen Geburtenziffern in den nächsten Jahrzehnten spürbar schrumpfen wird, ist also unbestritten. Diese Entwicklung steht zumeist im Vordergrund der öffentlichen Debatte, wenn über die Zukunft der Rente diskutiert wird. Doch auch für Unternehmen, die auf Fachkräfte angewiesen sind, hat der demografische Wandel eine große Bedeutung. Die deutsche Gesellschaft und Wirtschaft stehen vor einer großen Herausforderung.

**Demografie als Zeitbombe?**
In Deutschland stehen immer weniger junge Menschen einer wachsenden Zahl älterer Personen gegenüber (s. Abb. 11.1). Zwar stieg laut Statistischem Bundesamt die Geburtenziffer in den letzten Jahren wieder leicht an. Sie lag aber 2017 mit 1,57 Kinder je Frau weiterhin deutlich unter dem Schwellenwert von 2,1, der zum Erhalt einer ausgewogenen Altersstruktur der Bevölkerung notwendig wäre. Der demografische Wandel dürfte in den nächsten Jahren noch an Schwung gewinnen, wie die Bevölkerungsvorausberechnung des Statistischen Bundesamtes aufzeigt. Selbst in einem etwas optimistischeren Szenario mit einer erhöhten Zuwanderung von durchschnittlich 230.000 Personen pro Jahr wird die Zahl der in Deutschland lebenden Menschen von derzeit 81,9 Mio. auf 73,1 Mio. im Jahr 2060 sinken.

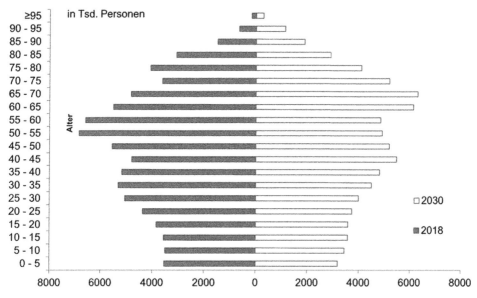

**Abb. 11.1** Bevölkerungsentwicklung im Vergleich (2018–2030). (Quelle: In Anlehnung an Statistisches Bundesamt 2015)

Spätestens mit dem Wechsel der in den 1950er- und 1960er-Jahren geborenen Baby-Boomer in den Ruhestand wird sich die demografische Entwicklung auch auf dem Arbeitsmarkt niederschlagen. So wird die Zahl der Menschen im erwerbsfähigen Alter zwischen 2018 und 2030 um etwa 4,8 Mio. abnehmen. Es werden also im Durchschnitt zwischen 400.000 und 500.000 Menschen jedes Jahr den Arbeitsmarkt verlassen. Zwischen 2030 und 2060 wird ein weiterer Rückgang der Zahl der Erwerbsfähigen um 7,5 Mio. Personen folgen.

Damit werden sich die Bedingungen, die die Unternehmen auf dem Arbeitsmarkt vorfinden, in den kommenden Jahren dramatisch ändern. Denn bislang konnten Zuwanderung und höhere Erwerbsbeteiligung die negativen Auswirkungen der Demografie noch abmildern. So betrug der Wanderungssaldo für Deutschland im Jahr 2017 rund 416.000 Personen, von denen gut 57 Prozent aus EU-Staaten stammten (s. Abb. 11.2). Die mit Abstand höchste Nettozuwanderung aus EU-Staaten konnte Deutschland in den letzten Jahren gegenüber Rumänien und Polen verzeichnen.

Längerfristig dürfte es aber deutlich schwieriger werden, dem Fachkräftemangel mit Zuwanderung aus Europa zu begegnen. Denn auch die meisten anderen EU-Länder haben

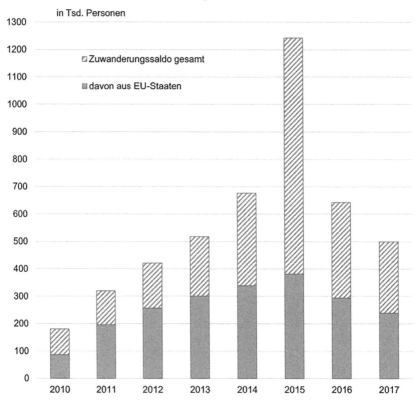

**Abb. 11.2** Nettozuwanderung nach Deutschland. (Quelle: In Anlehnung an Statistisches Bundesamt 2010)

mit niedrigen Geburtenziffern und demografischen Problemen zu kämpfen. Und sofern es nicht erneut zu größeren Flüchtlingsströmen kommt, dürfte 2015 mit einem Wanderungssaldo von über 1,1 Mio. Personen ein Ausnahmejahr bleiben. Bereits 2016 fiel die Nettozuwanderung wieder deutlich geringer aus (Statistisches Bundesamt 2019).

Neben der erhöhten Erwerbsmigration wirkte sich auch der steigende Anteil der Personen im erwerbsfähigen Alter, die sich tatsächlich dem Arbeitsmarkt zur Verfügung stellten, mildernd auf die demografischen Effekte aus. Die Erwerbstätigenquote der 15- bis 64-Jährigen stieg in Deutschland in den vergangenen Jahren langsam aber beständig an. Sie lag 2017 um 2,3 Prozentpunkte höher als im Krisenjahr 2008. Dabei stieg die Erwerbstätigenquote von Frauen 2017 gegenüber 2008 um 4,3 Prozentpunkte auf 74 Prozent, während die entsprechende Quote der Männer (82,4 Prozent) mit +0,3 Prozentpunkten nur wenig zulegen konnte.

**Notwendige Zuwanderung trifft Zukunftsängste**
Um den in vielen Branchen bereits grassierenden Fachkräftemangel zu lindern, ist auch in den kommenden Jahren eine verstärkte Zuwanderung von ausländischen Fachkräften unabdingbar. Dies lässt jedoch zumindest in Teilen der Bevölkerung Zukunftsängste aufkommen. Eine offene politische Diskussion dieser Ängste und Ressentiments findet oft nicht statt, da die Probleme sich in einer Legislaturperiode nicht lösen lassen oder die Debatten sich politisch nicht positiv auf die Parteien auswirken.

Stattdessen wird versucht, die Zukunftsängste über sozialpolitische Versprechen zu besänftigen. So wurde von der Bundesregierung nun beschlossen, dass das Rentenniveau von 48 Prozent des Durchschnittseinkommens bis zum Jahr 2025 festgeschrieben wird. Das soll die Zukunftssorgen lindern und scheint zunächst auch wenig problematisch, da bis 2025 die resultierenden Belastungen für das Rentensystem beherrschbar sind. Wenn man aber den wahltaktischen Vorschlag von Finanzminister Scholz umsetzen und das Rentenniveau bis 2040 festschreiben würde, dann müssten eigentlich bereits heute für die Zukunft spürbar höhere Steuern festgelegt werden, um das System zukünftig finanzieren zu können. Hier zeigt sich deutlich, dass das jetzige Rentensystem in Deutschland und auch anderen Ländern Europas in eine demografische Krise schlittert, für die die etablierten Parteien noch keine Lösung haben.

## 11.3 Deutschland im Standortwettbewerb

Der abwärts gerichtete demografische Trend ist sicherlich ein wichtiger Maluspunkt, wenn ausländische oder auch inländische Unternehmen eine Standortentscheidung für anstehende Investitionsvorhaben treffen müssen. Denn der absehbare Fachkräftemangel und die relativ unflexiblen Vorschriften z. B. zur Erwerbsbeteiligung von Älteren erschweren die längerfristige Personalplanung und lassen einen weiteren Anstieg des Lohnkostenniveaus erwarten. Die Belastung mit Unternehmenssteuern und Förderungsmöglichkeiten für Zukunftsinvestitionen in den Bereichen Forschung und Digitalisierung sind weitere Argumente im Standortwettbewerb.

**Hohe Lohnkosten machen heimische Produktion teuer**
Gemäß Statistischem Bundesamt lag das Arbeitskostenniveau in Deutschland im Jahr 2017 innerhalb der Europäischen Union (EU) auf Rang sechs, einen Rang höher als im Jahr zuvor. Gemessen am EU-Durchschnitt von 26,30 Euro zahlten deutsche Arbeitgeber mit durchschnittlich 34,50 Euro rund 31 Prozent mehr für eine Stunde Arbeit. Während in dieser Statistik Dänemark mit 43,60 Euro die höchsten Arbeitskosten je geleistete Stunde hatte, gab es in Bulgarien mit 4,90 Euro die niedrigsten. Im Verarbeitenden Gewerbe, das besonders stark im internationalen Wettbewerb steht, lag Deutschland mit Arbeitskosten von durchschnittlich 40,20 Euro pro Stunde im EU-Vergleich sogar auf Rang vier (49 Prozent teurer als im EU-Durchschnitt von 27 Euro).

Zu den Arbeitskosten gehören neben den Bruttoverdiensten der Beschäftigten auch die Lohnnebenkosten, also vor allem die gesetzlichen Arbeitgeberbeiträge zu den Sozialversicherungen, die Aufwendungen für die betriebliche Altersversorgung sowie die Aufwendungen für die Lohn- und Gehaltsfortzahlungen im Krankheitsfall. Im Jahr 2017 zahlten die Arbeitgeber in Deutschland in Branchen des Produzierenden Gewerbes und der wirtschaftlichen Dienstleistungen auf 100 Euro Bruttoverdienst zusätzlich 28 Euro Lohnnebenkosten. Damit lagen die Lohnnebenkosten in Deutschland sogar leicht unter dem EU-Durchschnitt von 31 Euro. Die höchsten Lohnnebenkosten auf 100 Euro Lohn wurden in Schweden (49 Euro), Frankreich (46 Euro) und Belgien (43 Euro) gezahlt, in Malta (9 Euro) die niedrigsten (Statistisches Bundesamt 2018).

**Unternehmenssteuern: Keine Entlastung in Sicht**
Mit einer durchschnittlichen Steuerbelastung von ca. 30 Prozent belegt Deutschland bei der Unternehmensbesteuerung einen der vorderen Plätze der weltweiten Hochsteuerländer (s. Abb. 11.3). Während im vergangenen Jahr eine Reihe von Ländern (u. a. die USA) mit Steuerreformen die Steuersätze teils drastisch senkten, wurden in Deutschland tendenziell immer mehr Möglichkeiten von steuersenkenden oder steuermindernden Maßnahmen sowie Abschreibungen, Rückstellungsmöglichkeiten usw. abgeschafft. Damit finden die Unternehmen heute in den meisten Ländern mit einem vergleichbaren Niveau – z. B. in der Infrastruktur – günstigere steuerliche Bedingungen vor als in Deutschland.

**Deutschland profitiert vom Euro**
Deutschland wird allgemein als eines der Länder gesehen, die durch die Einführung des Euro am meisten profitierten. Das liegt vor allem daran, dass die deutsche Wirtschaft sehr außenhandelsabhängig ist und der Wechselkurs daher eine wichtige Rolle für die Konjunkturentwicklung spielt. Lastete noch auf der Deutschen Mark ein permanenter Aufwertungsdruck, der die deutschen Exportgüter tendenziell verteuerte, so ist dieser mit der Euro-Einführung verschwunden. Im Zuge der Hartz-Reformen hat Deutschland seine Wettbewerbsfähigkeit auch innerhalb des Euro-Raums merklich verbessert, sodass sich die Exportindustrie preislich in einer guten Position befindet.

Innerhalb des wirtschaftlichen eng verflochtenen Euro-Raums sind mit der gemeinsamen Währung auch die Wechselkursschwankungen verschwunden, die den Außenhandel von Kosten entlasten. Kritisch zu sehen ist dagegen sicherlich die Tatsache, dass Deutschland als eines

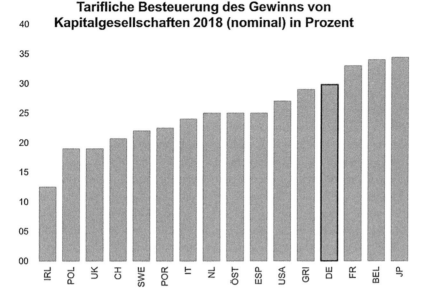

**Abb. 11.3** Unternehmenssteuern im internationalen Vergleich. (Quellen: In Anlehnung an Bundesministerium der Finanzen 2018; KPMG 2018)

der wirtschaftlich stärksten EWU-Länder im Zuge der Euro-Krise in Mithaftung für die Schulden der schwächeren Mitgliedsländer genommen wurde. Auch die stark gestiegenen Target-2-Salden der Europäischen Zentralbank, bei denen Deutschland Gläubiger von mehreren Hundert Milliarden ist, können sich als Hypothek für die Zukunft erweisen (Sinn 2012).

**Leistungsbilanzüberschüsse als Kritikpunkt**
Die Außenhandelsüberschüsse Deutschlands sind in den letzten Jahren stark gestiegen, was auch zu einer Ausweitung des Saldos in der Leistungsbilanz geführt hat. Vor allem bei internationalen Organisationen wie der EU-Kommission, der OECD oder dem IWF sind die Überschüsse zunehmend auf Kritik gestoßen. Denn Deutschland baut damit finanzielle Forderungen gegenüber dem Ausland auf, umgekehrt können die Länder mit hohen Defiziten in der Leistungsbilanz in Verschuldungsprobleme und Zahlungsschwierigkeiten kommen.

Dabei ist die Überschussquote in den letzten Jahren allerdings leicht rückläufig gewesen. Vom Rekordniveau von 8,9 Prozent des Bruttoinlandsprodukts (BIP) sank sie bis 2018 auf 7,4 Prozent (s. Abb. 11.4). Von der EU-Kommission wird allerdings erst eine Quote unterhalb von 6 Prozent als nicht mehr stabilitätsgefährdend eingestuft. Zumindest bis dieser Schwellenwert erreicht ist, wird also die internationale Kritik am deutschen Leistungsbilanzüberschuss nicht abebben.

**Forschung und Forschungsförderung als Erfolgsfaktoren**
Forschung und Entwicklung (F&E) bestimmen in hohem Maße das Innovationstempo einer Volkswirtschaft. Je mehr Forschungskapazitäten von Wirtschaft und Staat bereitgestellt werden, desto größer sind die Chancen auf technischen Fortschritt. Mit Forschung

verbindet sich jedoch nicht nur die Hoffnung auf eine verbesserte Produktivität und ein beschleunigtes Potenzialwachstum der Volkswirtschaft. Forschung zielt vor allem auch darauf ab, durch Innovationen neue Märkte zu kreieren und diese in Verbindung mit entsprechenden Patenten als Erster zu bedienen. Innovationsfreudigkeit verschafft Vorsprung im internationalen Standortwettbewerb, lässt neue Industrien entstehen und sichert so Arbeitsplätze, Einkommen und Wohlstand. Gerade rohstoffarme Volkswirtschaften wie Deutschland sind auf den Erfindergeist ihrer Forscher und Entwickler angewiesen.

Allerdings werden Innovationszyklen ständig kürzer. Neue Techniken und Produkte sind rasch veraltet und werden von wieder neuen Ideen verdrängt. Um im internationalen Innovationswettbewerb bestehen zu können, bedarf es einer effizienten, aber breit aufgestellten F&E-Industrie, die permanent neue Ideen ‚produziert'. Dabei entscheidet nicht nur die Menge neuer Einfälle über die Erfolgswahrscheinlichkeit, sondern auch die Vielfalt der Ideen und Betätigungsfelder und vor allem die Weiterentwicklung zu neuen Produkten und Techniken bis hin zur Marktreife. Eine F&E-Community, die vorhandene wirtschaftliche Cluster verstärkt oder neue räumliche Zusammenballungen vergleichbarer machen oder sich ergänzender Betriebe entstehen lässt, bietet besondere Vorteile.

In der Vergangenheit hat sich die ‚deutsche Ingenieurskunst' immer wieder erfolgreich am Markt behauptet. Das hat maßgeblich zur Wettbewerbsfähigkeit unserer Volkswirtschaft und zur Absicherung des relativ hohen Lohnniveaus in unserem Land beigetragen. Für die deutsche F&E-Industrie stellt jedoch nicht nur die Beschleunigung der Innovationszyklen eine Herausforderung dar. Auch der zunehmenden Konkurrenz durch alte und

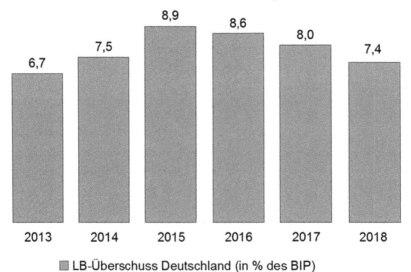

**Abb. 11.4** Deutsche Leistungsbilanzüberschüsse in Prozent des BIP. (Quelle: In Anlehnung an Bundesbank 2019)

neue internationale Wettbewerber gilt es zu begegnen. Dass dabei frische Ideen von einer demografisch alternden Volkswirtschaft erwartet werden, macht die Sache nicht einfacher.

Alles in allem dürften die F&E-Ausgaben in Deutschland auch in den nächsten Jahren spürbar wachsen und den Anteil dieser Ausgaben am Bruttoinlandsprodukt leicht steigern oder zumindest bei gut drei Prozent stabilisieren. Auf längere Sicht besteht jedoch das Problem, dass der bisherige Ausbau des Forschungsetats der Hochschulen stark auf befristete und zweckgebundene Mittel zurückzuführen ist. Das gilt insbesondere für den Hochschulpakt und den Pakt für Forschung und Innovation.

Mit F&E-Ausgaben in Höhe von derzeit rund drei Prozent am deutschen Bruttoinlandsprodukt steht Deutschland zumindest im europäischen Vergleich sehr gut da. So übertrifft es nicht nur den Durchschnitt innerhalb des Euroraums deutlich. Deutschland hat zudem seinen Vorsprung seit dem Jahr 2000 weiter ausgebaut. Wenn man davon ausgeht, dass die Ausgaben eines Landes für Forschung und Entwicklung ein wichtiger Indikator für die zukünftige Wettbewerbsfähigkeit dieses Landes sind, dann spricht deren Niveau für Deutschland. Zwar kann Deutschland hier nicht ganz mit Schweden mithalten. Aber im Gegensatz zur Entwicklung in Deutschland ist der Anteil der schwedischen F&E-Ausgaben am Bruttoinlandsprodukt Schwedens in den vergangenen 15 Jahren merklich zurückgegangen. Der Vergleich mit Südkorea zeigt jedoch, dass Deutschland gegenüber den Anstrengungen anderer internationaler Wettbewerber deutlich zurückbleibt (s. Abb. 11.5).

Forschung und Entwicklung sind dabei gerade für ein Land wie Deutschland von außergewöhnlicher Bedeutung, da es aufgrund vergleichsweise hoher Lohnkosten, Ländern wie etwa China oder Indien bei der eigentlichen Massenfertigung der Produkte weit unterlegen ist. Der deutsche Wettbewerbsvorteil liegt daher in der Forschung, aber insbesondere

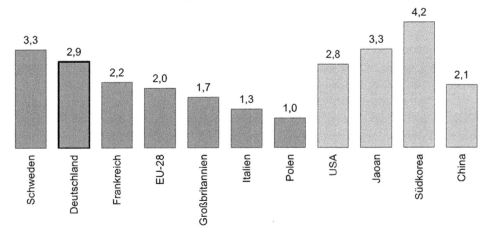

**Abb. 11.5** F&E-Aufwendungen in Prozent des BIP 2015 International. (Quelle: In Anlehnung an Stifterverband 2019)

auch in der Entwicklung neuer marktreifer und weltweit konkurrenzfähiger Produkte. Und diesen Wettbewerbsvorteil gilt es auch auf sehr lange Sicht hin zu erhalten.

Traditionell konzentriert sich die Forschung in Deutschland weniger stark auf das Technologiesegment und tritt dementsprechend nicht in direkte Konkurrenz zum Silicon Valley, dessen Weltkonzerne in ihrem Bereich einen kaum aufzuholenden Vorsprung besitzen. Umgekehrt verfügt die deutsche Industrie aber beispielsweise über hervorragende Kenntnisse in den Bereichen Maschinenbau, Fahrzeugbau, Elektrotechnik und Chemie.

Damit dies auch so bleibt, reicht es nicht aus, sich auf seinen Lorbeeren auszuruhen. Insbesondere in Asien wechseln einige Länder die Spur, um zum Überholen anzusetzen. So haben sich etwa in Südkorea die Ausgaben für Forschung und Entwicklung zwischen den Jahren 2000 und 2014 mehr als verdreifacht. Sie machen mittlerweile 4,3 Prozent des südkoreanischen Bruttoinlandsproduktes aus. Im gleichen Zeitraum stiegen die deutschen F&E-Ausgaben ‚lediglich' um knapp 70 Prozent. Da ist es auch kaum verwunderlich, dass das mit etwas über 50 Millionen Einwohnern vergleichsweise kleine Südkorea ebenso mit seinen Autos den deutschen Herstellern Konkurrenz macht wie mit seinen Handys und Tablets den US-amerikanischen Firmen. Außerdem hat der Anteil der Studienanfänger in Südkorea stark zugenommen, insbesondere zwischen den Jahren 2004 und 2008.

Um mit der asiatischen Konkurrenz in Zukunft noch Schritt halten zu können, reicht ein Festhalten am derzeitigen Status quo nicht aus. Die deutschen Ausgaben für Forschung und Entwicklung haben hier Nachholbedarf. Sonst wäre es möglich, dass ambitionierte Zukunftsprojekte wie etwa die Umstellung auf die ‚Industrie 4.0' in Deutschland erst später als in anderen Nationen wie beispielsweise Südkorea umgesetzt werden können.

Auch vor dem Hintergrund einer alternden Gesellschaft wird Forschung und Entwicklung weiter an Bedeutung gewinnen. So kann die Entwicklung von Medikamenten und Hilfsmitteln ihren Beitrag dazu leisten, dass das Leben im Alter immer länger beschwerdefrei verlaufen kann. Aber ganz unabhängig von den eigentlichen Produktentwicklungen oder der Art der Forschung ist ein hoher Anteil der Beschäftigten in diesem Segment Forschung und Entwicklung hilfreich bei der Finanzierung unseres Rentensystems.

Erfolgreiche Forschung und Produktentwicklung erhöhen die Wettbewerbsfähigkeit der gesamten deutschen Wirtschaft. Das sichert nicht nur die Arbeitsplätze. Eine hohe Zahl gut ausgebildeter Fachkräfte sorgt zudem für eine vergleichsweise gute Bezahlung und damit für höhere Einzahlungen in unsere Sozialsysteme.

Dass eine alternde Gesellschaft bei der Forschung und Entwicklung an internationaler Bedeutung verlieren kann, zeigt das Beispiel Japans. Zwar ist etwa der Anteil der Ausgaben für Forschung und Entwicklung am japanischen Bruttoinlandsprodukt immer noch höher als in Deutschland. Er ist aber tendenziell bereits seit Jahren rückläufig. Ebenso verhält es sich mit den Patentanmeldungen in Relation zur Einwohnerzahl (World Intellectual Property Organization 2018). Auch dort liegt Japan derzeit noch merklich vor Deutschland. Im Vergleich zum Jahr 2000 hat sich der Vorsprung aber bereits deutlich verringert. Seither sind die Patentanmeldungen je Einwohner in Japan um rund ein Drittel zurückgegangen, während sie in Deutschland immerhin marginal zulegen konnten.

Um langfristig im Wettbewerb weltweit führender Forschung und Entwicklung mithalten zu können, müssen die Forschungsaktivitäten in Deutschland jedoch weiter verstärkt werden. Aus diesem Grund hielt die Expertenkommission Forschung und Entwicklung (EFI) bereits 2015 eine Steigerung der Forschungsausgaben-Quote auf 3,5 Prozent des Bruttoinlandsprodukts bis 2025 für notwendig (Expertenkommission Forschung und Innovation (EFI) 2015).

**Industrie 4.0 – der Weg in die Zukunft**
Das Schlagwort ‚Industrie 4.0' und seine Auswirkungen werden derzeit viel diskutiert. Klar ist, dass eine erfolgreiche Umgestaltung der deutschen Industrie hin zu einer zukunftsorientierten Industrie 4.0 nicht von heute auf morgen zu vollenden ist. Vielmehr handelt es sich um einen sehr langfristigen Prozess mit erheblichen Auswirkungen auf den deutschen Arbeitsmarkt, die Wertschöpfung der produzierenden Unternehmen in Deutschland und die Produktivität der deutschen Wirtschaft insgesamt.

Mit dem Zukunftsprojekt Industrie 4.0 soll die deutsche Industrie zukunftssicher gemacht werden. Angesichts der hohen Arbeitskosten ist die herkömmliche Massenproduktion von Gütern in Deutschland langfristig immer weniger wettbewerbsfähig. Durch eine komplette Vernetzung von Produkt, Maschinen und Werkzeug soll die Wettbewerbsfähigkeit der deutschen Industrie auch auf sehr lange Sicht gesichert werden. Digitalisierung und permanente Vernetzung haben sich nach und nach immer mehr in unser Alltagsleben eingenistet. Nun ist es an der Zeit, dass auch die Produktion diesen Schritt vollzieht.

Industrie 4.0 bezeichnet gedanklich den Eintritt in die vierte Stufe der industriellen Revolution. Die vorangegangenen Phasen waren gekennzeichnet von technischen Errungenschaften, in denen der Einsatz von Maschinen (erste Stufe), die Arbeitsteilung am Fließband (zweite Stufe) oder die Automatisierung (dritte Stufe) eine immer schnellere Produktion von immer mehr Gütern ermöglichten. Die heutige vierte Stufe der industriellen Revolution zielt dagegen auf eine höhere Flexibilität der Produktion durch die Vernetzung aller Teilbereiche, also etwa von (Roh-) Materialien, Maschinen (-teilen) sowie Zwischen- und Endprodukten. Damit stünde auch der Weg offen für einen Schritt von der Massenproduktion hin zu einer kostengünstigen Fertigung von durch die jeweiligen Kundenwünsche individualisierbaren Produkten (Bundesministerium für Wirtschaft und Technologie 2019).

Gleichzeitig ermöglicht die Vernetzung eine bisher ungeahnte Verzahnung aller mit der eigentlichen Produktion zusammenhängenden Prozesse: Die Bearbeitung der Auftragseingänge, das Ressourcenmanagement, die Fertigung selbst und die Auslieferung können perfekt miteinander abgestimmt werden.

Die Vorteile durch eine Umstellung des Produktionsprozesses auf die Industrie 4.0 kommen dabei nicht nur bestimmten Branchen zu Gute. Die Einführung eines derart modernen Systems wird viel Zeit und Ressourcen in Anspruch nehmen und letztendlich die gesamte Produktion im verarbeitenden Gewerbe revolutionieren. Am Ende könnte dann eine Fabrik der Zukunft ohne den klassischen Fabrikarbeiter stehen.

Industrieunternehmen werden den Schritt zur Industrie 4.0 nur vollziehen, wenn die Rendite der damit verbundenen (beträchtlichen) Investitionen erfolgversprechend ist. Auch hier zeigt sich das Problem, dass wir uns noch in einer vergleichsweise frühen Phase des Umgestaltungsprozesses befinden. Die tatsächlich realisierbaren Erträge sind derzeit nur schwer prognostizierbar, während die Investitionen möglichst bald getätigt werden sollten. Denn wenn Deutschland den Schritt zur Industrie 4.0 nicht schnell genug vollzieht, werden andere Länder Deutschland dabei den Rang ablaufen – und dann wird es mit der Wettbewerbsfähigkeit der deutschen Industrie immer schwieriger.

Berücksichtigt man sowohl die merkliche Steigerung der Bruttowertschöpfung durch die Einführung der Industrie 4.0 als auch die Auswirkungen auf dem Arbeitsmarkt, lässt sich eine Veränderung der Produktivität schätzen. Danach könnte die Produktivität der deutschen Wirtschaft allein aufgrund der zusätzlichen Wertschöpfung bis zum Jahr 2025 um mehr als zehn Prozent steigen (Bitkom und Fraunhofer-Institut 2014). Ein eventuelles Wirtschaftswachstum bleibt bei dieser Rechnung noch unberücksichtigt. Da die Arbeitsproduktivität in Deutschland seit dem Jahr 2007 insgesamt kaum mehr zugelegt hat, käme ein derartiger Produktivitätsgewinn durch die Umstellung zur Industrie 4.0 der deutschen Wirtschaft sehr gelegen.

Die Fabrik der Zukunft wird speziell auf die Herstellung individuell gestalteter Güter ausgerichtet sein. Selbst die Herstellung von Einzelstücken dürfte wesentlich günstiger erfolgen als das heute der Fall ist. Langfristig ist daher nicht mit deutlichen Preissteigerungen zu rechnen. Wenn sich aber die Nachfragestruktur angesichts der Industrie 4.0 langfristig hin zu einem wesentlich größeren Anteil individualisierter Güter oder gar Einzelstücken entwickelt, könnte damit auch das Preisniveau etwas steigen, da der Preis für solche speziell angepassten Güter trotz sinkender Produktionskosten weiterhin über dem Preis eines vergleichbaren Produkts aus der Massenproduktion liegen wird. Eine derart große Umwälzung der deutschen Wirtschaft, wie es die Industrie 4.0 ist, bleibt auch nicht ohne Auswirkungen auf den Arbeitsmarkt. Während der voraussichtliche Verlust an Arbeitsplätzen rein zahlenmäßig aufgrund der demografischen Entwicklung relativ einfach zu verkraften wäre, dürfte sich der Fachkräftemangel tendenziell verschärfen. Zudem würden insbesondere Routinetätigkeiten wegfallen, wodurch der Druck für schlecht oder gar nicht ausgebildete Arbeitskräfte noch weiter zunehmen dürfte. Aus den bildungspolitischen Versäumnissen der Vergangenheit, die sich heute in einer relativ hohen Zahl an Schulabbrechern und einem hohen Anteil an niedrig qualifizierten Arbeitskräften zeigen, müssen dringend entsprechende Lehren gezogen werden. Auch muss die Umgestaltung zur Industrie 4.0 sicherlich von umfangreichen Umschulungsmaßnahmen begleitet werden.

Schließlich stellt sich die Frage, ob die deutsche Industrie für eine derart beträchtliche Umwälzung schon bereit ist. Angesichts der derzeit zu beobachtenden Zurückhaltung der Unternehmen bei der Investitionstätigkeit besteht durchaus die Gefahr, dass Deutschland hier den Anschluss verpassen könnte. Allerdings verläuft der Prozess einer solch umfassenden Umgestaltung fließend. Bis zum Jahr 2025 müssen und können noch gar nicht alle deutschen Industrieunternehmen hin zur Industrie 4.0 umgeschwenkt haben. Kleinere Mittelständler dürften dabei länger abwarten als große Industrieunternehmen. Wenn sich aber die ersten erfolgversprechenden Ergebnisse zeigen, werden auch diese letztendlich auf den Zug zur vierten Stufe der industriellen Revolution springen.

## 11.4 Ausblick: Standort Deutschland in zehn Jahren

Deutschland wird sicherlich auch in zehn Jahren noch zu den wettbewerbsfähigsten Volkswirtschaften Europas und der Welt gehören. Welchen Platz es in der internationalen Rangliste der führenden Nationen dann einnehmen wird, das hängt nicht zuletzt auch von wirtschaftspolitischen Entscheidungen ab, die heute und in der nahen Zukunft zu treffen sind.

So werden die Themen Bildung und Forschung auch weiterhin ganz zentral sein, um die Weichen richtigzustellen. Investitionen in Bildung, besonders auch im frühkindlichen Bereich, bringen nach allgemeiner Überzeugung mit die höchsten gesamtwirtschaftlichen Renditen. Ihre Bedeutung wird in Zeiten des zunehmenden Fachkräftemangels sicherlich noch weiter zunehmen.

Ähnliches gilt für die Investitionen in die Forschung. Um die F&E-Quote bis zum Jahr 2025 wie angestrebt auf 3,5 Prozent des BIP zu steigern, müssen die Forschungs- und Entwicklungsausgaben auch künftig deutlich schneller wachsen als das BIP. Bei einem angenommenen nominalen Wirtschaftswachstum von knapp dreieinhalb Prozent im Jahr (Durchschnitt der letzten Jahre) errechnen sich notwendige jährliche F&E-Ausgabensteigerungen von weiterhin 5,0 Prozent. Das bedeutet, nur wenn der kräftige Ausgabenzuwachs der letzten Jahre auch künftig durchgehalten werden kann, ist die im Hinblick auf den internationalen Wettbewerb notwendige Verstärkung der Forschungs- und Entwicklungsaktivitäten zu stemmen. Im Vergleich zur Stabilisierung der F&E-Ausgaben bei 3,0 Prozent des BIP erfordert das addierte Mehrausgaben von über 100 Mrd. Euro bis Ende 2025.

Trotz der zuletzt spürbar gesteigerten Forschungsaktivitäten der Unternehmen gibt es auch in der Förderung privater Forschung und Entwicklung Handlungsbedarf. Zu bemängeln ist u. a.:

- dass insbesondere kleine und mittlere Unternehmen angesichts ihres hohen technischen Niveaus und ihrer Bedeutung für die Wirtschaft zu wenig forschen,
- dass die Zahl mittelständischer Innovatoren seit einigen Jahren sinkt,
- dass hierunter die Vielfalt der Forschungs- und Entwicklungsaktivitäten leidet, und vor allem,
- dass eine dauerhafte, nachhaltige Verstärkung der Forschungsanstrengungen bisher nicht zu erkennen ist (vgl. hierzu auch Stifterverband 2018, S. 6).

Um diese Herausforderungen zu bewältigen, muss die Förderung privater Forschung nicht nur erhöht werden. Es bedarf auch eines neuen, veränderten Impulses. Dieser könnte von einer steuerlichen Forschungsförderung ausgehen, die die bisherigen Projektförderungen und Förderprogramme ergänzt.

Aber selbst wenn sich die Forschungsförderung in die richtige Richtung bewegt: Die Struktur der deutschen Wirtschaft wird sich wandeln. Die demografischen Veränderungen werden den Servicesektor stärken. Die deutsche Wirtschaft wird also mehr binnenwirtschaftlich orientiert sein. Bislang ist die deutsche Wirtschaft auf diese Herausforderungen nicht vorbereitet. Weder die Entwicklung des Arbeitskräftepotenzials noch die Unternehmensstruktur sind auf diesen Wandel vorbereitet. Hier wird es also noch zu einigen Veränderungen kommen müssen, um den Anforderungen der kommenden gesellschaftlichen Struktur gerecht werden zu können.

Die Veränderung in der Demografie wird sich auch auf einen ganz anderen Teil der Wirtschaft auswirken. Bislang ist die Struktur der deutschen Wirtschaft durch Produktion gekennzeichnet. Da Produktion oft den Märkten folgt, dürfte der Standort Deutschland in den kommenden Jahren wenig spezialisierte Produktionsanlagen zumindest teilweise verlieren. Um die Wertschöpfung und damit auch den Wohlstand erhalten zu können, muss sich die Industrie diesem Wandel stellen und sich mehr Richtung Innovation und Entwicklung bewegen. Es gilt also, den Standort Deutschland zu wandeln von Produktion hin zur Innovation.

Eine enge Verflechtung mit den europäischen Nachbarländern ist dafür ebenso unabdingbar wie ein funktionierendes internationales Handelsregime. Der Trend zu mehr Protektionismus, zu Populismus und Nationalismus, wie wir ihn in den letzten Jahren beobachten können, wäre, wenn er sich weiter verstärken würde, das Ende des erfolgreichen deutschen Geschäftsmodells.

Denn die hoch spezialisierten deutschen Unternehmen, in vielen Fällen Weltmarktführer in ihrem Bereich, können nur im Rahmen der internationalen Arbeitsteilung ihre komparativen Vorteile weiter ausspielen. Dafür müssen sowohl mit Blick auf die nationale Wirtschaftspolitik als auch in Bezug auf die internationale Zusammenarbeit die Voraussetzungen stimmen.

## Literatur

Bundesagentur für Arbeit. (2018). *Beschäftigte nach Staatsangehörigkeiten September 2018, Nürnberg.* https://statistik.arbeitsagentur.de/Navigation/Statistik/Statistik-nach-Themen/Beschaeftigung/Beschaeftigte/Beschaeftigte-Nav.html. Zugegriffen am 26.04.2019.

Bundesbank. (2019). *Statistisches Beiheft 3, Zahlungsbilanzstatistik.* Frankfurt: Bundesbank.

Bundesministerium der Finanzen. (2018). *Die wichtigsten Steuern im internationalen Vergleich 2017.* Ausgabe Juli 2018, Berlin.

Bundesministerium für Wirtschaft und Technologie. (2019). *Industrie 4.0 – Digitale Transformation in der Industrie.* https://www.bmwi.de/Redaktion/DE/Dossier/industrie-40.html. Zugegriffen am 26.04.2019.

Expertenkommission Forschung und Innovation (EFI). (2015). *Jahresgutachten zu Forschung, Innovation und technologischer Leistungsfähigkeit Deutschlands 2015.* Berlin: Expertenkommission Forschung und Innovation (EFI).

KPMG. (2018). *Swiss Tax Report 2018.* https://assets.kpmg/content/dam/kpmg/ch/pdf/swiss-tax-report-2018-presentation.pdf. Zugegriffen am 26.04.2019.

Sachverständigenrat zur Begutachtung der gesamtwirtschaftlichen Entwicklung (2013). *Jahresgutachten 2013/14.* Wiesbaden: German Council of Economic Experts.

Sinn, H.-W. (März, 2012). Die Target-Kredite der Deutschen Bundesbank. *ifo-Schnelldienst, 65,* 03–34.
Statistisches Bundesamt. (2010). *Fachserie 1, Reihe 2, Bevölkerung und Erwerbstätigkeit, Ausländische Bevölkerung. Jahrgänge 2010 bis 2017.*
Statistisches Bundesamt. (2015). *13. koordinierte Bevölkerungsvorausberechnung.* Aktualisierung vom 20.01.2016. Wiesbaden.
Statistisches Bundesamt. (2018). *EU-Vergleich der Arbeitskosten 2017: Deutschland auf Rang sechs.* Wiesbaden. https://www.destatis.de/DE/Presse/Pressemitteilungen/2018/05/PD18_172_624.html. Zugegriffen am 26.04.2019.
Statistisches Bundesamt. (2019). *Wanderungen zwischen Deutschland und dem Ausland.* Wiesbaden. https://www.destatis.de/DE/Themen/Gesellschaft-Umwelt/Bevoelkerung/Wanderungen/Tabellen/wanderungen-alle.html. Zugegriffen am 26.04.2019.
Stifterverband für die Deutsche Wissenschaft e.V. (2018). *Forschung und Entwicklung in der Wirtschaft 2016.* Essen: Stifterverband für die Deutsche Wissenschaft e.V.
World Intellectual Property Organization. (2018). *World intellectual property indicators 2018.* Genf: World Intellectual Property Organization.

**Stefan Bielmeier** begann nach Abschluss seines Studiums der Volkswirtschaftslehre 1996 seine Karriere bei der Deutschen Bank AG. Im Juni 2010 trat Stefan Bielmeier in die DZ BANK ein. Er leitet dort den Bereich Research und Volkswirtschaft und ist Chefvolkswirt der DZ BANK. Neben den Funktionen in der DZ BANK ist Stefan Bielmeier auch Vorsitzender des Vorstandes der DVFA – Deutsche Vereinigung für Finanzanalyse und Asset Management e.V., des Berufsverbands der Investment Professionals in Deutschland. Ziel der DVFA und ihrer Mitglieder ist die Pflege des Berufsbildes, die Weiterentwicklung der Rahmenbedingungen für die Berufsausübung sowie die Förderung des Verständnisses der Öffentlichkeit für den Beruf.

**Michael Holstein** leitet bei der DZ BANK die Abteilung Volkswirtschaft. Bevor er 1998 zur damaligen DG BANK kam, war er wissenschaftlicher Mitarbeiter am Institut für Konjunktur, Wachstum und Verteilung der Universität Frankfurt sowie Referent für Grundsatzfragen der Finanzpolitik am Thüringer Finanzministerium.

# 12 Logistik 4.0 – Grundvoraussetzungen für zukunftsfähige Geschäftsmodelle in der Logistik

Julian Schneider und Thomas Hanke

> **Zusammenfassung**
>
> Durch die digitale Transformation befinden sich Wirtschaft und Gesellschaft in einem radikalen Strukturwandel. Insbesondere in der Produktion haben sich unter dem Begriff der ‚Industrie 4.0' eine Reihe von Ansätzen etabliert, die im vorliegenden Beitrag auf die ‚Logistik 4.0' adaptiert werden sollen. Neben den strategischen und technischen Voraussetzungen sind weitere erfolgskritische Faktoren zu berücksichtigen. Diese umfassen insbesondere eine digitale Unternehmenskultur, ein digitales Mindset, die Unternehmensführung in der digitalen Transformation und insbesondere neue Arbeitsformen und Qualifikationsanforderungen. Nach einer umfassenden Diskussion dieser Faktoren mündet dieser Beitrag schließlich in der Ableitung von Handlungsempfehlungen für eine digitalisierte und zukunftsfähige Logistik.

## 12.1 Herausforderungen für die Logistikbranche

Die digitale Transformation der Industrie konfrontiert Wirtschaft und Gesellschaft mit einem radikalen Strukturwandel (Roland Berger 2015). Der Trend zur Digitalisierung ist unumkehrbar und gilt damit als Megatrend, der sich weltweit bemerkbar macht und alle betroffenen Bereiche nachhaltig verändert.

---

J. Schneider (✉)
UCAM Universidad Católica San Antonio de Murcia, Murcia, Spanien
E-Mail: jsanders@alu.ucam.edu

T. Hanke
FOM Hochschule für Oekonomie & Management, Essen, Deutschland
E-Mail: thomas.hanke@fom.de

© Springer Fachmedien Wiesbaden GmbH, ein Teil von Springer Nature 2020
S. Tewes et al. (Hrsg.), *Geschäftsmodelle in die Zukunft denken*,
https://doi.org/10.1007/978-3-658-27214-2_12

So werden entlang der Wertschöpfungsketten, in der Produktion und der Logistik die Prozesse zunehmend digitalisiert und automatisiert. Studien verweisen darauf, dass technologische und gesellschaftliche Trends wie bereits bei anderen Branchen zuvor auch die Geschäftsmodelle in der Logistik fundamental verändern wird (Roland Berger 2016).

Viele Entscheidungsträger in Unternehmen sind allerdings bislang noch nicht in der Lage, auf die neuen digitalen Herausforderungen angemessen zu reagieren. Daher ist es notwendig, Empfehlungen für Maßnahmen zu geben, die Entscheidungsträger in Logistikunternehmen ergreifen können. Neben einem Bewusstsein für die digitale Transformation und einer geeigneten digitalen Strategie sind eine digitale Führung, ein digitales Mindset und eine die Digitalisierung unterstützende Unternehmenskultur mehr als nur Begleiterscheinungen im Transformationsprozess. Vielmehr sind sie elementare Bestandteile eines das ganze Unternehmen umfassenden Wandels, der auch mit Widerständen im Unternehmen umgehen und über ein angemessenes Change Management verfügen muss (Neuland Digital Vision 2014; Kreutzer und Land 2016). Nicht zuletzt sind die Qualifikationsanforderungen an die Belegschaft zu nennen, denn der Bedarf an qualifizierten Arbeitskräften auf dem Arbeitsmarkt wächst. Entscheidend ist, wie Mitarbeiter mit diesen neuen Anforderungen umgehen und welchen Einfluss die Digitalisierung auf das Qualifikationsniveau von Beschäftigten hat.

**Logistik 4.0**

Die digitale Transformation kann abhängig von der Branche, dem Unternehmenstyp und der Unternehmensgröße sowohl inkrementell in kleinen Schritten stattfinden als auch disruptiv als großer Umbruch. Feststellen lässt sich aber, dass die Geschwindigkeit des digitalen Wandels weiter zunimmt und sukzessiv alle Bereiche der Arbeitswelt durchdringen wird (Klotz 2018; Lang 2017).

Zunehmend verändert die vierte industrielle Revolution (Industrie 4.0) die Produktion und die Arbeitswelt. Als zentrale Ziele dieser Entwicklung lassen sich Rationalisierungspotenziale durch die Erhöhung der Produktivität bei gleichzeitiger Kostensenkung identifizieren (Vogel-Heuser et al. 2017). Die zentralen Erfolgsfaktoren sind Vernetzung, Dezentralisierung, Echtzeitfähigkeit und Serviceorientierung der gesamten Wertschöpfungskette. Ohne eine angepasste Logistik kann diese Zielsetzung jedoch nicht erreicht werden. Dies wird vor allem aufgrund der enormen Bedeutung der Logistik als Querschnittsfunktion für alle Unternehmensbereiche deutlich. Somit stellt die Logistik einen Enabler für Industrie 4.0 dar, indem die notwendigen Grundlagen geschaffen werden. Prinzipiell lässt sich letztlich von einer Entwicklung hin zur Logistik 4.0 sprechen (Fraunhofer IML 2019).[1]

Die Vernetzung von Arbeitsbereichen und die Automatisierung von Prozessen werden weiter zunehmen, und wie in anderen Branchen wird die Digitalisierung auch in der Produktion und Logistik Arbeitsprozesse und Geschäftsprozesse stark verändern. Insbesondere werden Maschinen und Roboter den Menschen zunehmend ersetzen, um Rationali-

---

[1] Ähnliche begriffliche Ableitungen finden sich etwa für den Bereich der Dienstleistungen (BMWI 2015) und der Wissensarbeit (Bullinger et al. 2014).

sierungspotenziale weitestgehend auszuschöpfen. Dies lässt sich bereits heute anhand der geplanten und tatsächlichen weltweiten Investitionen in die Industrie 4.0 deutlich ablesen (PWC 2016).

Die Logistik ist, aufgrund globaler Verflechtungen in Wertschöpfungs- und Liefernetzwerken, geprägt durch ein hohes Maß an Komplexität, Datendurchdringung und Dynamik. Die zunehmende Digitalisierung und Automatisierung erfordert innovative Ansätze zur Prozessverbesserung und korrespondierende Produkt- und Leistungsinnovationen entlang der Supply Chain. Dazu gehört auch und vor allem ein ganzheitliches Managementverständnis der Logistik 4.0, das sich nicht auf technologische Aspekte beschränken lässt (Wehberg 2016).

So wurde im Rahmen einer Umfrage unter Personalverantwortlichen in 124 Unternehmen zu den Treibern der digitalen Transformation in Unternehmen der DACH-Region festgestellt, dass IT zwar als der größte Treiber eingeschätzt (82 %) wird, allerdings dicht gefolgt von der Geschäftsleitung (74 %) und HR (52 %) (Statista 2016). Es stellt sich somit die Frage nach Rahmenbedingungen, Fähigkeiten und Qualifikationen für eine erfolgreiche digitale Transformation. Auch stehen die tradierte Führungs- und Unternehmenskultur (insbesondere im Old-Economy-Bereich) sowie ein klassisches Verständnis von Arbeit auf dem Prüfstand, da sich diese nur bedingt auf neue Formen digitaler Arbeit übertragen lassen. Die in diesem Zusammenhang am häufigsten genannte Barriere ist die fehlende Möglichkeit zur Mitgestaltung seitens der Beschäftigten (Initiative D21 2015).

**Auswirkung aktueller Trends auf Geschäftsmodelle in der Logistikbranche die Logistikbranche**
Es kristallisieren sich zurzeit eine Reihe an technologischen und gesellschaftlichen Trends heraus, welche die Geschäftsmodelle in der Logistik grundlegend verändern.

Zu nennen sind u. a. ein allgemeiner Kostendruck, der auf der Branche lastet, ebenso wie die Komplexität von Verflechtungen sowie Nachfrageschwankungen. Dies erfordert von Logistikanbietern eine Optimierung und Flexibilisierung von Infrastrukturen und Prozessen sowie der Organisation als Ganzes. Ein zentraler Treiber dieser Entwicklung sind neue Geschäftsmodelle im Handel. Diese richten sich zunehmend an der Individualisierung von Kundenbedürfnissen aus, die einhergehen mit veränderten Konsumentenwünschen. Dies erfordert insbesondere eine schnelle Lieferung ‚On Demand' bzw. einer Optimierung der letzten Meile. Dies ist nur umzusetzen durch eine enge Vernetzung und Flexibilisierung der inner- und außerbetrieblichen Supply Chain. Ein zentraler Erfolgsfaktor hierfür ist der Einsatz neuer Technologien wie etwa der künstlichen Intelligenz (KI) zur optimierten Steuerung und Planung. Zudem sind eine fortschreitende Digitalisierung der Geschäftsprozesse und auch die Vernetzung und Zusammenarbeit mit Partnern zu erkennen. Aber auch die Automatisierung und Dezentralisierung und vor allem die Möglichkeiten der Analyse von Prozessen oder Käuferverhalten über Business Analytics können genannt werden (BVL 2017).

Im Weiteren ist zu beobachten, dass Markteintrittsbarrieren in Form von kapitalintensiven Investitionen zunehmend fallen. Dies erleichtert in der Logistik neuen Anbietern den Markteintritt. Exemplarisch entfallen beispielsweise eigene Fuhrparks oder Lagerkapazitäten (Sucky und Asdecker 2019). Zudem setzt die Politik zunehmend strengere Maßstäbe in Bezug auf Emissionseinsparungen im Gütertransport – insbesondere im Straßenverkehr (BMVI 2017). Diese Entwicklung lässt grundsätzlich mittelfristige Kostensteigerungen für die Logistikbranche erwarten. Allerdings besteht für Unternehmen die Chance, sich gezielt mit Umweltschutz und Nachhaltigkeitsthemen, wie beispielsweise der Einsparung von Verpackungsmaterialien zu positionieren. Ein weiterer wichtiger Trend in diesem Zusammenhang ist die zunehmende Forderung der Kunden nach erhöhter Transparenz in der Supply Chain.

Es ist davon auszugehen, dass diese Trends die Logistikbranche in den nächsten Jahren weiter beeinflussen werden. Allerdings stößt Digitalisierung im Bereich der Logistik und des Supply Chain Managements auch an Grenzen. Aufgrund unterschiedlicher Interessenslagen entlang der Supply Chain können sich Abstimmungen schwierig gestalten, hinzu kommen kritische Aspekte der Datensicherheit. Dies erfordert Kompetenzen in Umgang mit Partnern und im Bereich der Schnittstellendefinition und -anpassung.

## 12.2 Grundvoraussetzungen: Logistikarbeit 4.0

**Digitale Unternehmenskultur**

Als wichtiger Erfolgsfaktor für das Gelingen der digitalen Transformation gilt die Unternehmenskultur, insbesondere im Zusammenspiel mit der Organisationsstruktur sowie individuellen Einstellungen der Entscheider und Mitarbeiter. Das Engagement der Mitarbeiter, eine angemessene Rolle der Führung und die Befähigung der Mitarbeiter sind weitere relevante Einflusskriterien (Danielsen und Mäder 2016). Bereits in den Ansätzen der Organisationsentwicklung und des organisationalen Lernens wird auf die wichtigen Zusammenhänge zwischen Kultur, Struktur und Strategie hingewiesen. Die Organisationsentwicklung gilt hier als ganzheitlicher Analyse- und Gestaltungsansatz, der nach dem Prinzip organisationaler Lernschleifen die Veränderungsbereitschaft von Führungskräften und Mitarbeitern im Unternehmen mitdenkt (Hanke 2006).

In der Literatur finden sich vielfältige Definitionen des Organisationskulturbegriffs, die keinem zumindest strengen begrifflichen Konsens unterstellt sind. Eine wesentliche Gemeinsamkeit in den Auffassungen besteht allerdings darin, dass Organisationskultur als ein System gemeinsam geteilter Werte, Normen, Einstellungen, Überzeugungen und Ideale beschrieben wird (Staehle 1991). Organisationskultur wirkt hier als nicht-strukturelles Koordinationsinstrument auf die Stabilität einer Organisation ein. Die Funktion der Organisationskultur kann zudem als homöostatisch charakterisiert werden, da sie ein Korrektiv zur formalen Organisationsstruktur darstellt. Nach der häufig zitierten Definition von Schein (1995) sichert die Organisationskultur die Gemeinsamkeiten der Organisationsmitglieder hinsichtlich gemeinsamer Bedeutungen, integrierender Symbole, Denkmodelle, geistiger Gewohnheiten wiederkehrender Verhaltensweisen, Gruppennormen oder Philosophien. Kurz gesagt geht es um Phänomene, die fest in tieferliegenden und latenten Strukturebenen einer Organisation verankert sind. So gesehen besteht die Organisationskultur aus Grundannahmen, die sich bewährt haben, als gültig betrachtet werden und den Akteuren als Handlungsschema dienen. Die Organisationskultur ist nach dieser Auffassung Teil der Tiefenstruktur einer Organisation.

Allerdings sind demzufolge die stabilen und etablierten Strukturen häufig ein Hindernis für den mit der Digitalisierung verbundenen Veränderungsprozess. Zudem ist der Wandel einer Unternehmenskultur ein für gewöhnlich langwieriger Prozess, der eine Vertrauensbasis und offene Kommunikation zwischen allen beteiligten Akteuren im Unternehmen erfordert. Einige Autoren nehmen an, dass in digitalisierten Arbeitswelten die Unternehmenskultur grundsätzlich ähnlich auf das Gesamtgefüge wirkt wie in der Old Economy (Creusen et al. 2017).

Die Schaffung einer digitalen Kultur erfordert allerdings einen flexiblen und transparenten Umgang mit dem häufig ‚Neuen' und ‚Unbekannten'. Der Prozess der digitalen Transformation kann bei den Akteuren auch Unsicherheit und Ängste auslösen. Auch die digitale Transformation und mithin der Wandel zu einer digitalen Kultur kann in Unternehmen durch tradierte Muster behindert werden, da der Umgang mit dem ‚Neuen' zu Widerständen bei Mitarbeitern führen kann. Es ist wichtig, Mitarbeitern entlang neuer Themen Entwicklungschancen zu eröffnen, indem beispielsweise kreative Spielräume geschaffen werden, die es Mitarbeitern ermöglichen, an der Gestaltung der neuen Arbeitswelt aktiv mitzuwirken.

**Digital Mindset**

Ansätze der Unternehmenskultur versuchen eine per se organisationsweite und ganzheitliche Sichtweise einzunehmen, wenngleich hier grundsätzlich auch individuelle Wahrnehmungen, Denkweisen und Orientierungen eine wichtige Rolle spielen. Es ist naheliegend, den Zusammenhang mit dem Begriff des Mindsets aufzugreifen, da sich dieser im Kontext von Veränderungsprozessen (beispielsweise ‚Global Mindset', ‚Entrepreneurial Mindset' oder ‚Digital Mindset') zunehmend etabliert. Viele Unternehmen haben blinde Flecken und benötigen ein digitales Mindset, um nicht auf den technologischen Teil beschränkt zu sein und die Digitalisierung stattdessen nachhaltig im Unternehmen zu verankern (Accenture 2014). Dabei sind es häufig individuelle Einstellungen und Verhaltensweisen, die den Zugang zur Welt, in diesem Falle zur digitalen Transformation, ermöglichen oder verhindern. Das, was in den Köpfen der Mitarbeiter passiert, ist nur schwer zugänglich und demnach auch schwer zu steuern; insbesondere dann, wenn es darum geht, ein kollektives Mindset im Sinne einer gemeinsamen Betrachtungsweise in Unternehmen zu etablieren.

In der bestehenden Literatur existiert eine Vielzahl an unterschiedlichen Begrifflichkeiten, um ein Mindset beziehungsweise eine mentale oder kognitive Struktur zu definieren. Gemeinsam ist diesen Definitionen, dass jeder Mensch seine Umwelt beziehungsweise wahrgenommene Realität in vereinfachter Form abbildet, er bildet Heuristiken, selektiert und vereinfacht die ihn umgebene Umweltkomplexität so, dass er entscheidungsorientiert handeln kann (Hruby und Hanke 2014). Mindsets sind in Unternehmen oftmals stark verankert und können nur sehr schwer identifiziert werden. Ein digitales Mindset setzt als Denkweise eine Bereitschaft voraus, sich mit der digitalen Transformation einzulassen und sie anzunehmen. Wie bereits im vorigen Abschnitt zum Umgang mit der Unternehmenskultur angesprochen, sollte die Unternehmensführung die Führungskräfte und die Mitarbeiter ‚mitnehmen' und gemeinsame mentale Modelle erzeugen. Diese nach innen orientierte Kollektivierungsabsicht sollte – abseits der zuweilen rein legitimatorischen Akte – aufrichtig und sinnstiftend formuliert werden und damit zukunftsweisende Perspektiven für den einzelnen Beteiligten berücksichtigen (Hanke und Stark 2009).

Ansätze der Managerial Cognition (Eden und Spender 1998; Hruby 2013) versuchen aus der Perspektive der Kognitionswissenschaften herauszufinden, wie Individuen ihre Umwelt wahrnehmen und konstruieren, und wie beispielsweise Prozesse des Agenda Setting oder auch der Strategiefindung im Management funktionieren. Umgekehrt können diese Ansätze aber auch angesichts der durch die digitale Transformation – insbesondere in der Logistik – ausgelösten Rationalisierungspotenziale helfen, Akzeptanzprobleme oder auch den Umgang mit zum Teil existenziellen Ängsten weiter zu untersuchen.

Digitale Transformationsprojekte benötigen, um erfolgreich zu sein, den offenen Umgang mit Perspektiven und Problemen, da sich der digitale Wandel absehbar schnell vollzieht, kulturelle Veränderungen in Unternehmen sich aber nicht von heute auf morgen einstellen. Hier ist es wichtig, Vertrauen zwischen Management und Beschäftigten herzustellen und gemeinsam und sinnstiftend eine Vision für den digitalen Wandel zu implementieren. Er erscheint sinnvoll, hier die Erkenntnisse aus den allgemeinen Managementwissenschaften auf Prozesse der Logistik 4.0 zu übertragen.

**Unternehmensführung in der digitalen Transformation**
Es lassen sich allgemeine Handlungsempfehlungen für das Führungsverhalten bereits aus den vorgenannten Abschnitten ableiten, da eine gute Führungsarbeit immer die Perspektiven und Probleme von Mitarbeitern berücksichtigen sollte. Dies gilt vor allem bei den Prozessen eines tief greifenden Wandels, der von Unsicherheiten und Ängsten begleitet sein kann. Hinzu kommt, dass Mitarbeitern immer auch die Wichtigkeit und Sinnhaftigkeit ihres Handelns bewusst sein sollte.

Das zentralste Element der digitalen Transformation ist die Mensch-Maschine-Interaktion. Der Mensch in einer zunehmend technisierten Arbeitsumgebung muss mit einer veränderten Entscheidungshoheit und einem damit möglicherweise einhergehenden Kontrollverlust umgehen können. Es ist mitunter schwierig zu vermitteln, dass es sich bei der Mensch-Maschine-Interaktion um einen integrierten Ansatz handelt, nicht aber ein Ungleichgewicht zu einer der beiden Seiten darstellt.

Die Führungsaufgabe kommt im Rahmen der digitalen Transformation eine Sonderstellung zu, da Führung als zentrale Aufgabe und Mittelpunkt der digitalen Transformation verstanden werden muss, um diese zielgerichtet vorleben und effektiv umsetzen zu können. Die Führungsaufgabe muss daher von Personen wahrgenommen werden, die selbst Teil der digitalen Transformation sind und diese auf struktureller Managementebene implementieren und auf operativer Prozessebene anwenden können. Nur diejenigen, welche die digitale Transformation verstehen, können diese beherrschen und kommen nicht in den Konflikt, sich von dieser beherrschen zu lassen. Die Maschine übernimmt nur in ausgewählten Bereichen die Aufgabe des Menschen. In diesen Bereichen ist sie allerdings schneller, produktiver und zuverlässiger.

Digitale Führungskompetenz kann in einem hochdynamischen und komplexen Arbeitsumfeld als Querschnittskompetenz angesehen werden, welche über die Methoden- und Fachkompetenz hinausgeht, da sie Teil- und Schlüsselkompetenzen enthält, die für konkrete Führungsaufgaben in der digitalen Transformation ermittelt, definiert und gewichtet werden (Ciesielski und Schutz 2016).

Der Begriff des ‚Digital Leadership' verweist auf ein Verständnis, die Verhaltensweisen und korrespondierende Instrumente der Führung, welche die Voraussetzungen für die erfolgreiche digitale Transformation und die dauerhafte und nachhaltige Existenz von Organisationen mit erfolgreichen Geschäftsmodellen schaffen (Lorenz 2018). Der digital Leader hat die digitale Strategie verstanden und treibt diese konsequent im Unternehmen voran (Kane et al. 2015). Die neue Rolle der Führung in der digitalen Transformation muss berücksichtigen, dass aus **‚Menschenlenkern'** nun **‚Prozesslenker'** werden, um den am Prozess Beteiligten eine Struktur zu schaffen, die eine ‚eigengesteuerte' Führung ermöglicht.

**Qualifikationsanforderungen für die Logistik 4.0**
Führung und Mitarbeit im Spannungsfeld der digitalen Transformation erfordert die Berücksichtigung unterschiedlicher Qualifikationen. Einhergehend mit dem Begriff der ‚Industrie 4.0' und daraus abgeleitet der ‚Logistik 4.0' findet sich auch der Begriff der ‚Arbeit 4.0' in ähnlichen Zusammenhängen wieder. ‚Arbeit 4.0' berücksichtigt als Sammelbegriff Aspekte der Flexibilisierung, der Organisationsstrukturen und der Arbeitsbeziehungen. Arbeit 4.0 lässt sich demnach nicht als festes Konzept oder Modell beschreiben, das eindeutige Definitionsmerkmale aufweist (Werther und Bruckner 2018). Für den Bereich der Kompetenzentwicklung in digitalisierten und automatisierten Arbeitswelten lassen sich entlang der Unterscheidung in ‚Automatisierungsszenario' und ‚Spezialisierungsszenario' unterschiedliche Qualifikationsniveaus und Aufgabengebiete abgrenzen: wie ‚Entscheiden und Steuern' oder ‚Störungs- und Fehlerbehebung' (Bauer et al. 2017).

Im **Automatisierungsszenario** werden Aufgaben und mithin Entscheidungen von den technischen Teilen des sozio-technischen Systems übernommen, sodass nur Hochqualifizierte eingreifen können. In einem zunehmend automatisierten System entsteht demnach eine Kompetenzlücke, da der Mensch lediglich in Störfällen eingreifen muss. Das **Spezialisierungsszenario** berücksichtigt bei der Gestaltung der Mensch-Technik-Schnittstellen neben den Hochqualifizierten auch Fachkräfte der mittleren Qualifikationsebene, denen ein deutlich größerer Anteil der Entscheidungen überlassen wird.

Die gegenwärtige Logistiklandschaft zeigt eine stark manuell geprägte Arbeitsweise, die aus der historischen Betrachtung heraus im Wesentlichen dazu dient, Raum, Zeit oder Ort zu überbrücken – indem Waren physisch bewegt oder gelagert werden. Gerade in der Logistikbranche sind die Aufgabenbereiche in Transport, Umschlag und Lagerung (TUL) durch einen hohen Grad an manuellen Tätigkeiten und somit körperlich anstrengender

Handarbeit geprägt (Schneider et al. 2019). Beispielhaft genannt seien hier im Rahmen der heutigen Logistikabwicklung etwa manuelle Verpackungstätigkeiten – etwa in Form von Ladungsträgerkonsolidierungen oder Palettenkopfwicklungen – die aufgrund fehlender beziehungsweise nicht vollständig prozessual integrierbarer Anbieterlösungen bislang nicht automatisiert werden konnten. Demnach sind bis heute die meisten Prozesse, trotz fortschreitender Technisierung, als einfache bis mittelschwere Anlerntätigkeiten einzuordnen, die durch Ausbildungsverfahren systematisiert werden, um den steigenden Marktanforderungen an Geschwindigkeit, Flexibilität und Individualisierung gerecht werden zu können.

Daraus ergibt sich, dass für zahlreiche Logistiker die Arbeit künftig nicht mehr abschließend beherrschbar ist und demnach einen existenzbedrohenden Wettbewerbsnachteil darstellen kann. Die digitale Transformation kann hieraus durch die Mensch- Maschine-Interaktion gegebenenfalls einen Ausweg bieten, jedoch nur, wenn sich das grundsätzliche Berufsbild in der Logistik in Form einer stark operativ geprägten Arbeitnehmerlandschaft verändert. Dazu bedarf es der aktiven Anpassung an neue Qualifikationsanforderungen, die durch die digitale Transformation bedingt werden.

## 12.3 Fazit: Handlungsempfehlungen für die Zukunft

Im Zeitalter von Logistik 4.0 wird eine Optimierung und Vernetzung von Infrastrukturen und Prozessen sowie der Organisation als Ganzes für Logistikanbieter notwendig. Erfolgskritisch für zukunftsfähige Geschäftsmodelle ist hierfür eine enge Verzahnung und Flexibilisierung der inner- und außerbetrieblichen Supply Chain. Der Einsatz neuer Technologien wie etwa der künstlichen Intelligenz (KI) ermöglicht eine Automatisierung der Geschäftsprozesse und die Vernetzung und Zusammenarbeit mit Partnern. Auch werden Themen wie Umweltschutz und Nachhaltigkeit zunehmend relevante Erfolgsfaktoren. Grundlegend sind zudem in digitales Mindset oder auch eine digitale Unternehmenskultur unter Berücksichtigung von Führung und Qualifikationsanforderungen, die sich insbesondere in der Arbeit 4.0 widerspiegeln.

Abschließend lassen sich Handlungsempfehlungen ableiten, in der verschiedene Bereiche der ‚Logistikarbeit 4.0' berücksichtigt werden können:

Erstens besteht eine Grundvoraussetzung für zukünftige Tätigkeiten in der Logistik in der Schaffung eines technischen Verständnisses für die zunehmend IT-basierten Prozesse und Systeme in der Logistik. Aufgrund des demografischen Wandels und der gegebenen Altersstruktur in der Logistik und dem Mangel an qualifizierten Arbeitskräften entsteht ein großer Bedarf an technisch hochqualifiziertem Personal. Eine Minimalforderung ist hier, dass zumindest rudimentäres Basiswissen in den Bereichen der IT-Programmierung als vorhanden vorausgesetzt werden kann. Hier müssen entsprechende Schulungsmaßnahmen und Weiterbildungsangebote ansetzen.

Zweitens ist zu berücksichtigen, dass Mitarbeiter zunehmend von den rein ausführenden Tätigkeiten entlastet werden. Die Rolle der Mitarbeiter verändert sich von ‚Prozessdurchführern' zu ‚Prozesssteuerern', die einen ganzheitlichen Blick für die Abläufe im

Unternehmen besitzen müssen. Dies erfordert eine Führung, die die Mitarbeiter mit angemessenen Arbeitsaufgaben ausstattet. Konsequent abgeleitet ergibt sich durch höherwertigere Tätigkeiten ein erhöhtes Lohnniveau in der Logistikbranche, das gegebenenfalls durch die technischen Rationalisierungs- beziehungsweise Optimierungspotenziale ausgeglichen werden kann. Im Zweifelsfall jedoch führt diese Entwicklung zu höheren Marktpreisen, die gegen das grundsätzliche Ziel der Logistik von Kosten- und Qualitätsoptimierung wirkt – diese Wechselbeziehung ist an sich konfliktär.

Drittens muss geklärt sein, was bei Störungen im System passiert, wer die Kontrollhoheit hat und welche Eingriffsmöglichkeiten wie priorisiert sind. Wenn der Mensch die Kontrolle über die Maschine behalten möchte, so ist es notwendig, dass er über die entsprechenden Qualifikationen verfügt, im Falle einer Störung oder kritischen Situation den Überblick behält und qualifiziert in den Prozess eingreifen kann. Damit einhergehend ist die Frage der Strukturierung der Entscheidungsfindung und erteilten Befugnisse. Es zeichnet sich ab, dass dies tendenziell zukünftig eher dezentral organisiert werden muss.

Ein vom Markt und von den Kundenanforderungen getriebener Digitalisierungsanspruch kann nur dann Realität werden, wenn dieser die Digitalisierung und deren Folgen auch aktiv mitträgt. Der Mitarbeiter wird somit letztlich in neuer Funktion und mit veränderter Qualifikation zum zentralen Element der Logistik 4.0.

## Literatur

Accenture. (2014). *Accenture Interactive – Point of View Series 2014. Digital Transformation. Re-imagine from the outside-in.* https://www.accenture.com/t20160128T000639__w__/us-en/_acnmedia/Accenture/Conversion-Assets/DotCom/Documents/Global/PDF/Technology_7/Accenture-Interactive-Digital-Transformation.pdf. Zugegriffen am 21.06.2019.

Bauer, W., Dworschak, B., & Zaiser, H. (2017). Weiterbildung und Kompetenzentwicklung für die Industrie 4.0. In B. Vogel-Heuser, T. Bauernhansl & M. ten Hompel (Hrsg.), *Handbuch Industrie 4.0 – Bd.1* (S. 125–138). Berlin/Heidelberg: Springer Vieweg.

BMVI. (2017). *Aktionsplan Güterverkehr und Logistik – nachhaltig und effizient in die Zukunft.* Berlin: Bundesministerium für Verkehr und digitale Infrastruktur.

BMWI. (2015). *Dienstleistungen 4.0 – Mit Digitalisierung Dienstleistungen zukunftsfähig machen.* https://www.bmwi.de/Redaktion/DE/Downloads/C-D/dienstleistungen-4-0-gemeinsame-erklaerung.pdf?__blob=publicationFile&v=5. Zugegriffen am 21.06.2019.

Bullinger, A., Haner, U. E., & Mühlstedt, J. (2014). Wissensarbeit 4.0 – Die Hintergründe innovativer Arbeitswelten. In GfA (Hrsg.), *Gestaltung der Arbeitswelt der Zukunft* (S. 617–619). Dortmund: GfA-Press.

BVL. (2017). *Trends und Strategien in Logistik und Supply Chain Management. BVL-Studie über die Chancen der digitalen Transformation.* Hamburg: DVV Media Group GmbH.

Ciesielski, M., & Schutz, T. (2016). *Digitale Führung. Wie die neuen Technologien unsere Zusammenarbeit wertvoller machen.* Berlin/Heidelberg: Springer Gabler.

Creusen, U., Gall, B., & Hackl, O. (2017). *Digital Leadership. Führung in Zeiten des digitalen Wandels.* Wiesbaden: Springer Gabler.

Danielsen, M., & Mäder, P. (2016). *Vom digitalen Hype zur digitalen Kultur – ein praktischer Leitfaden. Trendmonitor 2-2016.* https://www.pwc.de/de/newsletter/finanzdienstleistung/assets/nl-insurance-vom-digitalen-hype-zur-digitalen-kultur-ein-praktischer-leitfaden.pdf. Zugegriffen am 21.06.2019.

Eden, C., & Spender, J. C. (1998). *Managerial and organizational cognition: Theory, methods and research*. London: Sage Publication.

Fraunhofer IML. (2019). *Logistik 4.0*. https://www.iml.fraunhofer.de/de/abteilungen/b1/intralogistik-und%2D%2Dit-planung/dienstleistungen0/Logistik_4_0.html. Zugegriffen am 30.06.2019.

Hanke, T. (2006). *Controlling wissensintensiver Strukturen und Prozesse*. Lohmar: Eul.

Hanke, T., & Stark, W. (2009). Strategy development: Conceptual framework on corporate social responsibility. *Journal of Business Ethics, 85*, 507–516.

Hruby, J. (2013). *Das Global Mindset von Managern*. Wiesbaden: Springer Gabler.

Hruby, J., & Hanke, T. (2014). *Mindsets für das Management. Überblick und Bedeutung für Unternehmen und Organisationen*. Wiesbaden: Springer Gabler.

Initiative D21. (2015). *D21-Digital-Index 2015. Die Gesellschaft in der digitalen Transformation. Eine Studie der Initiative D21, durchgeführt von TNS Infratest*. https://initiatived21.de/app/uploads/2017/01/d21_digital-index2015_web2.pdf. Zugegriffen am 21.06.2019.

Kane, G., Palmer, D., Nguyen Phillips, A., Kiron, D., & Buckley, N. (2015). *Strategy, not Technology, Drives Digital Transformation. MIT Sloan Management Review Research Report*. Deloitte University Press. https://www2.deloitte.com/content/dam/Deloitte/de/Documents/technology/15-MIT-DD-Strategy_small.pdf. Zugegriffen am 21.06.2019.

Klotz, U. (2018). Zukunft der Arbeit. In T. Barton, C. Müller & C. Seel (Hrsg.), *Digitalisierung in Unternehmen. Von den theoretischen Ansätzen zur praktischen Umsetzung* (S. 11–25). Wiesbaden: Springer Vieweg.

Kreutzer, R. T., & Land, K.-H. (2016). *Digitaler Darwinismus. Der stille Angriff auf Ihr Geschäftsmodell und Ihre Marke. Das Think!Book*. Wiesbaden: Springer Gabler.

Lang, P. (2017). Quo vadis Digitale Revolution? Eine gesamtwirtschaftliche Analyse von Auswirkungen der Digitalisierung. In B. Hermeier, T. Heupel & S. Fichtner-Rosada (Hrsg.), *Arbeitswelten der Zukunft. Wie die Digitalisierung unsere Arbeitsplätze und Arbeitsweisen verändert* (S. 3–22). Wiesbaden: Springer Gabler.

Lorenz, M. (2018). *Digitale Führungskompetenz. Was Führungskräfte von morgen heute wissen sollten*. Wiesbaden: Springer Gabler.

Neuland Digital Vision. (2014). *Digital Transformation Report 2014*. https://www.wiwo.de/downloads/10773004/1/dta_report_neu.pdf. Zugegriffen am 21.06.2019.

PWC. (2016). *Industry 4.0: Building the digital enterprise*. https://www.pwc.de/de/digitale-transformation/industry-4-0-building-your-digital-enterprise.pdf. Zugegriffen am 21.06.2019.

Roland Berger. (2015). *Die digitale Transformation der Industrie. Was sie bedeutet. Wer gewinnt. Was jetzt zu tun ist*. https://bdi.eu/media/user_upload/Digitale_Transformation.pdf. Zugegriffen am 21.06.2019.

Roland Berger. (2016). *2016 logistics study on digital business models – Results*. https://www.rolandberger.com/publications/publication_pdf/roland_berger_logistics_final_web_251016.pdf. Zugegriffen am 21.06.2019.

Schein, E. H. (1995). *Unternehmenskultur. Ein Handbuch für Führungskräfte*. Frankfurt a. M.: Campus.

Schneider, J., Gruchmann, T., Brauckmann, A., & Hanke, T. (2019). Arbeitswelten der Logistik im Wandel: Automatisierungstechnik und Ergonomieunterstützung für eine innovative Arbeitsplatzgestaltung in der Intralogistik. In B. Hermeier, T. Heupel & S. Fichtner-Rosada (Hrsg.), *Arbeitswelten der Zukunft. Wie die Digitalisierung unsere Arbeitsplätze und Arbeitsweisen verändert* (S. 51–66). Wiesbaden: Springer Gabler.

Staehle, W. H. (1991). *Management* (6. Aufl.). München: Vahlen.

Statista. (2016). *Treiber der Digitalisierung*. https://de.statista.com/statistik/daten/studie/671817/umfrage/treiber-der-digitalen-transformation-in-unternehmen-der-dach-region/. Zugegriffen am 21.06.2019.

Sucky, E., & Asdecker, B. (2019). Digitale Transformation der Logistik – Wie verändern neue Geschäftsmodelle die Branche? In W. Becker, B. Eierle, A. Fliaster, B. Ivens, A. Leischnig, A. Pflaum & E. Sucky (Hrsg.), *Geschäftsmodelle in der digitalen Welt*. Wiesbaden: Springer Gabler.

Vogel-Heuser, B., Bauernhansl, T., & ten Hompel, M. (Hrsg.). (2017). *Handbuch Industrie 4.0. – Bd. 1 Produktion*. Berlin/Heidelberg: Springer Vieweg.

Wehberg, G. (2016). Logistik 4.0 – die sechs Säulen der Logistik in der Zukunft. In I. Göpfert (Hrsg.), *Logistik der Zukunft: Logistics for the Future* (S. 319–344). Wiesbaden: Springer Gabler.

Werther, S., & Bruckner, L. (Hrsg.). (2018). *Arbeit 4.0 aktiv gestalten. Die Zukunft der Arbeit zwischen Agilität, People Analytics und Digitalisierung*. Berlin: Springer.


**Julian Schneider** forscht an der UCAM Universidad Católica San Antonio de Murcia (Spanien) im Bereich der Digitalisierung von Logistikprozessen mit den Schwerpunkten Logistiktrendmanagement, Strategieentwicklung und Operations Research, die Verbindung von wissenschaftlicher Theorie und unternehmerischer Praxis. Neben seinen Forschungstätigkeiten arbeitet er seit 2009 hauptberuflich in der Logistikdienstleistungsbranche und verantwortet operative und strategische Funktionen bei mittelständischen und großen Logistikunternehmen.

**Prof. Dr. Thomas Hanke** ist Hochschullehrer für Betriebswirtschaftslehre, insbesondere Logistik, und stellvertretender Direktor am Institut für Logistik- und Dienstleistungsmanagement (ild) an der FOM Hochschule für Oekonomie & Management. Zuvor nahm er vielfältige Aufgaben an verschiedenen Lehrstühlen und Forschungseinrichtungen wahr. Er verfügt über langjährige Erfahrung in der betrieblichen Praxis und ist parallel zu seiner Professorentätigkeit an der FOM als Berater und Mentor in vielfältige Innovations- und Gründungsvorhaben eingebunden. Seine Schwerpunkte in Forschung, Lehre und Beratung liegen in den Bereichen Automatisierung und Digitalisierung, Innovationsmanagement und Nachhaltigkeit.

# Kommunikationsagenturen im Wandel – Neue Erfolgsfaktoren für die Zukunft

**13**

Oliver Weimann und Carolin Tewes

### Zusammenfassung

Eine Branche, welche momentan starken Herausforderungen und Umbrüchen unterliegt, ist die Kommunikationsbranche. Diverse Trends treiben den Wandel voran und ermöglichen neue Geschäftsmodelle. Kreativ- und Mediaagenturen sowie Networks und Spezialisten müssen diverse Erfolgsfaktoren beachten, um zukünftig weiterhin bestehen bleiben zu können.

## 13.1 Trends im Agenturbereich

Seitdem die digitale Kommunikation entstanden bzw. massentauglich geworden ist, befindet sich die Agenturlandschaft in einem massiven Umbruch. Es gilt hierbei zu unterscheiden zwischen Kreativagenturen und Mediaagenturen sowie Networks und Spezialisten, denn die Auswirkungen der digitalen Revolution und die sich hieraus ergebenden Auswirkungen auf die Geschäftsmodelle sind verschieden.

Der Wandel ist ebenfalls innerhalb der Entwicklung der Werbeformate sichtbar. Klassische Werbeformate wie Print, Fernsehen, Radio oder Out-of-Home sind noch in den Mediaplänen präsent, verlieren jedoch drastisch an Bedeutung und werden sukzessive

---

O. Weimann (✉)
ruhr:HUB GmbH, Essen, Deutschland
E-Mail: oliver@hub.ruhr

C. Tewes
FOM Hochschule für Oekonomie & Management, Essen, Deutschland
E-Mail: carolin.tewes@fom.de

durch digitale und datenbasierte Formate abgelöst. Zunächst haben Anbieter von Zeitungen und Magazinen wegbrechende Einnahmen vermerkt – sie konnten mit digitalen Produkten in der Regel nicht dieselbe Wertschöpfung erzielen. TV hingegen ist noch immer – trotz einer langsam erodierenden Reichweite – weiterhin das Medium mit den höchsten Werbespendings und wurde vom kumulierten Digitalbereich erst in 2017 final überholt. Spartensender mit klar definierten Zielgruppen konnten in den letzten Jahren sogar überproportional profitieren und werden gerade im Bereich Markenaufbau intensiv genutzt. Die Werbemarktanteile der einzelnen Medien haben sich gemäß diesen Entwicklungen verschoben (s. Tab. 13.1).

Der Online-Werbemarkt gehört zu den am schnellsten wachsenden Märkten. In den 2000er-Jahren wird ein Großteil des Marketingbudgets in Banner – die digitalen Versionen der klassischen Printanzeigen und Mailings – investiert. Seit einigen Jahren beherrscht das Suchmaschinenmarketing (Search) mehr als die Hälfte des Werbemarkts und wird diese Stellung auch in den kommenden Jahren nur marginal einbüßen (s. Tab. 13.2).

Neben den bislang bekannten Medien treten neue digitale Instrumente sowie moderne Kommunikationskanäle in den Vordergrund und schaffen eine aktuelle Ansprache der Zielgruppe. In Verbindung mit Marketing Intelligence kann die Personalisierung von Werbeansprachen im Sinne des Inbound Marketings perfektioniert werden. Content- und Context-Marketing, Branded-Entertainment und der Einsatz von Influencern bilden dabei die Basis des neu inszenierten Markenerlebnisses. Zu den weiteren relevanten Kommunikationsformen und -mitteln gehören die Live-Communication, Augmented Reality (AR) und Virtual Reality (VR) sowie die Dialogkommunikation und die automatisierte Kommunikation (Kochan und Schunk 2018). Programmatic Marketing schafft durch die über die Mediennutzer gesammelten Informationen eine Neuinszenierung der Werbemittelplatzierung und damit der Mediaplanung (Wagener 2018).

**Tab. 13.1** Werbemarktanteile der einzelnen Medien in Deutschland in den Jahren 2015–2018 und Prognose bis 2020 (gegenüber dem Vorjahr; in Prozent). (Quelle: In Anlehnung an Dentsu Aegis Network 2019)

| Jahr | TV | Zeitungen | Magazine | Radio | Kino | Outdoor | Digital |
|---|---|---|---|---|---|---|---|
| 2015 | 32,6 | 14,6 | 12,5 | 5,2 | 0,5 | 4,1 | 30,5 |
| 2016 | 32,7 | 13,6 | 11,8 | 5,3 | 0,5 | 4,1 | 32,1 |
| 2017 | 32,3 | 12,5 | 10,7 | 5,3 | 0,5 | 4,4 | 34,4 |
| 2018 | 31,5 | 11,8 | 9,8 | 5,3 | 0,4 | 4,1 | 37,1 |
| 2019p | 30,9 | 11,1 | 9,0 | 5,3 | 0,4 | 4,0 | 39,3 |
| 2020p | 30,4 | 10,3 | 8,2 | 5,3 | 0,4 | 3,9 | 41,4 |

**Tab. 13.2** So entwickelt sich der digitale Werbemarkt – weltweiter Umsatz mit digitaler Werbung (in Mrd. US-Dollar). (Quelle: In Anlehnung an Brandt 2016)

| Jahr | Search | Banner | Social Media | Video | Classifieds |
|---|---|---|---|---|---|
| 2016 | 90,7 | 43,5 | 27,1 | 20,7 | 16,5 |
| 2021 | 142,5 | 69,8 | 48,9 | 45,5 | 25,6 |

Mobile first ist mittlerweile handlungsleitend für die Entwicklung von Medien. Das Location-based-Marketing wandelt sich zum Proximity Marketing – Technologien wie Beacons und NFC schaffen eine direkte mobile Ansprache der Kunden vor dem stationären Geschäft (Wagener 2018). Im Bereich der Automatisierung wird insbesondere der Einsatz von Artificial Intelligence (AI) bedeutsam. Inhalte können so zielgerichtet – auf Basis von komplexen Algorithmen – auf alle Endgeräte ausgespielt werden. Diese Technologien können ebenfalls Einsatz finden bei der Produktion von Medien – und nehmen damit einen großen Einfluss auf die Medienunternehmen (Böhm 2018). Die Deutsche Post beispielsweise hat 2019 eine Self-Service-Plattform für kleine Unternehmen geschaffen, auf der diese mit wenigen Klicks Print-Mailings selber erstellen und versenden können – die Beauftragung einer Agentur oder Druckerei für diese Dialogmarketingkampagne ist somit obsolet (Reidel 2019).

Sprachassistenten werden intuitiver und lösen den Menschen vom Bildschirm. Auch hier kommt es zu einer Anpassung der Inhalte und Formate von Werbung. In diesem Zusammenhang müssen Agenturen Antworten finden auf Fragen wie ‚Wie klingt meine Marke'. Gemeint ist in diesem Kontext nicht ein Jingle, sondern grundlegende Parameter – zum Beispiel ‚Ist eine Marke männlich oder weiblich, jung oder alt und kann dies situativ angepasst werden'? Aufgrund der Auswahl an Kanälen und Inhalten muss darüber hinaus von einem selektiveren und individuelleren Medienkonsum ausgegangen werden (Böhm 2018).

Für Agenturen resultiert die digitale Transformation respektive die ‚technologieinduzierte Disruption' (Böhm 2018, S. 346) innerhalb der Kommunikationskanäle und -instrumente primär in der Implementierung und Anwendung neuer Technologien, einer massiven Effizienzsteigerung innerhalb des Kundenkontaktes sowie einer Kostendegression für Standardproduktionen. Es ist ebenfalls relevant, die neuen Technologien mit der Kreativität als Kernelement der Branche zu verbinden.

**Datenschutz als Chance**

Daten sind mittlerweile ein wirtschaftliches Gut. Neben dem Data-driven-Marketing – dem reinen datengesteuerten Marketing – verdeutlichen Beispiele wie PAYBACK, Kundenkarten oder Bezahlapps, dass Daten ebenfalls als Substitut für Zahlungen betrachtet werden (Weber 2018). Mithilfe der gesammelten Informationen über Mediennutzer erfolgt die Ausspielung von Botschaften plattformunabhängig und losgebunden vom Inhalt des Werbemittels (Wagener 2018). Das Data Mining, die Analyse und Aufbereitung von Daten zur personalisierten Kundenansprache und zur Vermeidung von Streuverlusten, ist heutzutage essenziell und wird von vielen großen Unternehmen bereits optimal operationalisiert. Es muss aber auch konstatiert werden, dass klein- und mittelständige Unternehmen in Deutschland die Implementierung einer solchen Datenfokussierung scheuen. Zu viele Entscheidungen müssen gefällt werden – angefangen von der Cloud-Lösung bis hin zur Tool-Unterstützung im Bereich Automatisierung und Personalisierung. In Deutschland muss die Datenerhebung im Rahmen der Datensparsamkeit gut fundiert sein. Die Speicherung von Daten im ‚Nicht-EU-Ausland' ist kritisch. Die Implementierung eines Datenschutzbeauftragten im Unternehmen ist fast schon Pflicht, um im Wettbewerb keine Schwächen zu zeigen (Fuderholz 2017).

Im Agenturgeschäft ist der Bereich des Datenschutzes durch das Inkrafttreten der Datenschutz-Grundverordnung (EU-DSGVO) in der Europäischen Union als ein wichtiger Trend auszumachen. Agenturen mussten ihre eigenen Prozesse und Unternehmensabläufe in Bezug auf personenbezogene Daten anpassen und auch den Kunden optimale Lösungen in diesem Bereich anbieten. Insbesondere Kommunikationsagenturen sind gezwungen, nahezu alle Prozesse (IT, Marketing oder Vertrieb) umzustellen und hinsichtlich der Konformität zur DSGVO anzupassen. Hierdurch werden die operativen Prozesse vieler Agenturen komplizierter, umständlicher und teurer – und damit wird die Diskrepanz zwischen ‚Daten als Wert' und ‚Daten als Kostentreiber' größer.

Der Trend zu einem größeren Datenschutz in Europa kann sich jedoch ebenfalls als Chance für das Agenturgeschäft herausstellen. Besondere Effizienz und Geschwindigkeit in diesem Bereich kann einen Wettbewerbsvorteil darstellen und das Vertrauen zwischen Agentur und Kunde signifikant steigern. Die Konzentration auf die Kreation in Verbindung mit der Einhaltung der digitalen Ethik kann ebenso Vorteile mit sich bringen.

**Automatisierung, künstliche Intelligenz und Personalisierung**
Als wesentlicher Disruptionstreiber der Agenturbranche kann ebenfalls die kontinuierlich voranschreitende Automatisierung betrachtet werden, welche die Geschäftsmodelle aller Agenturen signifikant verändern wird.

Es ist evident, dass Tech-Companies und Start-ups in der ganzen Welt täglich daran arbeiten, die klassischen Agenturarbeiten zu automatisieren. Zu diesen Tools, welche Kreativagenturen einerseits unterstützen, andererseits aber langfristig gegebenenfalls unnötig werden lassen, zählen die Adobe Creative Suite, Affinity oder jede Lösung eines Start-ups, welches Filterfunktionen im Sinne der ‚Bildverarbeitung für Dummies' anbietet. Mediaagenturen greifen auf Demand-Side-Platforms (DSP) und Data Management Platforms (DMP) zurück, welche zumindest theoretisch den vollständig automatisierten Handel von Werbeinventar ermöglichen. Quasi unbemerkt konnten dadurch eine Vielzahl an Aufgabenbereichen ersetzt werden, auch wenn eine fortschreitende Spezialisierung sowie die Vereinnahmung des Long Tails in den letzten Jahren das Geschäft hat wachsen lassen.

Die Implementierung von künstlicher Intelligenz trägt zur Disruption der Branche durch fortschreitende Automatisierung bei. Ist der Algorithmus heute bereits schneller und effektiver bei der Auswertung von Anzeigen sowie der Conversion verschiedener Kanäle und Zielgruppen und wird dieser Algorithmus zukünftig in der Lage sein, fortlaufend aus den eigenen Erfahrungen hinzuzulernen – was wäre dann der Sinn und Zweck einer Mediaagentur? Wenn künstliche Intelligenz mittlerweile in der Lage ist, aus bestehenden Schnipseln einen Chart-Hit zu komponieren oder eine digitale Pizza zu backen, warum sollte eine ähnliche Software nicht in der Lage sein, eine Content-Marketing-Strategie zu entwickeln, umzusetzen, auszuwerten und fortlaufend zu optimieren? Technisch betrachtet ist dies heutzutage bereits mit reinen Textkampagnen möglich. Die Bild-, Ton- oder sogar Video-Implementierung wird kurzfristig folgen. Erfolgt dazu ebenfalls die automatisierte Buchung von (vielleicht auch schon automatisierten) Influencern, wird der Sweet-Spot für Kreativagenturen klein.

## 13.2 Geschäftsmodell Agentur

Die wachsende gesellschaftliche und wirtschaftliche Komplexität sowie die Automatisierung und die fortschreitende Personalisierung und Individualisierung wirken sich sehr unterschiedlich auf verschiedene Bausteine der Geschäftsmodelle der Agentur-Branche aus. In Bezug auf die Wertschöpfung und auch das Kundenversprechen können bislang diverse Agenturtypen – Kreativagenturen, Networks, Spezialisten für bestimmte Kommunikationsdienstleistungen oder Mediaagenturen – unterschieden werden. **Kreativagenturen** fokussieren sich auf Above-the-Line und somit auf die klassischen Werbeformen Print, Radio und TV. Das Thema Digital hat auch in dieser Agenturform Einzug erhalten. Funktionsfähig sind diese Agenturen, wenn Top-Kreative auf kaufmännische Strategen treffen. Das Geschäft hat sich aufgrund der Personenbezogenheit eher national etabliert. **Networks** hingegen versprechen internationalen Full Service mit einem breiten Leistungsspektrum. Vormals separierte inhabergeführte Agenturen haben sich aufgrund ihrer Spezialisierung den Networks angeschlossen. Im Bereich **der Spezialisten für bestimmte Kommunikationsdienstleistungen** wachsen die Digitalagenturen am stärksten. Diese Agenturen stellen nicht mehr zwangsläufig die Kommunikation in den Fokus, sondern ebenfalls den Vertrieb (den Vertragsabschluss) und das Kundenmanagement. Eine Differenzierung zwischen Digitalagenturen und klassischen Agenturen ist zunehmend rückständig – klassische Agenturen bieten ebenfalls digitale Kommunikation und digitale klassische Kommunikation an. Dies kann insgesamt als fortlaufender Balanceakt zwischen Spezialisierung und Aggregation betrachtet werden. Spezialisten der ersten Stunde sind Agenturen in den Bereichen Affiliate Marketing und Suchmaschinen-Optimierung, welche sich in der Folge auch mit anderen Disziplinen auseinandergesetzt haben und im Gegenzug in ihrer Spezialdisziplin von Generalisten attackiert wurden. Spezialisten von heute sind aktiv in den Themenfeldern Influencer Marketing und Digitale Empathie. **Mediaagenturen** hingegen erarbeiten die strategische Mediaplanung von Unternehmen und platzieren die realisierten Werbeaussagen zielgruppenspezifisch und innerhalb der gegebenen Budgetrestriktionen. Kritikpunkt an diesen Unternehmen ist die Intransparenz, da Rabatte durch Bündelungen von Einkaufsvolumina mehrerer Kunden einbehalten und nicht an den Kunden weitergegeben werden. Ebenso wird den Mediaagenturen vorgeworfen, dass die gebuchten Plätze nicht mit den Vorgaben der Kunden übereinstimmen – eben um die Rabatte zu erhalten oder um eigens erworbene Werbeplätze im Rahmen des Tradings an die Kunden weiterzureichen (Nöcker 2018).

Die einzelnen Agentur-Formen unterscheiden sich ebenfalls in der Ausgestaltung ihrer Wertschöpfungsketten. Manche Agenturen fokussieren die Programmierung oder Produktion digitaler Werbemittel, Strategie und Beratung nehmen einen geringen Stellenwert ein. Agenturen mit dem Fokus auf Konzept und Beratung umfassen weniger Produktion und Kreation. Im Bereich des Ertragsmodells existieren neben Provisionen, bei denen die Agenturen einen bestimmten Prozentsatz des Mediavolumens erhalten, ebenso Pauschalhonorare, welche ein festes Honorar für ein Jahr darstellen, in dessen Rahmen die Agentur sich bewegen kann. Projekthonorare hingegen gelten als einmaliges Budget oder als Festpreis für die Betreuung und Kreation, welche auf einem vorher abgestimmten Kostenvoranschlag basieren. Diese Form der Vergütung nimmt den größten Teil ein. Eine Planungssicherheit bei Agenturen in Hinsicht auf das Kostenmanagement ist entsprechend niedrig, zumal das Modell Pauschalhonorar stark rückläufig ist. Agenturen sind stets gezwungen, neue Kunden zu akquirieren – dies ist jedoch nicht nur aufgrund von Pitches kosten- und auch zeitintensiv. Der Personalbedarf wird deshalb häufig mithilfe von Freelancern gedeckt (Nöcker 2018).

Es ist zu konstatieren, dass das vorgestellte ‚Geschäftsmodell Agentur' kontinuierlich stärker bedroht ist. Neben voranschreitender Digitalisierung und Automatisierung können sich auch Einzelpersonen immer einfacher als Agentur deklarieren, da sie den komfortablen Zugriff auf Technologie-Produkte sowie Freelancer-Plattformen und soziale Medien nutzen, um Inhalte selber zu produzieren und zu viralisieren. Zusätzlich setzen Unternehmen vermehrt auf Content-Marketing-Strategien sowie den direkten Dialog mit den Kunden und produzieren Inhalte selber – insbesondere für die sozialen Medien. Aufwendige Kreationen und Designs rücken hierbei in den Hintergrund und werden durch das zunehmend essenziellere Bedürfnis nach Real-Time-Kommunikation überlagert. Monatelange Planungen und Ausarbeitungen von Kampagnen sind zeit- und kostenintensiv und beschränken sich auf die markenbildenden Leitkampagnen. Diese werden zwar weiterhin konsistent über diverse Kommunikationskanäle ausgerollt, gleichzeitig steht aber nur noch ein Teil des gesamten Kommunikationsbudgets hierfür zur Verfügung.

Mediaagenturen hingegen haben in den Bereichen Daten und Technologie neue Wettbewerber erhalten. Plattformen für die programmatische Aussteuerung von Kampagnen bieten eigene Planungstools, sodass den Agenturen die Argumente ausgehen, warum deren Kunden den Intermediär ‚Agentur' involvieren sollten. Unternehmen wie SAP, Salesforce, IBM oder Adobe werden zu Konkurrenten und bieten auf Basis ihrer Erfahrungen selber agenturähnliche Dienste an. Auch große Wirtschaftsprüfer und Beratungsunternehmen gründen eigene digitale Hubs oder übernehmen Kreativagenturen und werden hiermit zu Konkurrenten der Agenturen. Als zusätzliche Gefahr für das bestehende Geschäftsmodell müssen die Kunden selber betrachtet werden. Um der Intransparenz der Agenturen zu begegnen, bauen diese eine eigene programmatische Infrastruktur auf. Im Kern ist ‚Digital' grundsätzlich transparent und persönliche Netzwerke verlieren an Wert – spezifisches Know-how und praktische Erfahrung bleiben weiterhin relevant (Hans et al. 2016).

Im Folgenden wird aufgezeigt, wie sowohl Kreativ- als auch Mediaagenturen ihr Geschäftsmodell anpassen können, um den disruptiven Tendenzen zu begegnen. Die Basis hierfür bildet das Business Modell System (Tewes 2019), dessen einzelne Bausteine zu Subsystemen modelliert werden, welche miteinander in Verbindung und Wechselwirkung stehen. Zu diesen Subsystemen gehören die Folgenden:

- **Operating System:** Organisation (Fähigkeiten, Aktivitäten, Ressourcen), Allianzen (Partner, Netzwerk), Kunden
- **Kanalsystem:** Kommunikation, Vertrieb, Distribution
- **Einflusssystem:** Digitale Trends, Umweltanalysen, Megatrends[1]

---

[1] Das Einflusssystem wird bereits in Abschn. 13.1 näher betrachtet und ist somit nicht Gegenstand der folgenden Ausführungen.

**Operating System: Organisation (Fähigkeiten, Aktivitäten, Ressourcen)**
Die fortschreitende Entwicklung in der Branche wird dazu führen, dass Agenturen massiv in adäquates Personal, Technologien und Inhalte investieren müssen. Die fortlaufend zunehmende Automatisierung von Prozessen und Abläufen resultiert in einer geringeren Anzahl an personellen Ressourcen für repetitive Vorgänge in Agenturen sowie in einer weitergehenden Verschlankung der Organisation. Dies bezieht sich auf unterstützende Prozesse, aber auch das bislang bestehende Kerngeschäft – sowohl der Kreativ- als auch der Mediaagenturen. Künftiges Wissen bzw. Expertentum findet zukünftig vielmehr primär in den Bereichen Markenaufbau und Markenführung sowie der konzeptionellen Entwicklung einer konsistenten Markenerfahrung für den Kunden statt. Überdies ist ein Wachstumspotenzial für Agenturen in dem Bereich aktives Markenerlebnis erkennbar – sowohl rein virtuell durch neue Technologien gestützt als auch in Form physischer realer Erlebnisse und Events.

Insgesamt kann somit die Organisationsstruktur zukünftig deutlich schlanker und dezentraler gestaltet werden. Des Weiteren ist ein technisches Grundverständnis des Personals zwingend notwendig, um den Kunden umfassend zu betreuen und nicht fortlaufend die ‚Experten' heranziehen zu müssen – gerade wenn diese aufgrund dezentraler Strukturen physisch nicht vor Ort bzw. gegebenenfalls nicht fest an die Agentur gebunden sind. Es wird somit Personal aus diesen Bereichen benötigt – oder das bestehende Personal muss in Bezug auf Technologiekompetenz weitergebildet werden. Lebenslanges Lernen war in der Branche aufgrund der Schnelligkeit des Wandels stets ein Begriff. Die Mitarbeitenden müssen sich stets den neuen Technologien und Veränderungen anpassen. Der Begriff erhält aber eine zunehmende Relevanz, da die Führungsebene im Rahmen der Transformation dies auch selber (vor-)leben muss. Insbesondere das Verständnis von Daten ist in dem Bereich des Lernens immanent. Die personellen Ressourcen von Agenturen müssen in der Lage sein, dem Kunden ein Sparringspartner zu sein, um eine zielgruppengerechte und personalisierte Ansprache zu ermöglichen. Weiter zunehmen wird nicht nur die Notwendigkeit, die gängigsten Tools in Perfektion zu beherrschen und zu verstehen, sondern fortlaufend neue (technologische) Angebote auf deren Werthaltigkeit für das eigene Leistungsspektrum zu testen und einzuführen. Große Agenturen und Netzwerke sehen sich überdies der Herausforderung gegenüber ihren globalen Kunden, individuelle Eigenentwicklungen zu präsentieren. Im Rahmen der organisatorischen Ressourcen werden weitreichende Qualitätsstandards erwartet, um den Kunden transparent die Verwendung der übertragenen Kommunikationsbudgets zu erläutern.

**Operating System: Allianzen (Partner, Netzwerke)**
Um auf die anstehenden Herausforderungen im Agenturalltag zu reagieren und die künftig notwendigen, aber hart umkämpften Digital Talents zu gewinnen, müssen Agenturen vermehrt in strategische Allianzen investieren. Große Agenturnetzwerke werden tendenziell an Bedeutung verlieren, da Agenturen technische Expertise vor allem außerhalb dieser Netzwerke suchen und finden werden und Economies of Scale aufgrund der voranschreitenden Automatisierung an Bedeutung verlieren. Diese Technologie-Start-ups werden ohne weitreichende

strategische Allianzen vermehrt zu Wettbewerbern der Agenturen. Und auch wenn Akquisitionen genauso wie Investments in Start-ups in den letzten Jahren im Agenturbereich zugenommen haben, ist das Initiieren einer strategischen Allianz eine wichtige, deutlich weniger investitionsintensive Alternative. Ähnlich wie im Industrieumfeld ist es für Agenturen (Netzwerke) kaum möglich, strategisch in diverse Start-ups zu investieren, wodurch sich ein Zwang für strategische Allianzen ergibt. Überdies unterliegen die Bewertungen von Tech-Companies ab einem gewissen Track Record teilweise massiven Verwerfungen, wodurch selbst die großen Agenturen (Netzwerke) schnell zum gefühlten Junior-Partner mutieren. Erfolgskritische Parameter für die mittelfristige Zukunft großer Agenturen (Netzwerke) werden sein, Kompetenz und Entscheidungsfreude im Bereich der strategischen Allianzen aufzubauen und als verlässlicher Partner wahrgenommen zu werden.

Der Unterschied zwischen strategischen Allianzen und den bestehenden großen Agenturnetzwerken liegt vor allem darin, dass im Bereich der strategischen Allianzen die beschriebenen indirekten Wettbewerber einbezogen werden und die Konzentration auf der vertikalen Integration liegt. Im Bereich großer Agenturnetzwerke lag der Fokus in den überwiegenden Fällen lediglich auf einer horizontalen Orientierung.

**Operating System: Kunden**
Wie in diversen anderen Sektoren der Wirtschaft erwarten Kunden im Agenturgeschäft ebenfalls vermehrt eine vollständige bereichsübergreifende Betreuung – mit speziellen maßgeschneiderten Angeboten. Diese Entwicklung führte in den letzten Jahrzehnten bereits zu großen Agenturnetzwerken und der engen Kooperation mit Spezialisten und geht heutzutage allerdings eher einher mit der Zunahme von digitalen Angeboten seitens der Agenturen und Technologie-Unternehmen. Vereinfachte Standardprozesse werden auf Kundenseite schon jetzt häufig internalisiert, was zukünftig stark zunehmen wird. Nicht zuletzt wird die Automatisierung – sowohl im Kreativ- als auch im Media-Umfeld – die Beziehung zwischen Kunden und Agenturen nachhaltig verändern. Automatisierte Prozesse, wie beispielsweise die Buchung von Influencern, führen zu einer dramatischen Reduktion des Zeitaufwandes, was auf der anderen Seite zwingend notwendig ist, um zunehmend hohe Erwartung an eine ‚Instant-Durchführung' von Aufträgen zu erfüllen.

Transparenz über das gesamte Leistungsspektrum wird im Agenturgeschäft ebenfalls immer essenzieller. Kunden erwarten eine klare Kommunikation hinsichtlich der Budgetverwendung. Langfristig werden sie nicht bereit sein für Standardleistungen zu zahlen, sondern suchen Agenturen vor allem als externe Ressourcen bei entsprechenden personellen Engpässen, als strategische Begleiter, Berater im Bereich Markenführung, als Trendforscher und Technologie-Partner. Agenturen, die einen engen Austausch und eine tiefe und/oder flexible Integration bei ihren Kunden erreichen, sehen auch zukünftig ihre Position nicht gefährdet.

**Kanalsysteme: Kommunikation, Vertrieb, Distribution**
Die beschriebenen Trends wirken sich ebenfalls auf das Kanalsystem aus. Teilweise werden bereits reine ‚digitale Agenturprodukte' angeboten, die neben den klassischen Agenturleistungen bestehen. Zu nennen sind in diesem Kontext globale Freelancer-Plattformen

wie fiverr.com oder erste vollkommen auf Algorithmen basierende Lösungen wie smashinglogo.com. Die Grenze zwischen Agentur, Technologie-Agentur und Technologie-Unternehmen verschwimmt wie beschrieben zunehmend. Selbst der Vertrieb bzw. die Vermarktung von Agenturleistungen entwickelt sich zumindest für gewisse Teilbereiche und Kundensegmente weiter vom persönlichen B2B-Vertrieb zu einem gefühlten SaaS-Marketing respektive Sales.

Bei Betrachtung der Kanäle, über die Marketing betrieben wird, werden ebenfalls signifikante Veränderungen deutlich. Der Trend degressiver Reichweiten in klassischen Medien sowie die fortlaufend dezidiertere Ansprache einzelner Zielgruppen über klar separierte Medienkanäle werden weiterhin existieren. Spannend wird sein, ob die ‚Fernsehsender' von heute, wie Netflix, Disney+ oder DAZN die umfangreiche Werbeansprache ihrer Kunden in Zukunft zulassen oder weiterhin eine weitgehend werbefreie Zone bleiben. Ebenso interessant ist es, wie lange sich Quasi-Monopole wie Facebook (inklusive ihrer Sub-Brands) und Google wirklich in der Nutzergunst halten oder ob an einem gewissen Punkt genau diese Aspekte zu einem signifikanten Rückgang in der Nutzung führen.

**Wechselwirkung: Finanzen**
Die Automatisierung im Agenturgeschäft führt zu Kosteneinsparungen und somit zumindest theoretisch zu mehr Profit respektive höherer Marge bei bestehenden Prozessen. Tendenziell ist das Problem aus Agentursicht, dass dies auch den Kunden bekannt ist. Auf Sicht von ca. fünf Jahren geht es darum, eine fortlaufende Digitalisierung der internen Prozesse umzusetzen und hiermit mögliche Kostenvorteile auszuspielen.

Die Integration von technischem Know-how ermöglicht die Unterbreitung neuer Angebote, welche bisher nicht Teil des Portfolios waren. Auf diese Weise können Agenturen langfristig neue Einnahmequellen generieren. Diese können bei spezialisierten Agenturen sicherlich Umsatzrückgänge aus anderen Bereichen kompensieren oder sogar überkompensieren, andere Agenturen werden aufgrund von Internalisierung gewisser Aufgabenbereiche und Abbildung über ‚Marketing-as-a-Service'-Plattformen an Relevanz verlieren und aus dem Markt gedrängt.

Bereits jetzt wird überdies deutlich, dass kaum eine Agentur an massiven Investments im Bereich der Technologie vorbeikommen wird. Damit steigt das Risiko im Agenturgeschäft – sowohl für Media- als auch für Kreativagenturen – da im Vorfeld niemand sicher sagen kann, welche Technologie sich schließlich durchsetzen wird und Agenturen der Portfolio-Gedanke in Bezug auf Investitionsentscheidungen fehlt.

## 13.3 Erfolgsfaktoren

Hinsichtlich der Analyse der zukünftigen Erfolgsfaktoren von Agenturen ist es zunächst zwingend notwendig, die Segmente der bestehenden Kunden und der Zielkunden zu betrachten und basierend darauf die wesentlichen Erfolgsfaktoren zu analysieren. Eine sinnvolle Unterteilung bietet die in Abb. 13.1 dargestellte 4-Felder-Matrix:

**Abb. 13.1** Felder-Matrix der Agentur-Kunden. (Quelle: Eigene Darstellung)

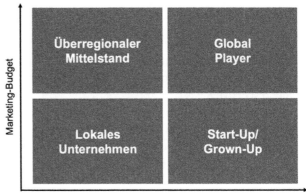

## Lokale Unternehmen

Für die Zielgruppe der lokalen Unternehmen scheinen die folgenden Faktoren besonders relevant zu sein:

- Verfügbarkeit der Ansprechpartner
- Lokale Verbundenheit
- Grundlegende technische Kompetenz

Die Faktoren Verfügbarkeit der Ansprechpartner und lokale Verbundenheit zahlen sich tendenziell vor allem im Verbund aus, das heißt, die Agentur baut im lokalen Kontext Kundenvertrauen auf und kann die Verfügbarkeit von Personal über den Zeitablauf garantieren. Sind diese Aspekte existent, werden lokale Unternehmen auch langfristig aufgrund ihres fehlenden internen Know-hows als Kunden gebunden. Sofern auf Agenturseite ein stetiger Ausbau technischer Kompetenz in Bezug auf digitale Medien und die Nutzung von digitalen Tools gegeben ist, können aus diesen Kundenbeziehungen mithilfe neuer Kanäle durchaus langfristig wachsende Etats entstehen. Schließlich hilft die lokale Verbundenheit bei allen anderen Facetten wie beispielsweise Verfügbarkeit oder technischer Kompetenz und ist in dieser Zielgruppe sicherlich ein wesentlicher Erfolgsfaktor.

## Überregionaler Mittelstand

Zur Sicherung der langfristigen Wettbewerbsfähigkeit in der Zielgruppe des überregionalen Mittelstands scheinen die folgenden Faktoren für Agenturen besonders relevant:

- Kollaboration und Kooperation in der Branche und darüber hinaus
- Eigene Spezialisierung und Herausbildung eines USP
- Umfassende technische Kompetenz

Im Rahmen der ‚Kollaboration und Kooperation' besteht ein direkter Zusammenhang mit der Implementierung von strategischen Allianzen in der Agenturlandschaft und darüber hinaus. Enge belastbare Netzwerke mit Tech-Companies auf der einen und Dienstleistungsunternehmen auf der anderen Seite sorgen für eine Betreuung der Kunden aus einer Hand, vor allem im Bereich der Beratungsleistungen. Ein weiterer Erfolgsfaktor bildet die ‚eigene Spezialisierung' und die damit verbundene klarere Positionierung am Markt. Aufgrund dieser Spezialisierung können Agenturen nicht mehr das gesamte Spektrum an Leistungen anbieten und sind daher gezwungen zu kollaborieren und Allianzen zu schließen. Nicht nur klassische Agenturen, sondern auch bisher indirekte Wettbewerber werden zum wichtigen Bestandteil dieser Allianzen.

Ein weiterer Erfolgsfaktor für Agenturen ist die Entwicklung von ‚technischer Kompetenz' sowie deren konsequenter Förderung und kommunikativer Darstellung. Agenturen werden lediglich in bestimmten Bereichen wie Branding und Brand Building ‚menschliche' Expertise benötigen. Mithilfe von technischer Expertise werden interne Prozesse und kreative Leistungen teilweise automatisiert und effizient gestaltet und durch künstliche Intelligenz ausgeführt.

Sind diese Erfolgsfaktoren gegeben, ist die Wahrscheinlichkeit groß, dass klein- und mittelständige Unternehmen ihre Agenturen weiterhin als wichtige Partner betrachten. Der Fokus der Themen verschiebt sich jedoch in Richtung Beratung, Spezialwissen und der Nutzung externer personeller Ressourcen.

**Global Player und Konzerne**
Global Player und Konzerne zeichnen sich durch eine große interne Expertise – auch in diversen Spezialdisziplinen der Kommunikation – sowie durch eine hohe interne technische Kompetenz aus. Allerdings liegen Vorteile für Agenturen in den häufig ausgeprägten Beharrungstendenzen und der eingeschränkten Flexibilität der Konzerne, also der verzögerten Reaktionsgeschwindigkeit bis zum Aufbau von interner Expertise. Zukünftige Erfolgsfaktoren sind:

- Kollaboration und Kooperation in der Branche und darüber hinaus
- Eigene Spezialisierung und Herausbildung eines USP
- Verfügbarkeit von personellen Ressourcen
- Umfassende technische Kompetenz

Die Auswahl der Erfolgsfaktoren ähnelt denjenigen im vorherigen Zielgruppensegment, allerdings differenzieren sich die Ausprägungen der Faktoren. Sofern ‚Kollaborationen und Kooperationen' in der Branche und vor allem darüber hinaus mit Technologie-Unternehmen strategisch und konsequent vollzogen werden, lässt sich die Vertrauensposition und eine Door-Keeper-Funktion der Agentur beim Kunden weiter aufrechterhalten. Hierdurch verschieben sich die Aufgabenbereiche weiter in Richtung Beratung und Plattform, was über die letzten 20 Jahre bereits zu beobachten war. Inwieweit die ‚Verfügbarkeit personeller Ressourcen' über alle Bereiche auch zukünftig aufrechterhalten werden kann, bleibt abzuwarten, da dies erfahrungsgemäß mit erheblichen Fixkosten verbunden ist. Das grundlegende ‚technische Verständnis' bei den Mitarbeitenden der Agenturen muss jedoch erheblich gesteigert werden, da zukünftig keine singulären Betrachtungen mehr möglich sein werden.

**Start-ups, Grown-ups und Tech-Companies**
Start-ups, Grown-ups und Tech-Companies gehören auch weiterhin aufgrund der hohen internen technischen Experte und der eher geringen Werbebudgets zu dem undankbarsten Kundensegment für Agenturen. Zu den Erfolgsfaktoren gehören:

- Kollaboration und Kooperation in der Branche und darüber hinaus
- Eigene Spezialisierung und Herausbildung eines USP
- Verfügbarkeit von personellen Ressourcen
- Umfassende technische Kompetenz

Das Zielgruppensegment besitzt sowohl jetzt als auch zukünftig keine signifikante strategische Bedeutung für Agenturen. Die Aufträge sind häufig technisch extrem herausfordernd und bieten im Erfolgsfall auch eine durchaus attraktive Story im Bereich des Agenturbrandings, doch Ressourceneinsatz, Risiko und Ertrag passen langfristig nicht zusammen. Für beide Seiten kann die mittel- bis langfristige Unterstützung bei der strategischen Markenführung von Relevanz sein. Darüber hinaus kann bei starken Wachstumsphasen auch die Verfügbarkeit von ‚personellen Ressourcen' ein attraktives Geschäftsmodell für Agenturen sein, welches allerdings tendenziell starken Schwankungen – sowohl bei einem einzelnen Kunden, als auch in der gesamten Branche – unterliegt. Letztendlich können herausragende ‚technische Fähigkeiten' und Economies of Scale in sehr spezifischen AdTech-Themenfeldern für ein attraktives Geschäftsmodell sorgen.

Klassische Erfolgsfaktoren von Agenturen wie Dienstleistungsmentalität, Flexibilität, Kreativität etc. werden selbstverständlich auch zukünftig den Erfolg einer Agentur gegenüber dem Wettbewerb definieren.

## Literatur

Böhm, S. (2018). Smartphone-Evolution: Rückblick und Ausblick auf die Entwicklungen im Bereich der Mobile-Media-Technologien. In C. Kochhan & A. Moutchnik (Hrsg.), *Media Management – Ein interdisziplinäres Kompendium* (S. 327–350). Wiesbaden: Springer Gabler.

Brandt, M. (2016). *So entwickelt sich der digitale Werbemarkt [Digitales Bild]*. https://de.statista.com/infografik/5415/prognose-weltweiter-umsatz-mit-digitaler-werbung/. Zugegriffen am 29.05.2019.

Dentsu Aegis Network. (2019). *Werbemarktanteile der einzelnen Medien in Deutschland in den Jahren 2015 bis 2018 und Prognose bis 2020 (gegenüber dem Vorjahr)*. https://de.statista.com/statistik/daten/studie/870786/umfrage/prognose-der-werbemarktanteile-der-medien-in-deutschland/. Zugegriffen am 29.05.2019.

Fuderholz, J. (2017). *Professionelles Lead Management – Schritt für Schritt zu neuen Kunden: Eine agile Reise durch Marketing, Vertrieb und IT*. Wiesbaden: Springer Gabler.

Hans, S., Ukrow, J., Knapp, D. & Cole, M. D. (2016). *(Neue) Geschäftsmodelle der Mediaagenturen – Eine ökonomische und rechtliche Betrachtung.* https://www.blm.de/files/pdf1/emr-gutachten_mediaagenturen_.pdf. Zugegriffen am 29.05.2019.

Kochhan, C., & Schunk, H. (2018). Markenkommunikation in der Zukunft: „Digital Natives" und ihre Bedeutung für das Kommunikationsportfolio im Marketing. In C. Kochhan & A. Moutchnik (Hrsg.), *Media Management – Ein interdisziplinäres Kompendium* (S. 149–164). Wiesbaden: Springer Gabler.

Nöcker, R. (2018). *Ökonomie der Werbung, Grundlagen – Wirkungsweise – Geschäftsmodelle* (2. Aufl.). Wiesbaden: Springer Gabler.

Reidel, M. (2019). *Einfach nur Klicken – Deutsche Post startet Self-Service-Plattform für Printmailings.* https://www.horizont.net/marketing/nachrichten/einfach-nur-klicken-deutsche-post-startet-self-service-plattform-fuer-printmailings-173819. Zugegriffen am 29.05.2019.

Tewes, S. (2019). Geschäftsmodelle der Zukunft entwickeln: Eine komprimierte Perspektive. *OrganisationsEntwicklung, 1*(2019), 108–111.

Wagener, A. (2018). Marketing 4.0. In D. Wolff & R. Göbel (Hrsg.), *Digitalisierung: Segen oder Fluch – Wie die Digitalisierung unsere Lebens- und Arbeitswelt verändert* (S. 149–164). Berlin: Springer.

Weber, B. (2018). Datenschutz 4.0. In D. Wolff & R. Göbel (Hrsg.), *Digitalisierung: Segen oder Fluch – Wie die Digitalisierung unsere Lebens- und Arbeitswelt verändert* (S. 101–124). Berlin: Springer.

**Oliver Weimann** ist Geschäftsführer der 360 Online Performance Group sowie des ruhr:HUB. Nach seinem BWL- und VWL-Studium an den Universitäten Freiberg, Wolverhampton und Hagen war er Berater für Re-Strukturierung, Prozessoptimierung und Entwicklung von Geschäftsmodellen. Mit dem RuhrSummit etablierte er eines der führenden Startup-Events in Deutschland und investiert in frühen Phasen in Technologie-Startups. Gleichzeitig unterstützt er mit seinem Team etablierte Unternehmen bei der digitalen Transformation und der Gründung von Corporate Startups.

**Prof. Dr. Carolin Tewes** ist Professorin für Marketing und digitale Medien an der FOM Hochschule für Oekonomie & Management in Essen. Sie leitet deutschlandweit die Module Marketing & e-Business sowie Web & Social Media Analytics. Nach ihrem Studium der Wirtschaftswissenschaften an der Universität Duisburg-Essen mit dem Schwerpunkt Marketing war sie Beraterin in diversen Kommunikationsagenturen in Hamburg, Oberhausen und Essen und leitete die Forschungsstelle für allgemeine und textile Marktwirtschaft an der Westfälischen Wilhelms-Universität Münster. Seit 2018 ist sie ebenfalls Partnerin und CMO bei REALYZE und berät Unternehmen auf Basis von digitalen und gesellschaftlichen Trends bei der Entwicklung des Geschäftsmodells.

# Teil III
# Trends in Erfolg umwandeln

# Handlungsempfehlungen für die Zukunft

## 14

Stefan Tewes, Benjamin Niestroj und Carolin Tewes

> **Zusammenfassung**
>
> In diesem Kapitel werden auf Basis der Expertenbeiträge aus dem zweiten Teil des Buches Handlungsempfehlungen für die Zukunft abgeleitet. Ziel des Kapitels ist es, branchenspezifische und -übergreifende Erfolgsfaktoren für die Geschäftsmodelle der Zukunft zu identifizieren. Um die Vergleichbarkeit der einzelnen Branchen zu gewährleisten, wird der Analyse- und Handlungsrahmen künftiger Geschäftsmodelle aus Kap. 2 verwendet.

Im Folgenden werden die konkreten Handlungsempfehlungen der Expertenbeiträge aus Teil II für die Branchen Einzelhandel, Bildung, Gesundheit, Telekommunikation, Steuern, Luft- und Raumfahrt, Finanzen, Wirtschaftspolitik, Logistik und Kommunikation aufgezeigt. Diese werden sechs Bereichen des in Kap. 2 vorgestellten Analyse- und Handlungsrahmens für Geschäftsmodelle zugeordnet. Konkret betrachtet werden das Wertangebot, das Operating System – und die zugehörigen Subsysteme Kunden, Allianzen und Organisation –, das Kanalsystem (Kommunikation, Vertrieb und Distribution) sowie die Finanzen. Auch werden übergeordnete, branchenübergreifende Empfehlungsmuster in dieser Systematik aufgezeigt. Somit ergibt sich im Folgenden ein konkreter Handlungsrahmen mit je drei Erfolgsfaktoren dafür, wie aktuelle digitale, Umfeld- und Megatrends zur Entwicklung zukunftsfähiger Geschäftsmodelle genutzt werden können.

---

S. Tewes (✉) · B. Niestroj · C. Tewes
FOM Hochschule für Oekonomie & Management, Essen, Deutschland
E-Mail: stefan.tewes@fom.de; benjamin.niestroj@fom.de; carolin.tewes@fom.de

**Wertangebote**

Die grundsätzlichen Fragen für die Entwicklung von Wertangeboten lauten: Welches Kundenproblem wird gelöst bzw. welches Kundenbedürfnis wird befriedigt? Branchenübergreifend können für die Entwicklung von Wertangeboten folgende Erfolgsfaktoren für die Zukunft identifiziert werden. Wettbewerbsvorteile werden zunehmend durch eine (1) **Individualisierung von Produkten, Dienstleistungen und Informationen** erlangt. Einen zentralen Treiber dieser Entwicklung stellen insbesondere digitale Neuerungen dar, die es erlauben, neue Wertangebote zu kreieren. Daher gewinnen beispielsweise zunehmend flexible Dienstleistungs- und Informationsmodelle als Ergänzungsangebote zu den eigentlichen Produkten an Bedeutung. (2) **Ganzheitliche Lösungen via Plattformen** anzubieten ist der zweite Erfolgsfaktor bei der Entwicklung von Wertangeboten. Unter Plattformen sind Infrastrukturen bzw. Technologien zur direkten Vernetzung von Kunden und Anbietern zu verstehen. Mittels Plattformen lassen sich verschiedene Wertangebote eng miteinander verzahnen. Zudem ermöglichen Plattformen die direkte Kundenbedürfnisbefriedigung innerhalb eines Lösungsangebotes; lästige Wechselbarrieren entfallen. Durch eine einfache Skalierbarkeit des Wertangebots sowie die Verwertung der anfallenden Transaktions- und Leistungsdaten profitieren Plattformanbieter zusätzlich. Zuletzt ist der Erfolgsfaktoren der (3) **Customer Integration** zu nennen. Unternehmen erzielen zunehmend Wettbewerbsvorteile dadurch, dass die Kunden in den Wertschöpfungsprozess und somit den Planungs- und Erstellungsprozess von Produkten, Dienstleistungen und Informationen integriert werden. Als Beispiel hierfür sind insbesondere die digitalen Medien zu nennen. Diese schaffen es, durch die Verbindung von Plattform und Customer Integration den Kunden maßgeschneiderte Inhalte zu liefern und diesen selbst in den Prozess der Content-Erstellung einzubinden. Für die einzelnen Branchen sind nachfolgende Erfolgsfaktoren handlungsleitend.

> **Erfolgsfaktor: Wertangebote**
> - **Einzelhandel**: Zusammenstellen individueller Sortimente; Aufbau interaktive Shoppingportale; Übertragung der Erfolgsfaktoren des E-Commerce auf das stationäre Geschäft
> - **Bildung**: Individualisierung der Studieninhalte, Verzahnung zwischen Präsenzlehre und E-Learning; Zertifikatskurse und Mirco-Degrees
> - **Gesundheit**: Personalisierung von Präventions- und Therapiemaßnahmen; Bereitstellung plattformbasierter Versorgungskonzepte; Live-Erfassung und Analyse medizinischer Patientendaten
> - **Telekommunikation**: Customer-focused Development; Effizienzsteigerung durch Datenanalyse; Enabler der Digitalisierung für alle Branchen
> - **Steuern**: Umsetzung spezifischer Bedürfnisbefriedigung verschiedener Segmente; Angebot beratender und begleitender Dienstleistung; One-Stop-Shopping
> - **Luft- und Raumfahrt**: Entwicklung von Dienstleistungsmodellen rund um das eigentliche Produkt; Datenplattformen als Unterstützungsleistung; Echtzeitanalysen zur Optimierung im Produktbetrieb

- **Finanzen**: Bank als Nischenanbieter für eingegrenzte Marktsegmente; Bank als Plattformanbieter; Implementierung skalierungsfähiger Robo-Advisors
- **Logistik**: Transparenz in der Supply Chain; Data Security; Individualisierung der Kundenanforderungen
- **Kommunikation**: Angebot individueller Eigenentwicklungen; Agenturen als externe Ressourcen; begleitender Partner und Berater für Technologie
- **Wirtschaftspolitik**: Kontinuierlicher Ausbau der Förderung von Forschung und Entwicklung, um die Erschließung neuer Märkte zu unterstützen.

**Kunden**

Wie werden die richtigen Kundensegmente ausgewählt? Wie gestaltet sich die Beziehung zu den Kunden? Und wie werden die Kunden in die Entwicklung des Wertangebots integriert? Zur Beantwortung dieser Fragen lässt sich die (1) **Customer Experience** als Erfolgsfaktor identifizieren. Die Nutzung eines Produktes oder einer Dienstleistung oder die Lösung eines Kundenproblems soll als Erlebnis geschehen und dem Kunden nachhaltig im Gedächtnis bleiben. Produkte, Dienstleistungen und Informationen können zunehmend schwieriger voneinander differenziert werden. Gleichzeitig beurteilen die Kunden die Qualität der Problemlösung oftmals mit der Qualität der Präsentation des jeweiligen Wertangebots. Aus diesem Grund ist sowohl die Verschmelzung von on- und offline sowie die zielgerichtete Ansprache der relevanten Touchpoints maßgeblich. Ein weiterer Erfolgsfaktor für die Zukunft ist die ‚**As-a-Service'-Orientierung** (XaaS). Der Besitz von Gegenständen weicht der Nutzung bei konkreter Leistungserbringung und ermöglicht mehr Flexibilität und Agilität für die Kunden. Der Kaufprozess und die langfristige Bindung an Gegenstände entfallen. Zuletzt ist der Erfolgsfaktor der (3) **Customer Centricity** handlungsweisend. Dieser Erfolgsfaktor beschreibt die konsequente Ausrichtung der Wertangebote auf die Kundenbedürfnisse. Somit verlagert sich der Fokus von der reinen Erstellung von Wertangeboten hin zu den Kunden selbst. Hierfür ist allerdings eine Neuausrichtung des gesamten Prozesses der Leistungserbringung, der technischen Infrastruktur sowie der Art und Weise der Arbeit erforderlich.

**Erfolgsfaktor: Kunden**
- **Einzelhandel**: Schaffung alternativer Interaktionsmöglichkeiten; Angebot einer individuellen Suchstrategie; Einkauf mit höchster Usability im Store
- **Bildung**: Berücksichtigung der Konsumhaltung; vielfältige Lehrkanäle; Unabhängigkeit der Ergebnisqualität
- **Gesundheit**: Einbindung der Patienten durch mobile Endgeräte; Erlangung des primären und direkten Patientenzugangs; Ausrichtung der Leistungsangebote auf Patientenbedürfnisse
- **Telekommunikation**: Differenzierung durch Services; Ausarbeitung einer eindeutigen USP; Konvergenz beim Kunden schaffen

- **Steuern**: höhere Differenzierung der Kundensegmente und -anforderungen; erhöhte Problemfokussierung; Lösung des Prinzipal-Agent-Problems
- **Luft- und Raumfahrt**: Optimierung der Customer Experience; Data-as-a-Service - und Digital-Products-as-a-Service-Angebote; Schaffung der Infrastruktur zur Abbildung des kompletten Produktlebenszyklus und der Kundenbeziehung
- **Finanzen**: klare Kundenfokussierung; Generierung von Premium-Kundenerlebnissen; Positionierung als Trusted Advisor
- **Logistik**: Zunehmende Netzwerkbildung in der gesamten Supply Chain; offene und vertrauensvolle Kommunikation; Optimierung der letzten Meile
- **Kommunikation**: klare Kundenfokussierung; Kommunikation as a Service; höchstmögliche Transparenz zwischen Kunde und Agentur
- **Wirtschaftspolitik**: Fokussierung der deutschen Industrie auf die traditionellen Kernmärkte

**Allianzen**

Sowohl die Partner innerhalb der Wertschöpfungskette als auch das Netzwerk außerhalb der Wertschöpfungskette sind von steigender Bedeutung. Eine klare Trennungsgrenze zwischen Partner und Netzwerk verschwimmt zusehends – der Wirkungs- und Impactgrad der Kollaboration schwankt. Aus diesem Grund stellt sich als wichtiger Erfolgsfaktor die (1) **Schaffung von Wertschöpfungsnetzwerken** (als Weiterentwicklung der klassischen Wertschöpfungsketten) heraus. Eine ganzheitliche Vernetzung von Liefer- und Produktionsketten im Sinne der Industrie 4.0 ermöglicht die Steigerung von Effizienz und Flexibilität der Wertangebotserstellung. Dabei ist ein hohes Maß an Dezentralisierung der Wertschöpfung möglich. Darüber hinaus wird neben der direkten Zusammenarbeit innerhalb des Wertschöpfungsprozesses auch die Kollaboration innerhalb des gesamten Business Model Systems relevant. So ist eine ständige Weiterentwicklung und -bildung bestmöglich mit externen Netzwerken umzusetzen. Zudem liefern (2) **Ökosysteme an Wertangeboten** die Möglichkeit der Zusammenführung bereits existierenden Lösungen. Plattformbasierte Infrastrukturen sowie eine umfassende Vernetzung von Akteuren bilden die Grundlage branchenspezifischer und -übergreifender Kollaborationen. Insbesondere wird der Aufbau ganzer Ökosysteme an Wertangeboten um die Kunden herum möglich. Der letzte Erfolgsfaktor in diesem Bereich ist die (3) **branchenübergreifende Zusammenarbeit**. Innovationszyklen beschleunigen sich zunehmend. Die Entwicklung neuer Wertangebote erfordert oftmals eine Kombination hoch spezialisierter Technologien. Zudem lösen sich die alten Branchengrenzen verstärkt auf – eine klassische Einordnung wird schwieriger. Insbesondere Entwicklungspartnerschaften mit spezialisierten Technologieanbietern ermöglichen es, neue Wertangebote schnell auf den Markt zu bringen. Auch bieten branchenübergreifende Kooperationen die Möglichkeit der Nutzung neuer Absatzkanäle, insbesondere bei plattformbasierten Lösungen.

> **Erfolgsfaktor: Allianzen**
> - **Einzelhandel**: Erschließung von Netzwerken; Integration intelligenter Online-Offline-Partnerschaften; Implementierung von ganzheitlichen Infrastrukturen
> - **Bildung**: Pflege von Alumni-Netzwerken; Integration von Unternehmen; Ausbau und Internationalisierung der Hochschulpartnerschaften
> - **Gesundheit**: Dezentralisierung von Diagnose- und Therapieleistungen; Implementierung von plattformbasierten Infrastrukturen; Aufbau von kompletten Leistungsökosystemen
> - **Telekommunikation**: Joint Ventures für bessere Infrastrukturversorgung; Vor- und Rückwärtsintegration; Cross-Industry-Agreements
> - **Steuern**: Aufbau (inter)nationaler Netzwerke; Outsourcing-Angebote und Verbundangebote; Schaffung spezifischer Kompetenzzentren
> - **Luft- und Raumfahrt**: ganzheitliche Vernetzung von Liefer- und Produktionsketten; Erschließung neuer Allianzen außerhalb der Branche; Partnerschaften mit spezialisierten Technologieanbietern
> - **Finanzen**: Verbindung mit Cloud und IT-Anbietern; Aufbau eines Ökosystems an Angeboten; Zusammenarbeit interner und externer Mitarbeitender
> - **Logistik**: Globale Verflechtungen in Wertschöpfungs- und Liefernetzwerken; Optimieren von Geschäfts- und Netzwerkprozessen; Dezentralisierung der Wertschöpfungskette
> - **Kommunikation**: Aufbau (inter)nationaler Netzwerke; Netzwerkbetreuung der Kunden aus einer Hand; Aufbau strategischer Allianzen mit Technologie-Start-ups
> - **Wirtschaftspolitik**: Bündelung von Forschung und Forschungsförderung unter Beteiligung öffentlicher und privater Träger

**Organisation**

Für Unternehmen wird die Entwicklung relevanter Fähigkeiten, die Umsetzung erforderlicher Maßnahmen sowie die Bereitstellung notwendiger Ressourcen zunehmend schwieriger planbar. Als ein wesentlicher Erfolgsfaktor lässt sich ein (1) **agiles und innovatives Organisationsdesign** identifizieren. Exemplarisch sind zur Erhaltung von Flexibilität und Geschwindigkeit die Werte des agilen Manifestes ratsam: Individuen und Interaktionen sind vor die Einhaltung von Prozessen und Werkzeugen zu setzen; die Zusammenarbeit mit dem Kunden steht vor der Vertragsverhandlung; das Reagieren auf Veränderung ist dem Befolgen eines Plans vorzuziehen usw. Um diese Agilität auch Leben zu können, bedarf es der (2) **Bereitstellung von Ressourcen und Infrastrukturen**. Für Unternehmen ist der Aufbau zukunftssicherer Daten- und IT-Infrastrukturen, die sich nahtlos in die bestehenden IT-Landschaften, Systeme und Plattformen integrieren lassen erfolgskritisch. Dies ist die Basis für eine umfassende Analyse großer Datenmengen zur Optimierung von Entscheidungsprozessen. Auch müssen neue Technologien genutzt werden, wie z. B. additive Fertigungstechnologien (3D-Druck), um Effizienzsteigerungen bei der Wertangebotserstellung zu generieren. Zuletzt ist die Weiterentwicklung der eigenen Belegschaft handlungsleitend. In diesem Zusammenhang steht die (3) **Gewinnung hoch qualifizierten Personals** im Fokus erfolgreicher Unternehmen der Zukunft. Neue Kompetenzbedürfnisse, demografische Veränderungen, Fachkräftemangel und Co. führen zu einem stets steigenden Personalgewinnungswettbewerb. Zudem müssen Arbeitsumfelder zunehmend an die Bedürfnisse der Belegschaft nach Flexibilität und Weiterentwicklungsmöglichkeiten angepasst werden.

---

**Erfolgsfaktor: Organisation**
- **Einzelhandel**: Rekrutierung von hoch qualifiziertem Personal; agiles und innovatives Organisationsdesign; leistungsfähige IT
- **Bildung**: Veränderung der Organisationskultur; Bereitstellung von Ressourcen und Infrastrukturen; Rekrutierung von hoch qualifiziertem Personal
- **Gesundheit**: Anpassung von Versorgungsmodellen an neue Technologien; Nutzung neuer Technologien zur Effizienzsteigerung; Wissensaufbau durch Nutzung medizinischer Daten
- **Telekommunikation**: agile Organisation mit flachen Hierarchien; Innovations- und Fehlerkultur; Fachkräfteaufbau im Bereich Big Data & Analytics
- **Steuern**: Innovationsfähigkeit in der Kultur verankern; Aufbau und Zusammenarbeit interdisziplinärer Teams; zunehmende Spezialisierung der Fähigkeiten
- **Luft- und Raumfahrt**: Ausrichtung auf additive Fertigungstechnologien; Aufbau zukunftssicherer Daten- und IT-Infrastrukturen; Ausbau der Kompetenzbasis der Beschäftigten
- **Finanzen**: agile und innovative Organisationsgestaltung; künstliche Intelligenz (KI), Big Data & Analytics; Automatisierung der Backoffice-Prozesse
- **Logistik**: Automatisierung und Robotik sowie Mensch-Maschine-Interaktion; Wandel der Old-Economy-Unternehmenskultur; digitale Führung und digitales Mindset
- **Kommunikation**: Umsetzung schlanker und dezentraler Organisationsstrukturen; technisches Verständnis des Personals; Rekrutierung von hoch qualifiziertem Personal
- **Wirtschaftspolitik**: Ausarbeitung von Lösungskonzepten für den demografischen Wandel sowie den sich anbahnenden Fachkräftemangel

---

**Kanalsystem (Kommunikation, Vertrieb und Distribution)**
Die singuläre Betrachtung der Kanäle ist nicht zukunftsweisend. Unternehmenskommunikation, Werbung und Marketing sowie PR und Krisenkommunikation müssen mit der vertriebsbezogenen Betrachtung der Customer Journey, der Umwandlung von Leads in Kunden und der Absatzförderung vereint werden. Ebenfalls ist die physische und immaterielle Distribution der Produkte, Dienstleistungen und Informationen zugehörig. Aus der Verei-

nigung der Kanäle ergibt sich die Relevanz einer (1) **nahtlosen Kundenerfahrung**. Insbesondere relevant sind die Verschmelzung von On- und Offlinekanälen sowie der fließende Übergang von der Kommunikation der Unternehmensbotschaft, über den Vertrieb des Wertangebotes bis zur Distribution. Wichtig ist, dass Inhalte sich in den verschiedenen Kanälen der Omnichannel-Strategie nicht doppeln und auch hier gilt es, den Inhalt maßgeschneidert auf die Bedürfnisse zu entwickeln. Zudem ist innerhalb der zunehmenden Informationsüberflutung die (2) **Marke für den Vertrauensaufbau** zu stärken. Bestenfalls vertraut der Kunde der Problemlösungsfähigkeit der Marke und muss nicht andauernd neu überzeugt werden. Der Kunde der Zukunft möchte sich also auf die Einhaltung des Markenversprechens verlassen können. Um die Kanäle und die Ansprache an den Kunden optimal zu entwickeln, ist die (3) **Nutzung von Predictive Analytics** ein weiterer Erfolgsfaktor der Zukunft. Die Qualität der Vorhersagefähigkeit auf Basis von Daten (Data Mining, Machine Learning etc.) bietet nicht nur für die Kanäle, sondern insbesondere auch für die Generierung des Wertangebots einen noch tief greifend zu erschließenden Erfolgsfaktor. Durch die Verknüpfung von Kundendaten mit operativen Daten (Business Intelligence) kann eine verbesserte zielgruppengerechte Kundenansprache und Bedürfnisbefriedigung gewährleistet werden.

> **Erfolgsfaktor: Marketing, Vertrieb und Distribution**
> - **Einzelhandel**: Transparenz, Flexibilität und Schnelligkeit; Augmented-Reality-Funktionen in Verbindung mit Produktabbildungen; Curated Shopping und Contextual-Commerce (Buy-Buttons)
> - **Bildung**: Markenbildung als Orientierung; Predictive Analytics; Merchandising als Bindungspotenzial
> - **Gesundheit**: Personalisierung der Ansprache und Angebote; Erschließung neuer Kanäle durch vernetzte Patienten; Markenbildung zur Vertrauensbildung
> - **Telekommunikation**: Continuous Engagement; flexible Kundenkontakte durch neue Channelstrategie; Consultative Selling
> - **Steuern**: Aufbau von Vertriebskompetenzen; Markenbildung zum Vertrauensaufbau; Schaffung von Transparenz und Information
> - **Luft- und Raumfahrt**: Flexibilisierung von Konfigurationen und Designs; Fokussierung auf Nachhaltigkeitsthemen; Automatisierung der Datenerhebung und -verarbeitung
> - **Finanzen**: Nahtlose Kundenerfahrungen über alle Kanäle; Vertrauensaufbau essenziell (z. B. Sicherheit); Automatisierung der Kommunikation
> - **Logistik**: Nachhaltigkeits- und Vertrauensmarken; Aufbau von ganzheitlichen Verbundnetzen; Nutzung von Business Intelligence
> - **Kommunikation**: vollständige bereichsübergreifende Betreuung; Instant-Durchführung und strategischer Begleiter; Predictive Analytics
> - **Wirtschaftspolitik**: Erhaltung eines stabilen Euro, um Transaktionskosten mit Partnern im Ausland zu minimieren.

**Finanzen**
Auch künftig wird die Wirtschaft von der Betrachtung monetärer Erfolge abhängen. Potenziale zur Einnahmegenerierung und Kostenreduzierung stellen zentrale Faktoren der Wettbewerbsfähigkeit eines Unternehmens dar. Als hochgradig relevant für die Geschäftsmodelle kristallisieren sich die (1) **Innovationsinvestitionen** heraus. Ohne eine Investition in neue Technologien können Unternehmen langfristig nicht überleben. Nicht-digitale Unternehmen werden künftig nicht existieren. Neben technischer Infrastruktur und Plattforminvestitionen sind insbesondere die Weiterentwicklung des Personals wichtige Erfolgsfaktoren. Ein weiterer Faktor ist (2) **Pay-per-Use**. Die nutzungsabhängige Zahlung der Problemlösung hebt die alte Tradition der Übertragung von Eigentumsrechten sukzessive aus. Nutzung und Problemlösung wird zunehmend relevanter als die Bindung von Kapital und Eigentum. Zuletzt ist für zukünftige Geschäftsmodelle die (3) **schnelle Skalierung** erfolgskritisch. Die Wertangebote unterliegen einer viel schnelleren Sättigungskurve und müssen andauernd erneuert oder verbessert werden. Hierbei ist neben der Geschwindigkeit der Entwicklung auch die Geschwindigkeit der Nutzerskalierung entscheidend. Prototyping und Customer Integration spielen in diesem neuen Mindset eine entscheidende Rolle.

> **Erfolgsfaktor: Finanzen**
> - **Einzelhandel**: Re-Pricing mit Pricing Software zur Umsatzsteigerung; Mobile Payment und Dynamic Pricing; umfassender und schneller Sanierungsprozess
> - **Bildung**: Aufholen des Investitionsstaus; individualisierte Finanzierung; Elitenförderung
> - **Gesundheit**: Investitionen in die Infrastruktur des Gesundheitswesens; Digitalisierung bzw. Vernetzung von Leistungsangeboten; zeitnahe Zulassung von digitalen Diagnose- und Therapiemethoden
> - **Telekommunikation**: Investition in Innovation; Pay-per-Use; Smart Capex durch KI
> - **Steuern**: Kostenersparnis durch Automatisierung; Gesamtangebot von Dienstleistungsbündeln; Investitionen in Innovation und Technologie
> - **Luft- und Raumfahrt**: Prozesskostenersparnis durch vernetzte Technologien; Angebot leistungsorientierter Serviceverträge; Bereitstellung effizienter Plattformen
> - **Finanzen**: Schnelle ROI-Zyklen; Blockchain und Mobile Payment; Akquisitionen oder Investitionen in digitale Fähigkeiten
> - **Logistik**: Investition in Produkt- und Leistungsinnovationen; Nutzen von Rationalisierungspotenzialen; erhöhtes Lohnniveau durch höherwertige und IT-geprägte Tätigkeiten
> - **Kommunikation**: Intensivierung des Personal- und Rekrutierungsaufwands; erhöhte Technologieinvestitionen; Beteiligungen an Start-ups
> - **Wirtschaftspolitik**: Senkung von Unternehmenssteuern und Ausbau der Förderung für Zukunftsinvestitionen (Industrie 4.0)

# 14 Handlungsempfehlungen für die Zukunft

**Prof. Dr. Stefan Tewes** ist Professor für digitale Transformation und Innovation an der FOM University of Applied Science. Er ist Leiter der Vertiefungsrichtungen ‚Process & Digital Change' (MBA) sowie ‚Digitale Transformation' (B.A.). Zudem leitet er deutschlandweit diverse Module in den Bereichen Business Model Innovation, Business Transformation, Digital Management und Entrepreneurship. Seit 2018 ist er zum Leiter der Berufungskommissionen für Betriebswirtschaftslehre sowie zum stellvertretenden Vorsitzenden des Fachclusters Wirtschaft & Management und Wirtschaft & Recht der FOM University of Applied Science ernannt worden. Als CEO von REALYZE berät er auf Basis digitaler und gesellschaftlicher Trends bei der Entwicklung und Transformation von Geschäftsmodellen. Im Rahmen seiner Forschungstätigkeiten beschäftigt er sich primär mit Business Model Innovation, organisationale Transformation, Business Model Systems, Future Thinking und Future Skills.

**Prof. Dr. Benjamin Niestroj** ist Professor an der FOM Hochschule für Oekonomie & Management. Seine Forschungsschwerpunkte sind Digitale Ökonomie, Geschäftsmodellinnovation und Future Skills. Zudem leitet er deutschlandweit verschiedene Module in den Bereichen Strategische Geschäftsmodellentwicklung, Entrepreneurship und Innovationsmanagement. Zuvor war er in der Strategieberatung sowie in der Fachberatung für quantitativ-analytische Themen tätig.

**Prof. Dr. Carolin Tewes** ist Professorin für Marketing und digitale Medien an der FOM Hochschule für Oekonomie & Management in Essen. Sie leitet deutschlandweit die Module Marketing & e-Business sowie Web & Social Media Analytics. Nach ihrem Studium der Wirtschaftswissenschaften an der Universität Duisburg-Essen mit dem Schwerpunkt Marketing war sie Beraterin in diversen Kommunikationsagenturen in Hamburg, Oberhausen und Essen und leitete die Forschungsstelle für allgemeine und textile Marktwirtschaft an der Westfälischen Wilhelms-Universität Münster. Seit 2018 ist sie ebenfalls Partnerin und CMO bei REALYZE und berät Unternehmen auf Basis von digitalen und gesellschaftlichen Trends bei der Entwicklung des Geschäftsmodells.

# Roadmap zur Unternehmenstransformation durch den Einsatz künstlicher Intelligenz

**15**

Philipp Gerbert, Jan-Hinnerk Mohr, Michael Spira und Benjamin Niestroj

### Zusammenfassung

Vom Erkennen der Branchentrends und Aufsetzen innovativer Piloten zum wirklichen Unternehmenserfolg ist es ein weiter Weg. Wir diskutieren diesen in diesem Beitrag anhand des derzeit dominanten Innovationsfeldes: des Einsatzes künstlicher Intelligenz in der digitalen Transformation der Wirtschaft.

Untersuchungen einer breiten Palette bisheriger digitaler Transformationen haben gezeigt, dass diese im Kern auf die Erlangung von Wettbewerbsvorteilen über höhere Reichweiten, kundenspezifische Angebote, optimierte Prozesse und Produktivitätssteigerungen fokussierten. Auch ist in diesem Zusammenhang der Beginn einer systematischen Integration von Big Data in die Prozesse zu beobachten.

Wenn man leitende Führungskräfte fragt, wie sich künftige Digitalisierungsprogramme von den bisherigen unterscheiden, kristallisieren sich zwei zentrale Elemente heraus:[1]

---

[1] Für eine ausführliche Diskussion hierzu siehe: Gerbert et al. (2019).

---

P. Gerbert (✉)
UnternehmerTUM, München, Deutschland
E-Mail: philipp.gerbert@unternehmertum.de

J.-H. Mohr · M. Spira
Boston Consulting Group, München und Berlin, Deutschland
E-Mail: mohr.jan@bcg.com; spira.michael@bcg.com

B. Niestroj
FOM Hochschule für Oekonomie & Management, Essen, Deutschland
E-Mail: benjamin.niestroj@fom.de

## Unternehmen, welche digitale und KI-basierte Überlegenheit anstreben

**Sberbank** adressiert unbefriedigte Kundenwünsche in verwandten Industrien durch den Aufbau von technologiegestützten Plattformen für Immobilien, Gesundheit, sowie andere Dienstleistungen

**Ping An** expandiert sein intelligentes Gesundheits-Ökosystem, durch die Vernetzung von Patienten, Krankenhäusern und Versicherungen

**Netflix** produziert Inhalte gemäß Kundenpräferenzen, erhöht dadurch das Return-on-Investment und minimiert Risiken durch die Nutzung von Echtzeit-Informationen zum Kundenverhalten

**Uber** bringt Angebot und Nachfrage intelligent zusammen, um besseren, schnelleren und preis-optimierten Transport anzubieten

**Alibaba** verbindet effizient Käufer und Verkäufer, sowohl online als auch auf nicht-virtuellen Kanälen

**Airbus** "Skywise Plattform" optimiert den Betrieb von Flugzeugen durch die Nutzung von Daten aus Betrieb, Instandhaltung und Disposition

**Nvidias** "Drive Constellation" ist eine virtuelle Fahrzeugumgebung, die Tests für selbstfahrende Fahrzeuge um den Faktor 1.000 beschleunigt und den Aufwand und Kosten massiv reduziert

**Deere & Co.** optimiert die Produktion und Ertrag von Bauernhöfen, durch die Integration von Daten aus Maschinen, Boden und Wetter auf der "MyJohnDeere Plattform"

**adidas** bietet schnelle und angepasste Lösungen für eine Vielzahl von Kundenwünschen, durch 3D-Scans der Kunden und eine vollständig digitalisierte Produktionskette

**Abb. 15.1** Unternehmen, welche digitale und KI-basierte Überlegenheit anstreben. (Quelle: In Anlehnung an Gerbert et al. 2019)

- Zunehmend geht es nicht mehr nur um die Erarbeitung eines Wettbewerbsvorteils, sondern in vielen Industrien steht das **Ringen um digitale Überlegenheit** bevor. Was Amazon im Handel und Netflix in der Unterhaltungsindustrie war, taucht jetzt auch in zahlreichen anderen Branchen auf.
- **Künstliche Intelligenz** (KI; oder aus dem Englischen: AI bzw. Artificial Intelligence) wird ein zentrales Element all dieser Programme. Hier wird das Zielbild nicht in der Umsetzung von Einzelinitiativen liegen, sondern in AI@scale (Gerbert et al. 2018a) – also der vollen Skalierung von KI in Bezug auf alle Unternehmensbereiche.

Abb. 15.1 zeigt einige Beispiele von Unternehmen aus verschiedenen Branchen, die bereits heute die Bildung entscheidender digitaler und KI-getriebener Wettbewerbsvorteile anstreben.

Bemerkenswert ist die zunehmende Zahl an Branchen, die inzwischen betroffen ist. Die Erwartung für die Zwanzigerjahre ist, dass alle Wirtschaftssektoren von KI-basierten digitalen Geschäftsmodellen dominiert werden. Der BCG-MIT Report 2017 dokumentiert bereits diesen umfassenden KI-Trend durch eine Umfrage von über 3000 Unternehmen, wobei sämtliche Branchen einen großen Effekt von KI auf ihre Industrien erwarten (Ransbotham et al. 2017). Im Folgenden fokussieren wir uns daher darauf, wie Unternehmen KI-basierte digitale Transformationen erfolgreich umsetzen können.

## 15.1 Vorgehensmodell zur KI-basierten Unternehmenstransformation

Um eine gesamtheitliche KI-basierte digitale Transformation erfolgreich umzusetzen, ist ein abgestimmtes Vorgehen auf drei Ebenen notwendig (s. Abb. 15.2):

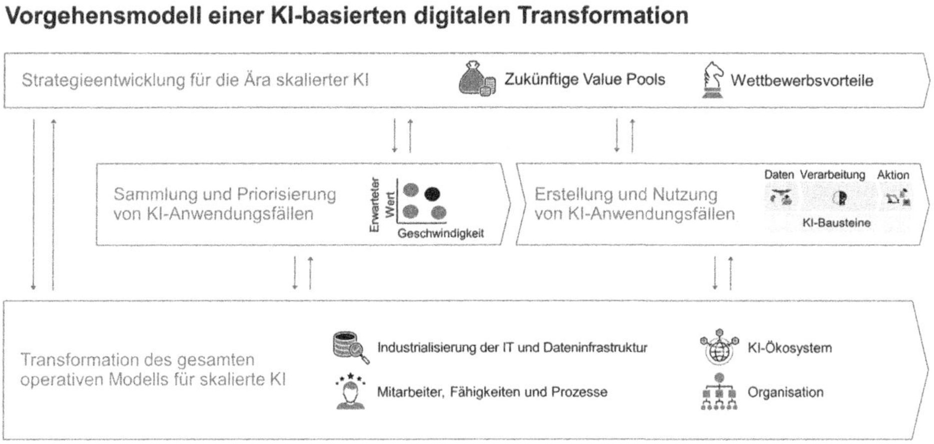

## Vorgehensmodell einer KI-basierten digitalen Transformation

**Abb. 15.2** Vorgehensmodell einer KI-basierten digitalen Transformation. (Quelle: In Anlehnung an Gerbert et al. 2018a)

Die drei Ebenen des Vorgehensmodells sind:

- **Strategieentwicklung:** Identifizierung künftiger Value Pools, Einordnung der eigenen Position und Definition von Strategien im Kampf um einen (entscheidenden) Wettbewerbsvorteil.
- **Spezifische Anwendungsfälle („Use Cases"):** Vorgehensmodell zur Erstellung und Priorisierung sowie zur erfolgreichen Umsetzung KI-basierter digitaler Anwendungsfälle.
- **Transformation des operativen Modells:** Industrialisierung der IT- und Datenumgebung, von Prozessen und Organisation, Mitarbeitern und Fähigkeiten sowie Einbettung in ein Ökosystem.

Im Weiteren wird nun das Vorgehen auf den drei genannten Ebenen erläutert. Anschließend erfolgt die Beschreibung der Kernelemente eines programmatischen Ansatzes zur KI-basierten Unternehmenstransformation.

### Ebene der Strategieentwicklung

In den meisten Industrien gibt es inzwischen grobe Abschätzungen der Umsatzsteigerungs- und Kosteneinsparpotenziale einer KI-basierte Digitalisierung (Gerbert et al. 2018a). Das Versprechen hoher Milliardenbeträge an Ergebnispotenzialen verleitet viele Unternehmen entsprechende Programme aufzusetzen. Doch obgleich die Einzelthemen hierbei meist sorgfältig abgeschätzt werden, bleiben in der Regel fundamentale Fragen offen:

- Den Analysen liegt häufig das aktuelle Umfeld mit heutigen Geschäftsmodellen zugrunde. Aber welche Wertverschiebungen entstehen, wenn die Mehrzahl der Unternehmen in diese Richtung zielt? Und welche innovativen Geschäftsmodelle können die neu entstehenden Wertepools adressieren?

- Wo in dieser neuen Welt können einzelne Unternehmen einen spezifischen Wettbewerbsvorteil erreichen? Und wie kann dieser zu echter digitaler Überlegenheit ausgebaut werden?

Zur Beantwortung dieser Fragen können Unternehmen Szenarien entwerfen, die den Zusammenfluss verschiedener Trends abbilden. So stellen sie sicher, dass sie zukunftsfähige Geschäftsmodelle für die ‚neue Welt' entwickeln. Zur Entwicklung innovativer Geschäftsmodelle hilft zudem die Überlegung ‚Was wäre, wenn wir unsere aktuellen Fähigkeiten im Unternehmen mit anderen Fähigkeiten kombinieren?' – zum Beispiel durch ein Joint Venture oder Unternehmenszusammenschluss mit andersartigen Unternehmen wie Netflix, Uber, oder jungen Fintechs.

In vieler Hinsicht entsprechen die Fragestellungen bei solchen Umwälzungen denen eines Start-Ups, allerdings erweitert um den Aspekt, wie man als Unternehmen auf Basis der heutigen Position und Größe einen ‚unfairen Wettbewerbsvorteil' erlangen kann.[2] Denn im Gegensatz zu einem Start-Up kann ein bestehendes Unternehmen etwa auf verfügbare Vertriebskanäle, eine etablierte Marke und eine installierte Ressourcenbasis aufbauen.

Im neuen Zeitalter der künstlichen Intelligenz erweist sich die folgende Matrix (s. Abb. 15.3) als nützlich, um die heutige strategische Position eines Unternehmens zu identifizieren und den unmittelbaren Handlungsbedarf aufzuzeigen:

Die prototypischen Positionen seien kurz erläutert:

- **Stars:** Beispielsweise Google, Amazon, und Facebook in den US und Alibaba, Baidu, und Tencent in China. Sie alle erwirtschaften große Gewinne durch ihren einzigartigen Datenzugang, ihre Dateninfrastruktur sowie ihre Mitarbeiter und Prozesse.
- **Fish:** Diese Unternehmen haben derzeit Schwächen bei Digital- und KI-Themen, obwohl die Reife von KI-Anwendungen in ihren Industrien eine große Rolle spielt, um Wettbewerbsvorteile zu sichern. Diesen Unternehmen ist es zu empfehlen den Reifegrad ihrer KI-basierten sowie ihrer digitalen Lösungen zu erhöhen.
- **Cows:** Das Gegenteil von Fischen – sie haben Stärken in Digital- und KI-Themen, doch sie profitieren davon nicht in ihren Branchen oder Geschäftsmodellen. Hier sind Monetarisierungs- und Expansionsstrategien anzuraten.
- **Dogs:** Digital und KI spielt in ihren Industrien (noch) keine große Rolle – doch dies kann sich schnell ändern. Diesen Unternehmen ist es zu empfehlen sich auf Veränderungen vorzubereiten.
- **Question Marks:** Viele Unternehmen sind aktuell irgendwo in der Mitte der Matrix. Für sie gilt es, Chancen in ihren Branchen zu identifizieren, um die neuen Möglichkeiten der KI zu nutzen.

---

[2] Diese Kombination aus ‚Start-Up Mentalität' und ‚unfairer Wettbewerbsvorteil' liegt der Methodik von BCG Digital Ventures, welches für Großunternehmen neue digitale Geschäfte aufbaut, zugrunde.

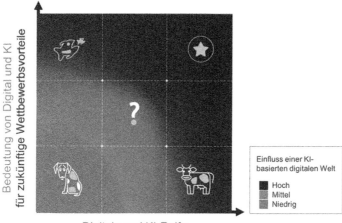

**Abb. 15.3** Positionierungsmatrix in der KI-basierten digitalen Welt. (Quelle: In Anlehnung an Gerbert et al. 2019)

**Ebene der spezifischen Anwendungsfälle**

Neben der strategischen Ebene, welche einen immer wieder zu verfeinerndes Zielbild darstellt, müssen Unternehmen in einer KI-basierten digitalen Transformation insbesondere die tatsächlichen Anwendungspotentiale (‚Use Cases') effizient identifizieren, priorisieren und realisieren (s. Abb. 15.4).

Das Vorgehen in den in Abb. 15.4 dargestellten drei Schritten sei wie folgt beschrieben:

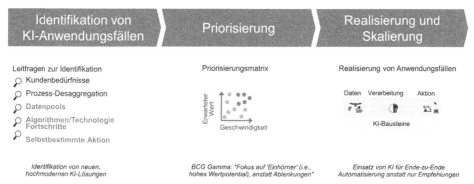

**Abb. 15.4** Identifikation, Priorisierung und Realisierung von KI-Anwendungsfällen. (Quelle: In Anlehnung an Gerbert et al. 2017b)

### Identifikation von KI-Anwendungsfällen

Zur Identifikation von möglichen Anwendungsfällen sind die folgenden Leitfragen essenziell:

- Welche Kundenbedürfnisse (auch interne Kunden bei Prozessverbesserungen) sind unerfüllt?
- Wie können Prozesse disaggregiert und neue konzipiert werden, um die neuen Möglichkeiten schnell nutzbar zu machen?

Um hierbei die nötige Tiefe zu erlangen, ist eine intensive Beobachtung und Analyse von Verhalten und Abläufen notwendig (z. B. Ethnographic Research).

Daneben haben sich folgende KI-spezifische Leitfragen bewährt:

- Welche Datenpools (strukturiert/unstrukturiert, intern/extern, real/virtuell) sind erschließbar oder können generiert werden?
- Welche neuen technologischen Methoden sind zugänglich geworden? Welche Bausteine, die diese verarbeiten, sind nutzbar (s. u.)?
- Bei welchen Prozessen kann der komplette Weg bis hin zur selbstbestimmten Aktion gegangen werden?

### Priorisierung der Anwendungsfälle

Die Priorisierung erfolgt am effektivsten in einer Matrix über die Abschätzung einerseits des zu erwartenden Mehrwerts und andererseits der Implementierungsgeschwindigkeit. Da für jedes Unternehmen Hunderte von Use Cases in Betracht kommen, ist es entscheidend die Fälle auszuwählen, die einen hohen Wert versprechen und möglichst zeitnah realisierbar sind. Eine Fokussierung ist in jedem Entwicklungsprogramm erforderlich, hat allerdings bei der KI eine besondere Bedeutung. Dies liegt am sogenannten KI-Paradox: „Es ist trügerisch einfach, mit KI-Piloten beeindruckende Ergebnisse zu erzeugen. Aber es ist teuflisch schwer, KI zu skalieren." (Gerbert et al. 2018a)

Wenn wir das Paradox einmal kurz als gegeben annehmen, so ist es zunächst eine Top-Priorität, sich auf die wenigen Anwendungsfälle zu fokussieren, welche ein sehr großes Potenzial haben. Wir nennen diese ‚Einhörner' und setzen die untere Grenze für Großunternehmen bei einem erwarteten Ergebnisbeitrag von ca. 50 Mio. € an.

Ein globaler Oberklasse-Automobilkonzern hat diese Priorisierungsfragestellung mit großer strategischer Weitsicht gelöst: Nach der Bewertung einer Vielzahl von Optionen, wurden zunächst die wichtigen Funktionen innerhalb des Konzern sowie einige Anwendungsfälle priorisiert. Anschließend hat der Konzern in einem zweistufigen Prozess sowohl das Zielbild für 2025 als auch Zwischenziele für 2020 definiert.

### Realisierung und Skalierung der Anwendungsfälle

Bei der Implementierung von Anwendungsfällen gilt es folgende Richtlinien zu beachten:

- Für den Einsatz der KI muss stets eine Ende-zu-Ende-Automatisierung im Zielbild liegen: Bereitstellung der Daten, die Informationsverarbeitung und die automatisierte Handlung. Viele Unternehmen sind mit dem zweiten Schritt schon zufrieden – aber die entscheidenden Potenziale liegen in der automatisierten Aktion. Als Beispiel mag dienen, wie der Landtechnikhersteller John Deere KI für hochpräzise Agrarwirtschaft nutzt: Es wird sich nicht mit der Prognose der erwarteten Ernte basierend auf der Analyse von Bodenwerten, Pflanzenbestand und Klimadaten begnügt, sondern es erfolgt zugleich eine automatisierte Aktion: Entsprechend ausgerüstete und weitgehend autonome Traktoren bestellen intelligent das Feld, indem sie situationsbedingt pflügen und säen, Unkraut punktgenau entfernen und Dünger bis hinunter zur einzelnen Pflanze ausbringen.
- Zu Nutzen sind moderne KI-Bausteine, wie zum Beispiel Spracherkennung, Texterkennung, maschinelles Sehen.[3] Diese sind oftmals kostenfrei als Open Source verfügbar, wie auch die zugrundeliegenden Software Pakete (z. B. Google Tensorflow). Den aktuellen Stand dieser Bausteine sollte jedes Unternehmen kennen: Was ist heute einfach? Was ist möglich, aber schwierig? Was liegt in den nächsten Jahren voraussichtlich im Bereich des Möglichen? Maschinelles Sehen kann z. B. heute in höchster Präzision menschliche Gesichter erkennen und unterscheiden; die Erkennung von Bewegungen im dreidimensionalen Raum ist noch eine Herausforderung. Fortgeschrittenere Unternehmen informieren sich auch zu vielversprechenden neuen Methoden: Transfer Learning aus strukturell verwandten Problemen, generative Algorithmen zur Umkehrung des Induktionsprozesses, Probabilistic Programming zum Einbauen von strukturellem Vorwissen, oder ‚Hyperlearning' in virtuellen Umgebungen.[4]
- Methodisch ist eine agile Vorgehensweise, mit Fokus auf klaren Kundennutzen und schnellen Zwischenergebnissen, eine Notwendigkeit. In gewisser Weise sind ‚agile Prozesse' das menschliche Pendant zu maschinellem Lernen. Die Großbank ING hat beispielsweise eine umfangreiche agile Transformation durchlaufen, unter anderem um für die zukünftigen Herausforderungen gerüstet zu sein (BCG 2017). Der Pharmakonzern Pfizer beispielsweise hat sehr gute Erfahrungen mit funktionsübergreifenden Teams bestehend aus Forschungs- und Geschäftsvertretern gemacht, die gemeinsam Daten in Echtzeit analysieren: Dieses Vorgehen hat die Erkenntnisgewinnung und Entscheidungsfindung erheblich beschleunigt.

**Ebene der Transformation des operativen Modells**

Die meisten KI-Pioniere mussten schmerzhaft erkennen, dass AI@scale eine Transformation des operativen Modells erfordert. Abb. 15.5 zeigt die relevanten Dimensionen: IT und Daten-Infrastruktur; (technisches) KI-Ökosystem; Mitarbeiter, Fähigkeiten und Prozesse; Organisation.

---

[3] Siehe Gerbert et al. (2017a, b) für eine umfassende Übersicht zu diesem Thema.
[4] Siehe beispielsweise Nvidia's Drive Constellation (2019), eine virtuelle Umgebung zum Training von autonomen Fahrzeugen.

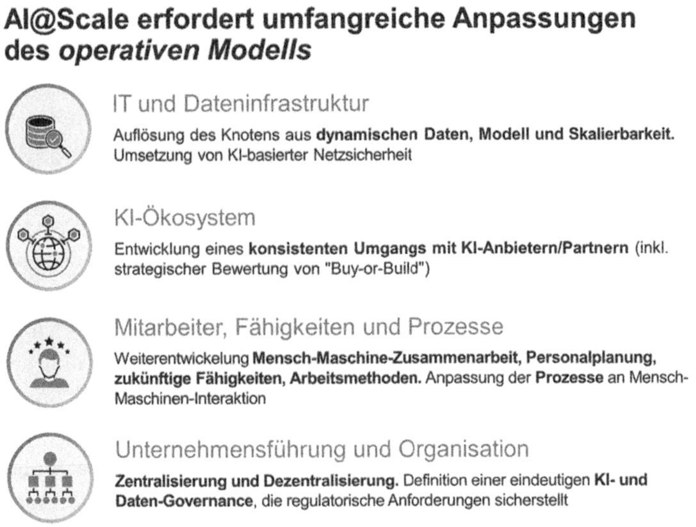

## AI@Scale erfordert umfangreiche Anpassungen des *operativen Modells*

**IT und Dateninfrastruktur**
Auflösung des Knotens aus **dynamischen Daten, Modell und Skalierbarkeit**. Umsetzung von KI-basierter Netzsicherheit

**KI-Ökosystem**
Entwicklung eines **konsistenten Umgangs mit KI-Anbietern/Partnern** (inkl. strategischer Bewertung von "Buy-or-Build")

**Mitarbeiter, Fähigkeiten und Prozesse**
Weiterentwickelung **Mensch-Maschine-Zusammenarbeit, Personalplanung, zukünftige Fähigkeiten, Arbeitsmethoden.** Anpassung der **Prozesse** an Mensch-Maschinen-Interaktion

**Unternehmensführung und Organisation**
**Zentralisierung und Dezentralisierung.** Definition einer eindeutigen **KI- und Daten-Governance**, die regulatorische Anforderungen sicherstellt

**Abb. 15.5** AI@Scale erfordert umfangreiche Anpassungen. (Quelle: Eigene Darstellung)

### IT und Dateninfrastruktur

Es darf niemanden verwundern, dass zum Erschließen des maschinellen Lernens bei KI-basierten digitalen Transformationen, dem ‚Maschinenraum' der IT und Dateninfrastruktur eine zentrale Bedeutung zukommt. Ein paar architekturelle Aspekte hiervon muss jeder Manager verstehen: Wenn interagierende Algorithmen lernen und sich hierbei verändern, braucht es eine ungeheure architekturelle Disziplin, um die Kontrolle zu behalten. Da KI-Systeme erst durch Daten intelligent werden, kann man das verarbeitende System nicht streng von den zugrunde liegenden Daten isolieren – intelligente Systeme sind nicht ‚Plug and Play'. Auf diese Verschränkung zwischen Daten und Systemen, die eine naive modulare Skalierung unmöglich macht, hat Google schon frühzeitig hingewiesen (Sculley et al. 2015) und führende Unternehmen wie Uber haben dies durch Einführung von gesamtheitlichen KI-Plattformen adressiert: Michelangelo bei Uber. Große IT-Unternehmen wie Google, Amazon, Microsoft oder auch IBM bemühen sich inzwischen sehr, Teile hiervon standardisiert zur Verfügung zu stellen. Es ist von zentraler Bedeutung, hier die richtigen architekturellen Entscheidungen zu treffen und zu implementieren, wenn man AI@scale ohne eskalierende Komplexität erreichen will.

Die Skalierung der zugrunde liegenden Hardware wird zunehmend über Cloud Computing – im industriellen IoT-Umfeld mit seinen extremen Datenmengen und Latenzzeitanforderungen in Kombination mit Edge Computing – zur Verfügung gestellt.

### Strukturierung des KI-Ökosystems

Traditionell musste man sich schon immer über das Business-Ökosystem Gedanken machen. Mit KI-basierter Digitalisierung rückt aufgrund der zunehmenden intelligenten Automatisierung der Prozesse das technologische Ökosystem stärker in den Mittelpunkt. Da KI-Systeme von Daten lernen – oft sind dies proprietäre Daten der Unternehmen – wird die Beziehung zu den Technologieanbietern oft komplex: Wer hat die Hoheit über das an den Daten trainierte System, wem gehört welches intellektuelle Eigentum und wer ist für die einwandfreie Funktionsfähigkeit verantwortlich?[5]

**Mitarbeiter, Fähigkeiten und Prozesse**
Mit zunehmendem Einsatz von AI@scale müssen sich Unternehmen sorgfältig überlegen, welche Auswirkungen dies auf die Belegschaft hat: Wo entsteht ein Engpass an neuen Fähigkeiten, wo werden heutige Arbeitsprofile deutlich verändert oder gar überflüssig, wie kann der Wandel gehandhabt werden? In jedem Fall wird eine fundamentale strategische Mitarbeiterplanung nötig sowie Umschulungen und Prozessumstellungen hin zu einer Mensch-und-Maschine-Welt.

Der unmittelbarste Engpass entsteht bei modernen technischen Fähigkeiten. Obgleich viele Unternehmen sich hierbei auf ‚Data Scientists' fokussieren, besteht der größere Mangel bei Mitarbeitern, welche Analytik und das Geschäft verstehen sowie bei System- und Dateningenieuren, welche eine skalierbare und stressresistente Infrastruktur sicherstellen.

Daneben müssen sich Unternehmen auf den fundamentalen Wandel am Arbeitsplatz einstellen, welcher mit einer zunehmend intelligenten Erfüllung von Teilaufgaben durch Maschinen einhergeht. Die Dynamik der Entwicklung wird zu einer stetigen Modifikation der Rollen führen. Dies war schon immer Teil der Lehrlingsausbildung der letzten Jahrzehnte, ist aber für viele akademische Berufsbilder neu.

Um den Wandel zu erleichtern, bedienen sich ambitionierte Unternehmen, wie beispielsweise Renault, ‚digitaler Hubs' (Gourevitch 2018). In diesen werden KI-basierte und digitale Anwendungen entwickelt, aber auch in agiler Arbeitsweise neue technische, Prozess- und Managementfähigkeiten.

**Unternehmensführung und Organisation**
Grundsätzlich sind die Ziel-Strukturen und Organisationsformen jeder Transformation sehr kontextabhängig. Für AI@scale können allgemeine Grundsätze abgeleitet werden, welche sich in drei Ebenen teilen lassen.

- Unternehmenszentrale: Grundlegende Formen von Expertise und Führung werden in der Zentrale gebündelt. Dies betrifft horizontale technische Fähigkeiten – wie beispielsweise die oben erwähnten KI-Bausteine, wie maschinelles Sehen – um KI-Initiativen zu unterstützen oder die Bewertung von technischen Partnern durchzuführen. Daten – der zentrale Schatz der neuen Welt – und Zugang zu Informationen sollten ebenfalls zentral verwaltet werden. Das Gleiche gilt für Cyber-Sicherheit und die Einhaltung gesetzlicher Vorschriften.
- Geschäftseinheiten: Grundsätzlich sind diese der Ort der funktionsübergreifenden Teams, welche die KI-basierten digitalen Prozesse, Produkte und Dienstleistungen erstellen. Diese Teams umfassen stets sowohl technische als auch Geschäftsexpertise. Zudem

---
[5] Für eine ausführliche Erörterung sowie ein paar strukturellen Entscheidungshilfen, siehe dazu auch Gerbert et al. (2018b).

können hier spezielle Einsatzeinheiten mit Personal- und Change-Management-Fähigkeiten trainiert werden, welche die Neuerungen dann in der Breite helfen einzuführen. Die ING beispielsweise investiert nicht nur in die Data Scientists, sondern auch in die Weiterbildung der klassischen Betriebswirte. Die sogenannten ‚Translators' (also Übersetzer) sind kritische Mitarbeiter, die sowohl die technische als auch die betriebswirtschaftliche Kompetenz zur Identifikation und Umsetzung von KI-Anwendungsfällen mitbringen. Die Weiterbildungspläne des Bankkonzerns sind durchaus ambitioniert: In diesem und im nächsten Jahr werden ca. 3000 Mitarbeiter entsprechend geschult.
- Feldebene: Die Mitarbeiter, welche die neuen Prozesse und Produkte in der Breite anwenden und vertreiben sollen, sitzen in der Regel dezentral verteilt. Sie müssen die neuen Werkzeuge verstehen und werden dem größten Wandel an Abläufen und Fähigkeiten unterzogen – oft unterstützt durch die Einsatzkräfte aus den Geschäftseinheiten.

## 15.2 Struktur des Transformationsprogramms

Der schiere Umfang einer KI-basierten digitalen Transformation erfordert neue Umsetzungsstrukturen. Das aus herkömmlichen Programmstrukturen bekannte Herunterbrechen auf operative Ziele, Maßnahmen und Verantwortlichkeiten greift hier zu kurz. Stattdessen benötigt ein ganzheitliches Transformationsprogramm (s. Abb. 15.6) folgende Elemente:

**Gewinnen im Mittelfristzeitraum**
Da der Wandel messbar schneller voranschreitet als in früheren Transformationen, müssen Unternehmen Szenarien für künftige Wertepools und Differenzierungsmöglichkeiten bilden. Ansonsten riskieren sie die sprichwörtliche Optimierung von Liegestühlen auf dem

**Struktur des Transformationsprogramms**

**Gewinnen im Mittelfristzeitraum**
- Bewertung der aktuellen digitalen und KI Reife im Unternehmen
- Definition von zukünftigen Value Pools und Geschäftsmodellen in 3-5 Jahren
- Erstellung einer Roadmap für Anwendungsfälle mit hohem Wertpotential

**Aufbau der Basisfähigkeiten**
- Einheitliche Ausrichtung der gesamten Organisation zu den Themen Digital und KI, mit diszipliniertem Change Management
- Umschulung und Rekrutieren von digitalen Talenten
- Anpassung des gesamten *operating models* um KI erfolgreich zu skalieren

**Finanzierung der Unternehmung**
- Festlegung Finanzierungsbedarf, Ressourcen-Beschaffung, Fokus auf schnelle Ergebnisse
- Einsatz von agilen Arbeitsweisen für Geschwindigkeit und Kosten-Effizienz
- Bereitschaft sich von Unternehmensteilen zu trennen

**Abb. 15.6** Struktur des Transformationsprogramms. (Quelle: In Anlehnung an Gerbert et al. 2019)

Deck der sinkenden Titanic. Gleichzeitig müssen sie sich selbst korrekt positionieren und Ziele bestimmen, um nachhaltig zukunftsfähige Geschäftsmodelle aufzubauen. Basierend darauf muss eine Transformations-Roadmap sowohl für die Produkte und Services als auch für den Umbau des operativen Modells erstellt werden. Diese umfasst die Definition der einzelnen Bausteine sowie die (agilen) Zwischenziele.

**Finanzierung der Unternehmung**
Gleichzeitig wirft die transformatorische Größenordnung praktisch immer die Frage nach der Finanzierung des Umbaus auf. Wie können Unternehmen die menschlichen und finanziellen Ressourcen mobilisieren, um nicht nur den Marathon durchzustehen, sondern auch als Gewinner daraus hervorzugehen? Agile Arbeitsweisen sind hierbei fast unabdinglich – was manchmal übersehen wird. Ressourcen werden nur dann angefordert, wenn sie wirklich benötigt werden. Gleichzeitig erfolgt direkt eine produktive Nutzung der Ressourcen mit minimalem administrativem Aufwand. Zwischenergebnisse haben unmittelbaren Geschäftswert und tragen damit zur Finanzierung der Reise bei. Und nicht zuletzt sind agile Prozesse erfahrungsgemäß nicht nur schlanker, sondern auch schneller.

Gleichzeitig müssen alle Barreserven mobilisiert werden. Hier darf es keine heiligen Kühe geben. Neben operativen Cash-Hebeln muss man sich auch entscheiden, was man künftig nicht mehr machen will. Diese Entscheidung ist ein Kernelement jeder echten Strategiefindung. Daher darf dann auch nicht gezögert werden, sich ggf. von Unternehmensteilen zu trennen.

**Aufbau der Basisfähigkeiten**
Schließlich darf man bei allem operativen Fokus den Aufbau der neuen Basisfähigkeiten des künftigen Unternehmens nicht vernachlässigen. Selbst beim Einsatz externer Unterstützung in der Transformation muss der Aufbau eigener Fähigkeiten ein zentrales Element jedes Vertrags sein.

Vier Bereiche verlangen besondere Aufmerksamkeit:

- Die massive Umschulung von Mitarbeitern, welche mit dem Potenzial von KI-basierten Methoden vertraut gemacht werden müssen.
- Der Aufbau von neuen technischen Fähigkeiten, insbesondere in der Informationstechnik.
- Strategische Mitarbeiterplanung und Change Management, um alle Zeithorizonte des Wandels strukturiert abzubilden.
- Einführung des neuen operativen Modells, insbesondere der oben beschriebenen leistungsfähigen, skalierbaren und sicheren Infrastruktur.

Wenn all diese Programmelemente gut zusammenspielen, werden KI-basierte Transformationen sowohl effektiv als auch selbst-korrigierend. Sie balancieren zentrale und dezentrale Aktivitäten, betten Analysten in den kritischen Stellen der Organisation ein und bewirken eine effiziente Zusammenarbeit von IT, Analytik, Administration und Geschäftseinheiten – um die volle Schlagkraft der Organisation sicher zu stellen.

## Literatur

BCG – Boston Consulting Group. (2017). *Agile Ways of Working at ING.* https://www.bcg.com/digital-bcg/agile/ing-agile-transformation.aspx. Zugegriffen am 02.05.2019.

Gerbert, P., Hecker, M., Steinhäuser, S., & Ruwolt, P. (2017a). *The Building Blocks of Artificial Intelligence.* BCG Henderson Institute. https://www.bcg.com/de-de/publications/2017/technology-digital-strategy-building-blocks-artificial-intelligence.aspx. Zugegriffen am 02.05.2019.

Gerbert, P., Hecker, M., Steinhäuser, S., & Ruwolt, P. (2017b). *Putting artificial intelligence to work.* BCG Henderson Institute. https://www.bcg.com/de-de/publications/2017/technology-digital-strategy-putting-artificial-intelligence-work.aspx. Zugegriffen am 02.05.2019.

Gerbert, P., Ramachandran, S., Mohr, J., & Spira, M. (2018a). *The Big Leap Toward AI at Scale.* BCG Henderson Institute. https://www.bcg.com/de-de/publications/2018/big-leap-toward-ai-scale.aspx. Zugegriffen am 02.05.2019.

Gerbert, P., Duranton, S., Steinhäuser, S., & Ruwolt, P. (2018b). *The buy-or-build Dilemma in AI.* BCG Henderson Institute. https://www.bcg.com/de-de/publications/2018/build-buy-dilemma-artificial-intelligence.aspx. Zugegriffen am 02.05.2019.

Gerbert, P., Mohr, J., & Spira, M. (2019). *The next frontier in digital and AI transformations.* BCG Henderson Institute. https://www.bcg.com/de-de/publications/2019/next-frontier-digital-ai-transformations.aspx. Zugegriffen am 02.05.2019.

Gourevitch, A. (2018). *Renault's Billion-Euro digital transformation: An interview with CIO Frédéric Vincent. Boston Consulting Group.* https://www.bcg.com/de-de/publications/2018/renault-billion-euro-digital-transformation-interview-cio-frederic-vincent.aspx. Zugegriffen am 02.05.2019.

Nvidia Drive Constellation. (2019). *Nvidia Drive Constellation is an online training ground for autonomous vehicles.* https://www.cnet.com/roadshow/news/nvidia-drive-constellation-is-an-online-training-ground-for-autonomous-vehicles/. Zugegriffen am 02.05.2019.

Ransbotham, S., Kiron, D., Gerbert, P., & Reeves, M. (2017). Reshaping business with artificial intelligence. Boston: MIT Sloan Management Review and Boston Consulting Group.

Sculley, D., et al. (2015). Hidden technical debt in machine learning systems. *Proceedings of the 28th International Conference on Neural Information Processing Systems, 2,* 2503–2511.

**Dr. Philipp Gerbert** ist Director appliedAI und Future Shaper bei UnternehmerTUM in München. Bis Ende 2019 war er Managing Director und Senior Partner bei der Boston Consulting Group, wo er weltweit das Thema KI- und Digitalstrategie leitete und jetzt als Partner Emeritus und Senior Advisor dient. Er ist zudem Fellow des BCG Henderson Institute, mit dem Schwerpunkt Künstliche Intelligenz in Unternehmen.

**Jan-Hinnerk Mohr** ist Partner im Berliner Büro der Boston Consulting Group. Er ist ehemaliger Ambassador am BCG Henderson Institute, mit dem Schwerpunkt KI in Unternehmen, und Mitglied der Technology, Media & Telecommunications Praxisgruppe.

**Michael Spira** ist Project Leader im Münchner Büro der Boston Consulting Group. Er ist ehemaliger Ambassador am BCG Henderson Institute, mit dem Schwerpunkt KI in Unternehmen, und Mitglied von DigitalBCG und der Energie Praxisgruppe.

**Prof. Dr. Benjamin Niestroj** ist Professor an der FOM Hochschule für Oekonomie & Management. Seine Forschungsschwerpunkte sind Digitale Ökonomie, Geschäftsmodellinnovation und Future Skills. Zudem leitet er deutschlandweit verschiedene Module in den Bereichen Strategische Geschäftsmodellentwicklung, Entrepreneurship und Innovationsmanagement. Zuvor war er für renommierte Strategie- und Managementberatungsunternehmen tätig.

## Ihr Bonus als Käufer dieses Buches

Als Käufer dieses Buches können Sie kostenlos das eBook zum Buch nutzen.
Sie können es dauerhaft in Ihrem persönlichen, digitalen Bücherregal
auf **springer.com** speichern oder auf Ihren PC/Tablet/eReader downloaden.

Gehen Sie bitte wie folgt vor:
1. Gehen Sie zu **springer.com/shop** und suchen Sie das vorliegende Buch (am schnellsten über die Eingabe der eISBN).
2. Legen Sie es in den Warenkorb und klicken Sie dann auf: **zum Einkaufswagen/zur Kasse.**
3. Geben Sie den untenstehenden Coupon ein. In der Bestellübersicht wird damit das eBook mit 0 Euro ausgewiesen, ist also kostenlos für Sie.
4. Gehen Sie weiter **zur Kasse** und schließen den Vorgang ab.
5. Sie können das eBook nun downloaden und auf einem Gerät Ihrer Wahl lesen. Das eBook bleibt dauerhaft in Ihrem digitalen Bücherregal gespeichert.

**EBOOK INSIDE**

| | |
|---|---|
| eISBN | 978-3-658-27214-2 |
| Ihr persönlicher Coupon | bk9QAs86FDbs886 |

Sollte der Coupon fehlen oder nicht funktionieren, senden Sie uns bitte
eine E-Mail mit dem Betreff: **eBook inside** an **customerservice@springer.com**.

Printed by Printforce, the Netherlands